国家出版基金项目
NATIONAL PUBLICATION FOUNDATION

教育强国战略研究系列书

学习型社会评价指标体系及实践路径研究

XUEXIXING SHEHUI PINGJIA
ZHIBIAO TIXI JI SHIJIAN LUJING YANJIU

主编■张 力 韩 民

SPM 南方出版传媒

全国优秀出版社 全国百佳图书出版单位 广东教育出版社

·广州·

图书在版编目（CIP）数据

学习型社会评价指标体系及实践路径研究／张力，韩民主编. —广州：广东教育出版社，2019.9

（教育强国战略研究系列书）

ISBN 978 – 7 – 5548 – 2884 – 7

Ⅰ．①学…　Ⅱ．①张…　②韩…　Ⅲ．①社会教育—研究—中国　Ⅳ．①G779.2

中国版本图书馆 CIP 数据核字（2019）第 129095 号

责任编辑：严洪超

责任技编：涂晓东

装帧设计：梁　杰

广 东 教 育 出 版 社 出 版

（广州市环市东路 472 号 12 – 15 楼）

邮政编码：510075

网址：http://www.gjs.cn

广东新华发行集团股份有限公司经销

广东鹏腾宇文化创新有限公司印刷

（广东省珠海市高新区科技九路 88 号七号厂房）

787 毫米×1092 毫米　16 开本　13.75 印张　275 000 字

2019 年 9 月第 1 版　　2019 年 9 月第 1 次印刷

ISBN 978 – 7 – 5548 – 2884 – 7

定价：48.00 元

质量监督电话：020 – 87613102　邮箱：gjs – quality@nfcb.com.cn

购书咨询电话：020 – 87615809

序　言

一、研究的背景

2002 年中国共产党第十六次全国代表大会报告中，作为全面建设小康社会的目标，提出："形成全民学习、终身学习的学习型社会，促进人的全面发展。"党的十七大、十八大和十九大报告中也将建设学习型社会作为教育发展的重要战略目标和任务反复加以强调。建设学习型社会作为全面小康社会战略目标的重要组成部分，对于促进人的全面发展及社会的可持续发展，对于我国实现"两个一百年"奋斗目标和中华民族伟大复兴，都具有极其重要的战略意义。

根据党中央的战略部署，2010 年发布的《国家中长期教育改革和发展规划纲要（2010—2020）》把"基本形成学习型社会"同"基本实现教育现代化"和"进入人力资源强国行列"一起作为 2020 年我国教育的"三大战略目标"。这一战略目标的提出一方面为加快学习型社会建设注入新的动力，同时也将一些重大问题摆在人们面前：究竟什么是"学习型社会"？什么是"基本形成学习型社会"？如何评价学习型社会建设实践的进展与成效？此前，我国关于学习型社会虽然有一些重要的研究问世，但尚不能充分回答上述这些重大问题。比如，由郝克明教授牵头的课题组完成的全国教育科学"十五"规划重大研究项目"建设终身学习体系和学习型社会的研究"，以及顾明远教授牵头的教育部哲学社会科学研究重大课题攻关项目"构建学习型社会研究"，虽然对学习型社会内涵进行了较全面的分析，也提出了各自学习型社会评价指标体系的基本框架，但这些研究主要聚焦于概念和理论层面，特别是关于学习型社会评价指标体系的研究还停留在构想层面，缺乏可操作性，距离客观评价学习型社会建设的实际状况尚有距离。总体而言，我国关于学习型社会评价指标体系的研究还很薄弱，滞后于学习型社会建设实践，未能对学习型社会建设发挥应有的促进作用。

基于以上认识，2011 年，伴随国家中长期教育规划纲要的全面实施，国家教育发展研究中心组成课题组，申请并启动了全国教育科研规划"十二五"国家重大课题"基本建成学习型社会的指标体系和实践途径研究"（课题负责人张力，时任国家教育发展研究中心主任、研究员）。本专著就是该课题研究的主要成果。

二、研究目的、思路和方法

本研究的目的是根据国家中长期教育规划纲要提出的"基本形成学习型社会"的

战略目标，研究提出一套能对我国学习型社会建设的进展状况做出直观和恰当评价的可操作的评价指标体系。

本研究按以下思路和技术路径展开。

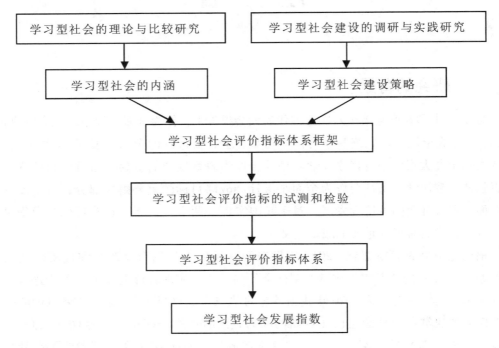

为了完成上述研究目的和任务，本研究采用了综合的研究方法。

一是理论研究法，旨在通过学习型社会的概念、内涵和评价方法等的分析，为建构学习型社会评价指标体系奠定理论和方法论的基础；二是比较研究法，拟通过对学习型社会评价指标与实践的比较研究，为建构评价指标体系提供参考与借鉴；三是调查研究法，即选择样本地区，进行学习型社会建设状况的田野调查和问卷调查，为建立评价指标体系提供一手数据的支持，并对指标体系的适用性进行验证；四是实践研究法，通过学习型社会、学习型城市建设的实践案例分析，总结我国各地学习型社会建设的成效与经验，为加快学习型社会建设提出政策建议。

三、本研究的主要内容

根据以上思路，本研究的主要内容包括四个部分。

第一部分是关于学习型社会及其评价的理论研究，主要是对学习型社会的概念、内涵、评价的核心要素等进行研究，为学习型社会评价指标体系的建构奠定理论基础。该部分的研究旨在通过对国际组织及国内外学者关于学习型社会研究成果的梳理，对学习型社会的内涵、特征及构成要素等进行深入分析，从理论上回答什么是学习型社会，什么是基本形成学习型社会，学习型社会的本质特征有哪些，学习型社会评价的方法和框架是怎样的，等等，为构建学习型社会评价指标体系提供方法论的基础和概念框架。其研究成果主要体现在第一章、第二章和第三章中。

第二部分是建构学习型社会评价指标体系的研究。基于学习型社会的概念及内涵分析，该部分的研究确定了构建学习型社会评价指标体系的基本原则，提出了由三级指标构成的评价指标体系结构框架，并对指标层级结构、指标维度内涵及权重、指标数据来源等方面，提出了学习型社会评价指标体系的基本框架和学习型社会发展指数的思路与方法，对各个指标进行定义，并对指标的适用性和可测性等进行分析。其研究成果主要体现在第四章中。

第三部分是关于学习型社会发展状况的抽样调查与指标体系的实测。通过访谈、座谈和对学习者的问卷调查等方法，课题组获得了大量第一手数据，依据数据分析对样本地区学习型社会建设的实际进展状况进行了初步诊断和评估；同时，用搜集到的各项数据对指标和学习型社会发展指数进行了测算，获得被纳入学习型社会评价指标体系但却无统计数据的若干指标的相关数据，对指标体系的适用性进行了检验。其研究成果主要体现在第五章和第六章中。

第四部分是关于各地区学习型社会建设实践的研究。基于对我国各地建设学习型社会、学习型城市以及学习型组织等的实践案例分析，总结和归纳各地学习型社会建设的做法、经验、成效以及问题等，从实践层面对学习型社会建设的进展给予评价，并对学习型社会评价指标体系的合理性、可行性等进行检验，为加快学习型社会建设提出政策建议。其研究成果主要体现在第七章和第八章中。

本研究除学习型社会的问卷调查分析报告等少部分内容外，多数研究成果未曾做过书面发表，但在中国教育发展战略学会学术年会等场合进行过口头发表。2014年底课题组曾召开结题论证会，教育界内外部的专家曾提出评价意见和补充修改的建议。本研究的主要结论曾提交国家教育行政部门，为国家中长期教育改革和发展规划纲要中期评估、学习型城市建设指导性文件等的制定提供了参考。

学习型社会是个复杂系统，学习型社会建设是长期而艰巨的任务，学习型社会评价是一项难度很大的工作。经历了长达数年的漫长研究过程，本研究成果终于要公开发表，接受社会的检验。这项研究存在各种缺陷或不足之处，但相信其研究探索及成果是有价值的。2020年是我国全面建成小康社会的目标年度，也是国家中长期教育规划提出的"基本形成学习型社会"的目标年度，期待我们的研究成果，特别是研制的指标体系能为检验我国基本形成学习型社会建设战略目标的实现度提供参考，为实现党的十九大报告中提出的"加快建设学习型社会"的战略任务提供支持。

课题组

目 录

目 录

第一章 学习型社会的基本理论与研究进展

本课题研究的目的是研究建立学习型社会的评价指标体系。探讨学习型社会的评价指标体系，首先要厘清什么是学习型社会。"学习型社会"是"Learning Society"的中文译语，也有人使用"学习社会"或"学习化社会"来表述。虽然本研究认为这三种表述在概念内涵上完全相同，但考虑到我国使用"学习型社会"比较普遍，所以在本研究中除引用外，一般使用"学习型社会"的表述。在本章中我们将主要考察国际上学习型社会理论研究的成果，重点对学习型社会的概念及其内涵进行分析，为构建学习型社会评价指标体系提供理论依据。

第一节 学习型社会理念的提出与普及

一、哈钦斯的"学习社会"构想

"学习社会"的概念是 1968 年由美国学者罗伯特·梅纳德·哈钦斯（Robert Maynard Hutchins，1899—1977）[①] 提出的，他在《学习社会》中对"学习社会"作了如下定义："学习社会不仅为处于人生任何阶段的所有成年男女提供闲时的成人教育，而且成功实现了社会的价值转变——把学习、自我实现、成为完人作为其目标，并且所有机构都以此为目标。"[②]

从上面的表述中不难发现，哈钦斯提出的"学习社会"概念中包含以下内涵：第一，为所有成年人提供贯穿其整个生涯的成人教育；第二，整个社会实现了价值转变，把学习、人的自我实现与人格完善作为其目标；第三，社会的所有机构都以终身学习和人的发展为指向。

哈钦斯关于学习社会的构想建立在其对未来社会发展趋势预测的基础上。他认为，学习社会有两个必需条件——"一是闲暇时间的增多，二是飞速的变化。后者要求我们不断地接受教育；前者则使之成为可能"。可以说，哈钦斯对社会发展趋势的预测是

[①] 罗伯特·梅纳德·哈钦斯（Robert Maynard Hutchins，1899—1977），美国教育哲学家.
[②] R. M. Hutchins. The Learning Society [M]. New York：Frederick A. Praeger，134.

准确的。第一，随着知识社会的来临，技术特别是现代信息技术的飞速发展，人类社会的生产方式、生活方式正在经历急剧变化，人们要适应这些变化就必须持续地学习。第二，人们的闲暇时间也有所增加。同哈钦斯所处的时代相比，随着工业化、自动化、信息化以及近年人工智能的发展，人的很多工作被机器取代，加之五天工作制、弹性工作制等的普及，人们的闲暇时间有所增加，这是终身学习得以发展壮大的重要原因。

哈钦斯对学习社会的构想建立在其自由主义教育观的基础上，他认为"教育的目的在于使人的心智得到发展，并由此实现人的发展。教育的目的不是培养人力（man-power），而是培养人（manhood）"。在他看来，以往和当下的教育只不过是经济、政治和社会的工具或附庸，并非真正的教育。他对"以经济发展为目的""把人视为生产工具""将重点放在就业上""给学生以从事某种特定工作的资格"的教育制度持怀疑和批判态度，认为最好的教育不是为了培养某类人才的专业教育，而是提高人们的理解能力和心智的自由教育。因此他期待并预言：教育将在 21 世纪回归其本身，回归真正的教育——"其目的在于帮助学生尽可能地发展心智，提高理解力，使其思想自由。它传授从事理智活动所需的技能，使学生熟悉生活与其中的知识传统，为学生打开新的世界。这种教育概括地说就是自由教育，适合自由人的教育"。到那时，人人都将享受到以"理解""人性""智慧"等为核心价值的自由教育。而且由于社会财富的增加和科学技术的进步，人们将拥有前所未有的闲暇时间，人们对于生命价值的认识将从工作谋生转化为过一种"睿智、愉快、美好的生活"。在学习社会中，人人都将接受以培养理解能力和思考判断能力为目标的自由教育，并终身可以自由学习。他认为，"一个理想的共和国就是一个学习型的共和国"，"没有学习，我们渴望的法制和公正世界不可能实现"。"当所有人都是法制公正世界和学习型共和国的公民时，我们所寻求的文明就能实现"。①

哈钦斯对学习社会理论的重大贡献，首先在于他提出并定义了"学习社会"这一重要概念和理论框架，为此后学习社会的发展奠定了理论基础。其次，他的学习社会观不仅强调面向所有人的终身学习，而且深入教育价值观和教育内容层面。他基于其自由主义教育观对工具主义教育观的批判，以及教育要以人的发展为根本目标的思想，对当今世界的教育改革仍具有重要的启示意义。近年，国际社会特别是联合国教科文组织呼吁反思教育与学习的价值，倡导人文主义教育价值观，这些同哈钦斯所强调的不无相通之处。比如，联合国教科文组织在《反思教育：向"全球共同利益"的理念转变?》中提出，要以人文主义教育价值观重新界定教育和知识的内涵，强调教育和学习要超越狭隘的功利主义和经济主义，将人类生存的各个方面融

---

① 罗伯特·哈钦斯. 学习型社会 ［M］. 林曾，李德雄，蒋亚丽，等译. 北京：社会科学文献出版社，2017：83 - 84.

合起来。① 教育不仅关注学习技能，还涉及尊重生命和人格尊严的价值观。21世纪的教育应将人文主义价值观作为教育的基础和目的：尊重生命和人格尊严、权利平等和社会正义、文化和社会多样性以及为建设我们共同的未来而实现团结和承担责任的意识。② 再次，哈钦斯强调整个社会要从"学校化社会"转变为"学习化社会"，学校以外的社会机构也要在促进学习上发挥重要作用，学习资源由社会各部门来提供，这不仅是学习社会的重要特征，也是学习社会建设的重要任务。在哈钦斯之后，有人用"学习的社会化"和"社会的学习化"来表述学习社会的本质特征，可以说这正是哈钦斯思想的精髓所在。

哈钦斯对学习社会的理论贡献无疑是巨大的。但他的理论也带有一些理想主义乃至空想色彩。比如，他过度强调了闲暇时间对学习和学习社会的重要性。他认为闲暇是所有知识进步的源泉③，学习社会也建立在人们闲暇的基础上。他预见未来社会机器将替代人的劳动，人们将有更多闲暇时间去学习。从社会发展的实际情况看，20世纪后半叶以来，随着五天工作制的逐步普及和自动化、信息化、智能化的发展，人们工作之外的闲暇时间确实有所增加，虽然未达到哈钦斯所期待的古代雅典人那样的闲暇程度。但是，闲暇时间的增加并未导致人们学习的明显增加。正如他在书中所说，"劳动时间的减少并没有出现人们想象的那种智力活动的明显增长"④。由此可见，闲暇未必是学习和学习社会的充分必要条件。实际上，学习乃至知识创新并非都发生在闲暇中，相反，很多是发生在社会实践中，发生在劳动或工作中。在学习社会中学习特别是非正式（或非固定形式）学习无所不在、无时不在。特别是在现代信息技术高度发达的今天，学习的时空被大大拓展，人们可利用零散时间进行学习，也可进行远程移动学习，还可在"做中学"，即在工作实践、生产实践中学习（如工作场所学习）。正像闲暇不应是少数人的奢侈品一样，学习也不应只是闲暇者的奢侈品，人人、时时、处处都能学习恰恰是终身学习和学习型社会的要义。

再比如，哈钦斯把教育定义为通过有组织的、深思熟虑的努力帮助人们成为有智慧的人，促进人的自由发展，因此他非常注重博雅教育。促进人心智发展的博雅教育固然重要，但是人的发展需求是多样的、多层次的，其中包括劳动技能的学习和提升。而人的学习也是全方位的，不仅包括专业学习和职业技术教育与培训，甚至工作实践本身也是一种重要的学习，即所谓"非正式学习"（Informal Learning）或者"在做中学"（Learning by Doing）对促进人的发展和自我实现也具有重要意义。正如数年后美国另一本以"学习社会"为主题的书中所指出的，哈钦斯对工作在人的生活中所发挥

---

① 联合国教科文组织. 反思教育：向"全球共同利益"的理念转变？［M］. 北京：教育科学出版社，2017.
② 同上书，2017.
③ 罗伯特·哈钦斯. 学习型社会［M］. 林曾，李德雄，蒋亚丽，等译. 北京：社会科学文献出版社，2017：142.
④ 同上书，2017：148.

的作用不大的判断是错误的，人们无疑可以从工作、家庭生活、志愿者服务等活动中受益，包括智力和德道方面的进步。① 正如后来联合国教科文组织所强调的，学习中蕴含着巨大"财富"，要获得这些"财富"，人们不仅需要"学会认知""学会做人"，而且需要"学会做事"和"学会共存"。

哈钦斯提出的学习社会理念后来被广泛接受和传播，与同时期被广泛传播的另一个重要概念——"终身学习"一起，成为 20 世纪后半叶和 21 世纪推动教育改革乃至社会变革的重要理念和政策依据。1973 年，美国卡内基高等教育委员会发表了《迈向学习社会》（*Toward a Learning Society*）的研究报告。这份报告指出，美国要实现学习社会的理想，必须从封闭的学习转向开放的学习，教育特别是中等后教育要扩大向成人开放，要积极发展回归教育、远程教育、开放大学、社区学院，高等教育机构要改革入学、教学、资助模式以更好满足成人的学习需求。② 1983 年，美国高质量教育委员会发表了著名的《国家处在危险之中：教育改革势在必行》的报告。该报告着眼于提升美国的国际竞争力，强调指出：教育改革的重点是致力于学习社会目标的实现。要实现这个目标，教育不应局限于学校内，应扩大到家庭、工作场所、图书馆等，使个人在工作与生活中都能享有学习的机会。③

二、国际组织的研究与推动

学习社会理念的普及很大程度上得益于联合国教科文组织的大力倡导和推广。联合国教科文组织把"学习社会"视为同其积极倡导的另一个重要概念——"终身教育"密切相关、相辅相成的概念。在倡导学习社会和终身学习的过程中，联合国教科文组织曾发布过三个重要报告。

1972 年，联合国教科文组织国际教育发展委员会发布了著名的研究报告——《学会生存：教育世界的今天和明天》（*Learning To Be：The World of Education Today and Tomorrow*），④ 这份研究报告分析了全球教育的进展及面临的挑战，强调应对挑战的重要战略就是落实两个基本和重要的概念——"终身教育"和"学习社会"。该报告指出："如果学习包括了人的整个生涯（既指其时间上的长度，也指其各个方面），而且也包括整个社会（既包括其教育资源，也包括其经济和社会资源），那么我们除了对教育体系进行必要的检修之外，还要继续前进，进而达到学习社会的境界。"报告认为，在学习社会中，社会与教育的关系将发生变化，教育不再只是学校的责任，所有的团体、协会、工会、地方及中介组织都必须共同承担教育责任。学习社会"只能将其理解为一个教育与社会、政治与经济组织，包括家庭与公民生活紧密交织的过程。它意味着

① Berkeley，CA. Toward a Learning Society：Alternative Channels to Life，Work，and Service［J］. 1973.
② 吴明烈. 1990 年代两项重要的学习社会报告书［J］. 台北：成人教育，1998（42）：42 – 50.
③ 美国高质量教育委员会. 国家处在危险之中：教育改革势在必行. 1983.
④ 国际教育发展委员会. 学会生存：教育世界的今天和明天［M］. 北京：教育科学出版社，1996：16.

每个公民在任何环境下都能自由获取学习、训练和培养自己的各种手段"。

1996 年，作为上述"富尔报告"的续篇，联合国教科文组织又发布了"德洛尔报告"——《教育：财富蕴藏其中》（*Learning：The Treasure Within*）。报告认为："终身教育理念是通向 21 世纪之路的关键所在。它超越了初始教育与继续教育之间的传统区别，与另一个经常提到的理念——学习社会相联系。在学习社会中，每个人都可以拥有学习和发挥潜能的机会。"① 报告强调：教育在人和社会的可持续发展中发挥着重要作用，应将"教育置于社会的核心位置"。该报告还提出：教育应确立"四大支柱"——"学会求知""学会做事""学会共处""学会做人"。这"四个学会"并非局限在人生的某个时期或年龄段，而将贯穿于人的整个生涯；"四个学会"也非局限于学校，同时也包括家庭、职场和社区等各种场所。

2015 年，联合国教科文组织发布了《反思教育：向"全球共同利益"的理念转变？》（*Rethinking Education：Towards a Global Common Good*?）。这份报告继承了前述两个报告的精神，强调"世界在变化，教育也必须变化。社会无处不在经历着深刻变革，这种形势呼吁新的教育形式，培养当今及今后社会和经济所需要的能力……教育是我们努力适应变化，改造我们生活于其中的世界的核心"。② 报告强调，教育要应对全球实现经济、社会和环境可持续性的挑战，就必须用人文主义的价值观反思教育，重新界定教育和知识的概念，将其作为全球共同利益，把教育作为促进人与社会可持续发展的关键。报告指出，"将教育和知识视为全球共同利益，意味着知识的创造及其获取、认证和使用是所有人的事，是社会集体努力的一部分"。③ 这份报告虽未直接提及学习社会建设，但它强调的将教育和学习置于社会的核心、将向所有人开放教育和知识视为"社会的集体努力"，恰是学习社会建设的关键所在。这份报告所强调的教育是"全球共同利益"的思想也赋予学习社会以超越国界的新内涵。

相对于联合国教科文组织在普及推广学习社会理念方面发挥的价值引领作用，另外一些国际组织，特别是经济合作与发展组织和欧洲联盟等则致力于将学习社会的理念付诸实践。

经济合作与发展组织认为：学习社会是能支持个人终身学习的社会，教育机会为每个人一生所享有，每个机构都负起教育的责任并提供教育的机会。实际上，从 20 世纪 70 年代经济合作与发展组织就开始了将学习社会理念付诸实践的尝试。1973 年，经济合作与发展组织首次提出了建设"教育型城市"（Educating Cities）的设想，并确定在加拿大埃德蒙顿、澳大利亚阿德莱德、奥地利维也纳、日本挂川、苏格兰爱丁堡、美国匹兹堡、瑞典哥德堡七座城市进行试点。1992 年，经济合作与发展组织在第二届

---

① 联合国教科文组织. 教育：财富蕴藏其中［M］. 联合国教科文组织总部中文科，译. 北京：教育科学出版社，1996：1 - 3.

② 联合国教科文组织. 反思教育：向"全球共同利益"的理念转变？［M］. 北京：教育科学出版社，2017.

③ 同上书，2017.

国际学习型城市代表大会上提出了《终身学习的城市战略》（*City Strategies for Lifelong Learning*）研究报告，在总结首批七座学习型城市试点经验的基础上提出了学习型城市建设的五大原则：（1）促进城市内所有相关机构，包括公共和私人部门间的联系与协作；（2）协调以工作为导向、以日常休闲为导向的教育和培训，便于市民将自身发展和职业发展的学习需求相结合；（3）鼓励各年龄层人群共同学习、相互学习；（4）利用当地媒体作为教育工具，培养市民对学习机会的识别能力；（5）将建设学习型城市、共同学习视为改变城市未来的途径。① 经济合作与发展组织建设学习社会的主要目的是在知识经济背景下推进全民终身学习。他们认为，"终身学习理念基于这样的需要：保证每个人拥有知识、技能和能力以充分参与以知识为基础的社会"②。

欧盟的学习社会建设虽然起步较晚，但政策推动的力度比较大。1995 年，欧盟发表了题为《教与学：迈向学习社会》的白皮书，认为欧洲经济和社会正面临着信息化、国际化、科学技术的迅速发展的冲击，欧盟成员国的教育与培训面临着诸多变化与挑战。白皮书指出，未来社会将是一个投资知识的社会、注重教育与学习的社会，每个人都能通过终身学习不断提高其能力和技能，这就是学习社会。白皮书提出了加快建设学习社会的具体政策建议：一是鼓励新知识的获取，具体政策建议包括建立（学习成果）认定制度、促进流动、拓展多媒体教学等；二是促进产学合作，主要包括教育对产业界开放、企业向民众提供训练机会、鼓励校企合作等；三是缩小学习机会差距、促进社会融合、照顾不利群体，主要包括提供第二次学习机会，建立欧洲志愿服务体系；四是通晓三种语言，以增长见识、拓展文化视野；五是兼顾基建投资和人力资本投资，努力消除教育差距。③

2000 年，欧盟在里斯本召开高峰会议，提出促使欧洲成为世界上最具竞争力与活力的知识经济体，实现经济的可持续发展并拥有更多、更好的工作与更完善的社会系统，就要使欧洲成为学习社会，推进全民终身学习。为此欧盟发表了《2000 年终身学习使命备忘录》，强调终身学习能有效促进知识获取、技能与能力的提升，不仅能够提高人的就业能力，而且能促进公民权利的实现和社会融合。终身学习将教育和培训纳入伴随人一生的新框架中，其中包括贯穿于人的日常工作和生活中的非正式学习途径。欧盟将终身学习定义为"贯穿终身的所有学习活动"，提出要"打造一个终身学习的欧洲"。

欧盟相关项目中归纳的学习型社会的基本原则如下：④

---

① 徐小洲，孟莹，张敏. 学习型城市建设：国际组织的理念与行动反思 [J]. 教育研究，2014 (11)：131 -138.

② 经济合作与发展组织. 教育政策分析 2001 [M]. 谢维和，等译. 北京：教育科学出版社，2003：35.

③ Euopean Commission. Teaching and Learning—towards the learning society. 1995.

④ 诺曼·朗沃斯. 学习型城市、学习型地区、学习型社区：终身学习与地方政府 [M]. 欧阳忠明，等译. 北京：中国人民大学出版社，2016：24.

（1）学习被视为整个生命的持续活动。

（2）学习者对自己的发展负责。

（3）关注实在的进步，而不是沉湎于失败。

（4）能力、个性和共同的价值观、团队合作与知识追求同样重要。

（5）学习通过学生、家长、老师、雇主和社区的齐心协力，从而提高学习绩效。

欧洲终身学习项目协会补充的五大原则：

（1）每个人都对其他人的学习负有一定的责任。

（2）男性、女性、残疾人和少数民族拥有平等的学习机会。

（3）学习是创造性的、有益的以及愉快的。

（4）学习是外向的、思维开放的，宽容、尊重和理解其他文化、信仰、种族和传统。

（5）个体学习需要在家庭、社区和更广阔的范围内得到鼓励。

联合国教科文组织、经济合作与发展组织和欧盟倡导和推进学习社会建设过程中，始终把学习社会和终身学习紧密联系在一起。相对于哈钦斯强调人的发展的学习社会观，联合国教科文组织、经济合作与发展组织和欧盟等更加注重学习社会对于促进经济和社会发展的重要作用。

第二节　学习型社会研究的深入

哈钦斯提出的学习社会理念虽然带有一些空想色彩，但它的影响是巨大的，引发了各国学者的广泛关注和持续研究。这些研究不仅丰富了学习社会理论，促进了人们对学习社会概念及内涵的深入思考和理解，同时也激发了众多国家和国际组织将学习社会从空想变为现实的实践探索。

一、哈钦斯之后研究的进展

布希尔（Boshier，1980）认为，学习社会是以学习者为中心的社会，学习被视为所有公民的基本权利并成为其日常生活的一部分。他强调，学习社会要求学校教育的全面改革和教育目标的革新，学校教育的主要目标是培养个人成为自我导向的学习者。[①] 彼得森（Peterson，1983）认为，学习社会的特征是：①教育机会应尽可能向大众开放；②教育机会应延伸到社区，并融入社区事务与问题中；③广泛运用各种教学

---

① Boshier, R. Running to Win: The Contest between Lifelong Learning and Education in Canada, 1998.

资源，而非仅限于教育机构。①

英国学者贾维斯在《国际成人及继续教育辞典》（1990）中将学习社会表述为：所有社会成员在一生中的任何时间享有充分的学习机会，并通过学习，充分发展自己的潜能并达成自我实现的社会。他认为，学习社会是现代社会更加关注信息和知识、是全球化与信息社会以及知识经济出现和发展的必然结果。"全球化社会和知识经济导致世界范围内的社会巨变：人类生存的环境正在急剧变化中，变化使个体和群体对学习的需求增大。""学习社会是和社会变化相互联系的，社会变化波及越广泛、越流行，社会就越有可能是学习型的，因为社会成员必须学习以跟上社会结构的改变和基于工作的变化。"他援引其他学者的研究，认为学习社会的实现途径及其社会变化可从以下维度来考察：①个人发展——个人发展、自我评价、集中学习；②乌托邦的视角（空想）——社会学习、结构变化；③计划发展——社会控制、技能增长、教育改革系统、地方学习型社会；④市场——学习型市场。②

兰森（Ranson，1994）提出，学习社会的关键在于建立了个人、学校、社区、政府相结合的学习体制，这种体制扩展了学习社会的价值。③ 爱德华（R. Edwards，1995）认为：学习社会是一个"教育的社会"——致力于培养公民，发展民主制度，提供均等的教育机会；学习社会是一个"学习的市场"——促使更多机构向个人提供学习服务，支持由竞争引发的个人学习需求；学习社会是一个"学习的网络"——运用广泛的教育资源，支持帮助学习者发展学习兴趣并认证其学习。④ 修斯和泰特（Hughes & Tight，1998）则认为，学习社会是把教育与培训置于核心地位的社会。

作为最早将终身学习和学习型社会的理念付诸实践的国家之一，日本早在20世纪80年代中后期，就将建设学习社会纳入了社会政策和教育政策体系。临时教育审议会在其关于教育改革的咨询报告中提出，要使日本从偏重学校、偏重学历的学历社会向学习社会转变。关于学习社会，日本给出的官方定义是："学习社会即终身学习社会，是任何国民在一生中任何时候任何地方都能自由地选择学习机会，且其成果能得到恰当评价的社会。"为实现此目标，报告提出要完善终身学习体系、扩充学习机会、终身学习设施的网络化、学习成果评价的多元化、民办教育与市场化资源、新信息技术的运用、教育机构间的沟通衔接、学习场所和学习机会的多样化、强化终身学习推进体制、健全终身学习的制度（如带薪教育休假等）等一系列促进终身学习与建设学习社会的政策。

还有一些研究探讨了学习——学习的资源、学习的组织、学习的技术以及学习的

---

① Peterson, D. A. Facilitating Education for Older Learners [J]. San Francisco：Jossey – Bass, 1983.

② 彼得·贾维斯，成人教育与终身学习的理论与实践 [M]. 上海：上海高教电子音像出版社，2014：26 – 30.

③ Ranson Stewart. Towards the Learning Society [J]. London：Cassell, 1994.

④ Edwards Richard. Behind the Banner：Whither the Learning Society? [J]. Adults Learning, 1995 (6).

评价等对学习社会的影响。2010 年思科公司发布了一份关于"学习社会"的研究报告，认为新技术大大增加了终身学习的可能性，拓展了人们获取知识和进行知识创新的能力。作为学习社会来临的先兆，迅速发展的新型学习模式打破了旧有的正规教育与非正式学习的分野；社会学习网络、教育游戏、开放式的学习资源及其他新教育技术的广泛应用，正在使既有的教育系统发生颠覆性的变化。

报告预测学习社会将具备以下主要特征：①形成终身学习的文化；②培养积极主动的学习者，使其能应对不可预知的挑战；③把学习交给学习者，把学习视为活动而不是场所；④确信全民享有学习机会，没有人被排除在外；⑤承认学习需求的多样性并努力满足这些学习需求；⑥培育和容纳各种学习提供者，无论其来自政府、民间和非政府组织；⑦在学习者、提供者、资助者和改革者之间建立新型关系和网络；⑧提供助力学习的普惠性基础设施，包括实体的和虚拟设施；⑨支持持续的制度改革与反思以优化制度环境。

报告还提出了创建学习社会的十项建议：

（1）创建学习社会需要由政府、工商界、非政府组织以及社会投资方等构成的新型管理联合体进行有效管理，联合体应接纳所有的支持者、革新者和资助者参与其中。

（2）学习社会需要政府、工商界、第三部门以及个人等混合型的学习提供者为学习者提供终身学习机会和教学服务，并支持创新提供方式，积极鼓励新的学习提供者参与。

（3）需要远程提供者在政府支持下为学习者提供便捷的共享型基础设施，为其在家庭、职场、公共空间以及移动中的学习提供无缝的、高质量的、价格低廉或免费的信息技术保障。

（4）要求所有社会群体对学习投入更多时间和经费。雇主和工会应提供资助和鼓励员工参与学习，个人应分担能给其带来回报的学习的成本。

（5）混合型的终身学习供给要求建立更方便资助学习的新型投资模式。个人及雇主对学习的投入应与纳税挂钩，政府应通过法规和税收鼓励金融机构开发新的金融工具支持个人在必要时获得学习机会。

（6）国际组织和社会投资者应当引导政府和产业界建立合法的、标准化的资格证书体系，提供便捷并得到国际认可的证书。

（7）推进支撑学习社会的（学习成果）整体评价机制改革，帮助人们在其生涯的不同阶段提高技能和更新知识。

（8）加快建立评价学习成效的标准框架，为严格而独立的学习成果评价、记录和运用提供持续的资金支持。

（9）学习社会必须建立学习者终身管理人际关系的新途径。学习者应能便捷地获得独立的、可靠的咨询、支持、激励和信息。学习成果需要有私密、永久、安全和独立的储存空间进行记录。

（10）学习社会必须资助多元化的革新者。政府应当努力促使学习体系能容纳新的想法和创新型个体。

报告还提出，为创建学习社会，政府应转变其垄断性的教育提供者的角色，在维护公共利益的六个方面发挥其作用，即建立治理学习社会所必要的新型管理体制；确立学习社会的价值追求及产出目标并推动其实现；对学习社会的目标实现状况进行评估；健全终身学习体系，为机构和社区的学习资源的合理配置提供制度框架；保护和激励弱势人群对学习社会的参与；通过制定法规和提供资助等手段，激励非传统的学习提供者的颠覆性创新。

关于学习型社会概念、内涵及特征，不同的学者强调了其不同的侧面。有的强调其教育侧面，认为它是与学校中心、偏重学历的教育体系不同的教育形态；有的强调其社会形态，认为它是知识社会、信息社会的产物，是将教育、学习、学习者置于核心的社会；有的强调其经济侧面，认为它是知识经济、学习经济的代名词；等等。但不难发现，在这些多样的表述中也不无共同之处。

当然，学习社会的概念或者理念也遭到过一些质疑。比如有的学者认为，学习社会不仅概念含糊，而且带有不少空想成分，虽然一些国家或国际组织将其作为"社会工程"来推进，但相对于其美好愿景，实际取得的成效不大，它不过是个难以落地和实现的神话或梦想。①

二、学习型社会与知识经济

如前所述，哈钦斯的学习社会理论把人的发展作为学习社会发展的根本目标，他反对把教育和学习作为国家、社会和经济发展的工具。但是，在哈钦斯之后研究和推进学习型社会建设的过程中，学习社会被赋予了更多社会与经济方面的意义。经济合作与发展组织和欧盟推进学习型社会建设的一个重要目标就是推动经济的发展。

经济学的研究表明，知识是对经济增长起决定性作用的因素。经济合作与发展组织认为，知识经济是"以知识为基础的经济"，是建立在获取、更新和使用知识基础上的社会。知识经济以知识的学习积累和创新为前提，学习融入经济活动的所有环节。由于知识更新的加快要求人们持续学习以获取新知识，这就使终身学习成为必要。正是由于知识和学习密不可分的关系及其对经济增长的决定性作用，一些经济学家和欧盟、经济合作与发展组织等国际组织常把"学习经济"作为"知识经济"的代名词。因此，可以说知识经济既为学习型社会创造了条件，同时又以学习型社会为支撑，两者密切相关、相辅相成。

经济合作与发展组织在 2000 年发布的《学习社会的知识管理》的报告中对知识与

---

① Glenn Rikowski, Only Charybdis: The Learning Society Through Idealism, Inside the Learning Society, London: Cassell Education, 1998: 215.

学习的关系做过深入的分析。在这篇报告中，作为与知识经济相近的概念，作者使用了"学习经济"的表述。报告认为，随着学习经济的来临，知识的生产与学习在经济发展中的作用越来越大，而教育体系对知识生产、学习及传播发挥着不可替代的重要作用。报告指出，知识经济需要有更高知识和技能水平的劳动力来支撑，需要终身学习来支撑。该报告将学习经济背景下的"学习"定义为"获得成功实现个人或其所在组织的目标的能力与技能、更新知识的过程"。报告认为，在"学习经济"中，学习是挖掘新技术的生产力和保持长期经济增长的关键，个人、企业、地区和国家的成功的关键是其学习的能力。学习不仅是技术过程，而且是一个人们相互作用的社会过程。在学习过程中人们的相互关系、相互学习的作用是很重要的。实现这样的学习的前提条件是人们相互尊重和信任。因此团队学习在学习经济中很重要，也将积蓄更多的社会资本。学习能力与社会资本的差异将加剧社会的两极分化。学习对促进经济发展和社会凝聚力的提高具有重要作用。第一，学校在学习经济中的作用将发生变化，学校要培养学生适应迅速变化的职业生活的能力；第二，帮助那些学习速度慢的人打好参与社会及经济活动的基础，否则，这些人可能因不能迅速更新其技能而掉队；第三，成人教育作为终身学习的重要组成部分将成为学习经济的关键因素；第四，伦理因素对社会资本的形成将发挥越来越重要的作用；第五，知识生产及转移速度的加快将呼唤劳动力市场新的分工以及学校与其他学习场所间的合作。

报告认为，相对于专业知识和能力而言，学习能力越来越重要。对于个人、企业、地区和国家来说，在市场经济中的成功取决于其快速学习的能力。报告认为不同的经济发展阶段所要求学习的知识是不同的。相对于传统经济注重学习是什么（Know what）"和"为什么（Know why）"范畴的那类知识，知识经济中属于"怎么做（Know how）"范畴的知识将越来越重要，教育和学习也应相应地将学习的重心向"怎么做（Know how）"转移。[①] 而这类知识主要是从社会化的和专业化的学习环境中获得。在知识经济背景下，知识创新成为经济增长的主要动力，学习是知识创新的重要前提。知识创新越来越发生在组织内部和组织间的相互学习过程中，这是现代经济发展的核心要素。由于个体学习能力上的差异将可能加剧社会的两极分化，这将降低社会资本和社会凝聚力，这是知识经济的主要负面因素。因此支持学习经济的发展战略应当特别注意强化学习弱势人群的学习能力。学习经济要克服西方社会在学习中偏重显性知识而忽视隐性知识的偏见。教育体系在学习经济中发挥着非常重要的作用。在教育体系中建立制度创新的制度框架将对经济社会发展产生重要推动作用。[②]

关于学习经济中学习与经济增长的关系，诺贝尔经济学奖获得者斯蒂格利茨在其同格林沃尔德合著（Joseph E. Stiglitz & Bruce C. Greenwald）的《建设学习社会：增

---

① Educational C F. Knowledge Management in the Learning Society [M]. 2000：126-127.
② 同上书，2000：138.

长、发展与社会进步的新途径》中有更深入的论述。作者称这本著作的核心是探讨"学习社会"的经济学，特别是聚焦政府如何通过创建"学习社会"促进经济增长和社会进步。① 作者讨论了学习与创新对生产率提高和经济增长的重要作用，认为学习——知识的获得与传播是经济增长与社会发展最重要的因素或资源。以其经济学家的视角看，"学习社会"也就是"学习经济"，在学习经济中，一个经济体最重要的禀赋就是其学习能力。经济发展取决于个体、企业以及政府的学习能力、速度和方向。发达国家和欠发达国家之间的差距不仅是资源上的，更是知识上的，或者学习能力上的差距。而缩小知识差距、促进经济增长和社会发展的主要政策手段就是加强学习——创建学习社会或者学习经济，包括增加对学习和创新的投入。

他们指出，创建学习社会应成为经济政策的主要目标之一，如果成功创建了学习社会，一个国家将会变得更加高效，人民生活水平将会显著提高。

在学习社会中，学习发生在个人、企业和政府各个层面，这些决定了整个社会的"社会学习能力"，这一能力受已有的知识、关于学习本身的知识、关于自身学习能力的知识等的影响。他们认为学习的主要影响因素包括：①学习能力；②知识的易获得性；③学习的激励；④创造学习的习惯——正确的认知框架；⑤联系——促进人们学习间的相互影响；⑥学习环境。

他们强调，现代经济的一个突破性进展在于学会学习，在于学习能力和组织化创新能力的增强。学习受经济和社会环境、经济结构、对教育和科研的投资等因素影响。学习具有外溢性，同时在其社会与个人回报率之间存在着巨大差异，个人难以从其学习投入中获得充分的回报。市场在生产和传播知识及学习方面会失灵，因此政府应在其中发挥重要作用。因此，政府应当把促进学习和学习溢出作为经济政策的重要目标。

他们强调，教育是决定个人学习能力最重要的因素。学习能力关键是学会如何去学习。现代教育及劳动力市场政策聚焦于"终身学习"以增强人们适应不断变化的劳动力市场、从一个企业转换到另一个企业的能力。而这种增强劳动力适应能力的学习多数发生在工作场所而不是正规教育。正规教育虽然能通过增加知识，在那些知识过时之前暂时提高生产力，但是正规教育年限未必能增强人的终身学习能力，那些灌输不科学的知识的教育甚至可能阻碍终身学习能力的提升。而只有注重培养学生的分析、思考和创造力，才能使学生具有应对未来变化的竞争力。②

---

① Stiglitz JE, Greenwald BCN, Arrow KJ, et al. Creating a learing society: a new approach to growth, development, and social progress [M], Cdumbia University press, 2014: 22.

② 同上书, 2014: 56 – 76.

第三节 学习型社会的实践研究

前面梳理的关于学习型社会的研究大体可归类为理论研究范畴。有关学习型社会的另一类研究是侧重实践的研究，其主要着眼点是学习型社会的理念付诸实践的路径、方法与效果。这类研究包括对学习型城市、学习型地区、学习型社区以及学习型组织等的研究。本节将重点聚焦在关于学习型城市的研究。

学习型城市可以视为城市范围内的学习型社会。"社会"是个比较宽泛的概念，如果把一个国家视为一个社会，那么这个社会必定是由一些地区和城市组成。建设学习型社会不仅要在国家层面实施，更要在地区和城市层面实施。换言之，一个国家的学习型社会只能通过一个个地区、一个个城市、一个个社区逐步建立。[①] 因此，一些国家和国际组织把创建学习型城市作为建设学习社会的现实途径和重要抓手。

一、发达国家学习型城市建设策略

关于学习型城市的研究，无论国际国内，都是伴随着学习型城市的实践探索产生和发展的。早在 20 世纪 70 年代，经济合作与发展组织就开始关注以地区或城市为平台的建设学习型社会的实践，学习型城市的概念也逐渐开始出现在其推动的一些国际项目中。[②] 1993 年，经济合作与发展组织发布了一份题为《终身学习的城市发展策略》（*City Strategies for Lifelong Learning*）的研究报告，回顾了阿德莱德、埃德蒙顿、爱丁堡、哥德堡、匹兹堡、挂川和维也纳七个城市推进学习社会的过程，提出将创建学习城市作为推动终身学习的重要策略。基于有关研究及实践探索，经济合作与发展组织提出了学习型城市的定义："将创新和学习置于发展的核心，通过结合终身学习、创新以及创造性地运用信息通信技术，建设经济持续发展的城市。"[③] 这个定义不仅强调了终身学习，而且强调了创新、信息技术以及经济的可持续发展。此后，根据对欧洲五国城市的调查，2000 年，经济合作与发展组织在欧洲建立了泰晤士河口区、维也纳等五个学习型地区。经济合作与发展组织在 2001 年的一份报告中对学习型城市建设提出了建议：加强政策协调，实现不同部门、不同层级政府之间治理的跨越；推动更加有效的组织学习和创新；持续评估个体参与学习和创新的情况；确保学习和创新战略被

---

① UIL. Terms of Reference for Establishing the International Platform for Learning Cities. Hamburg：UNESCO Institute for Lifelong Learning，2013.

② 迈克尔·奥斯本，彼得·凯恩斯，杨进. 学习型城市：发展包容、繁荣和可持续的城市社区［M］. 苑大勇，译. 北京：教育科学出版社，2016：3.

③ Larsen K. Learning Cities：The New Recipe in Regional Development［J］. OECD Observer，1999（1）：73.

赋予合法性。①

欧盟也将建设学习型城市作为其实现学习型社会的重要战略。20 世纪 90 年代以后，欧盟为了将欧洲建成更具竞争力与活力的知识经济体，促进经济的可持续发展及社会融合，也开始将学习型城市建设纳入其终身学习政策体系中。1991 年，欧盟委员会启动"欧洲终身学习项目"，号召把学习城镇和地区作为欧洲推进终身学习的重要环节。该项目将学习型城市定义为："学习型城市、城镇和地区在其法定职责之外，应向有需求的市民提供教育和培训，通过法律、制度、行动计划增加学习机会，创造充满活力、市民积极参与、有文化意识的、经济活跃的人文环境，不断激发市民潜能"②。

1998 年，"欧盟委员会苏格拉底计划"开始资助第一个学习型城市项目——"迈向欧洲学习型社会项目"，该项目的主要意图就是促进欧洲社会对学习型城市的理解。③该项目对学习型城市的特征做了如下描述："一个学习型城市、城镇或地区高度认可并理解学习对于经济繁荣、社会安定及个人成就的重要意义，充分并富有创造性地利用人力、物力和财力资源，积极动员社会各界，以全面发展所有人的潜能"。该项目强调合作是学习型城市的主要特征，鼓励城市中各种利益相关者，包括学校、企业、行业协会、地方政府和其他组织之间建立有效的合作关系，从而促进包括物力和人力资源的共享、知识的生产和流动。④

1998—2000 年间，"迈向欧洲学习型城市"（Towards a European Learning Society，TELS）作为欧洲委员会资助的关于学习型城市和区域的研究项目，以欧洲 80 多个城市和区域为对象，对行政管理者关于"学习型城市"的理解及其准备状况进行了研究。研究发现，大多数城市和区域的行政管理者都对"学习型城市"缺乏了解，甚至不知道这个概念的存在，尽管他们所推进的活动很多与学习型城市建设相关。⑤根据这些研究结论，研究报告向欧盟委员会提出了推进学习型城市和区域策略的 8 条建议，包括：①在欧盟的教育发展计划中建立一个跨部门的组成部分，支持学习型城市和区域的发展；②设立学习型城市项目，以竞争方式确定项目对象城市或地区；③开发评价监测学习型城市和区域的指标体系，并启动相关调研；④加大媒体宣传力度，提高各国地方行政当局对学习型城市概念的理解；⑤制定《欧洲学习型城市宪章》，列出城市对市民学习者的责任等；⑥创建一个由各国大学相关院系组成的欧洲网络，专门从事学习

① 诺曼·朗沃斯. 学习型城市、学习型地区、学习型社区：终身学习与地方政府［M］. 欧阳忠明，马颂歌，陈晓燕，等译. 北京：中国人民大学出版社，2016：15.

② European Commission. European Lifelong Learning Initiative［EB/OL］.［2017 - 4 - 28］. https://eurolocal. info/organisation/european-lifelong-learning-initiative.

③ EUROlocal. The TELS project［EB/OL］.［2016 - 06 - 06］. http://eurolocal. info/project/tels-towards-european-learning-society.

④ 张创伟. 欧洲学习型城市质量保证框架述评［J］. 远程教育杂志，2016，34（4）：85 - 92.

⑤ 诺曼·朗沃斯. 学习型城市与学习型区域：让世界变得更美好，戴维·N. 阿斯平. 国际终身学习手册（下），上海：上海高教电子音像出版社，2014：187.

型城市的研究与发展工作；⑦促进地方政府、产业界及其他部门之间的合作伙伴关系，以创造财富和促进就业；⑧与各种国际组织和不同国家建立联系，分享优秀实践，共同促进学习型城市的文化、经济和教育发展。这些建议多数被采纳并得到落实。如第①条建议促成了终身学习区域计划的出台，该计划汇集了 17 个终身学习区域项目，涉及欧洲 100 多个区域。第④条建议促成了斯特林大学的指标研究项目，研制了"利益相关者评价"工具，为学校、成人教育机构、企业和地方政府评估其承诺的实现程度提供了工具。第⑦条建议促成了帕斯卡尔学习型城市和区域网络的形成。该网络是一个由社会资本、地方行政人和专家学者组成的学习型城市全球专家网络，为学习型城市、区域与高校之间的合作交流提供了平台。为了增强成员国地方政府推进学习型城市与地区的能力，欧盟积极支持大学开展相关学习项目，研究、设计和传播推进学习型区域所需要的学习内容，帮助地方政府和其他利益相关者提高对学习型城市的认识和管理能力。[①]

二、学习型城市的内涵与特征

对学习型社会实践的研究比较深入和系统的当属诺曼·朗沃斯，在其《学习型城市、学习型地区、学习型社区》中他认为："学习型社会"是一个包容性的术语，经常用来描述一个国家或城市的学习共同体。它既可以是大单位，也可以是小集体；既可以看作模糊的概念，也可以视为精确的概念，甚至可以视为使用者的愿景。因此，学习型城市、学习型地区、学习型社区都是学习型社会的组成部分。根据他的定义，学习型城市"具有一定的规划和战略，通过所有市民潜能的开发，以及所有组织之间形成的工作伙伴关系，推动个体发展、社会和谐以及可持续的健康创造"。他还从领导力、雇用和就业能力、抱负、资源、网络、信息、需要和诉求、增长、变革管理、投资、技术、参与、环境和家庭策略等方面概括了学习型城市的具体特征，如表 1 - 1 所示。[②]

表 1 - 1　朗沃斯归纳的学习型城市的特征

领导力	建立领导力开发战略与整个社区的学习咨询课程和技能的关联。
雇用和就业能力	制订有效计划来界定、开发技能和就业竞争力，从而帮助所有市民走上工作岗位。

　① 诺曼·朗沃斯. 学习型城市与学习型区域：让世界变得更美好，戴维·N. 阿斯平. 国际终身学习手册（下），上海：上海高教电子音像出版社，2014：187 - 188.
　② 诺曼·朗沃斯. 学习型城市、学习型地区、学习型社区：终身学习与地方政府［M］. 欧阳忠明，马颂歌，陈晓燕，等译. 北京：中国人民大学出版社，2016：9.

（续表）

抱负	通过鼓励个体在各年龄阶段制订学习计划，利用指导和咨询等策略，激发市民的创新性潜能。
资源	释放社区所有潜在资源，包括人力资源，实现公共部门和私立部门互惠互利。
网络	通过项目，把国内和国际的不同种族、年龄和信仰的公民紧密联系在一起，从而培育宽容和外向型思维。
信息	通过设计创新战略，提供人群聚集信息，从而提升学习参与度，通过积极主动的宣传活动推动学习。
需要和诉求	通过积极主动地评估所有市民的学习需求，以及提供相关机会从而满足需求，培育学习文化。
增长	通过与其他学习型社区设计人才开发策略和创新性项目，从而创造财富。
变革管理	开发项目，从而确保市民在面对快速变化的世界时毫无恐惧之心，能积极应对。
投资	通过将学习战略与跨部门之间的财政支出紧密联系起来，从而影响未来发展。
技术	通过利用现代技术，把城市变为一个学习中心。
参与	通过建立技能、知识和人才数据库，推动他们互相分享，从而鼓励市民为城市生活和文化做贡献。
环境	通过设计能源项目，鼓励所有市民积极采取行动保护环境。
家庭策略	通过学习节、学习集会及其他有效活动，培育学习习惯，从而激励社区和整个家庭参与学习。

朗沃斯还认为，学习型城市本身就是一个巨大的学习型组织，包括政府管理部门、机构、组织和公民，它的社会和人力资本都应该成为合作性学习型组织，要尊重个体和组织的自由。作为学习实体，各类组织和机构应该对城市和城区的发展做出积极贡献。他还援引欧洲终身学习项目对学习型组织特征的归纳来表明其观点。

（1）学习型组织可以是一个公司、一个专业协会、一所学校、一个城市、一个国家或一群人，或大或小，有需要和欲望通过学习来提高绩效。

（2）学习型组织通过教育和培训来帮助所有人投资未来。

（3）学习型组织创造机会，并且鼓励所有的人尽其所能来开发他们的潜能，包括：①作为组织的员工、成员、专业人士或学生；②作为组织面见其消费者、客户、观众和供应商的代表；③作为组织存在的社会中的广大公民；④作为有需要实现自我能力的人类。

（4）学习型组织与组织成员分享组织未来的愿景，激励成员挑战和改变它，为它做出积极贡献。

（5）学习型组织将工作和学习联结起来，激励所有成员寻求质量与卓越，并且持续改进。

（6）学习型组织通过强化"学习"和规划教育与培训活动，调动成员发挥所有才能。

（7）学习型组织赋予成员各类权利来拓宽视野，并与他们所喜欢的学习方式保持一致。

（8）学习型组织适当应用最新的开放和远程传输技术，创造更广泛和更多样的学习机会。

（9）学习型组织积极响应其运转的环境和社会更广泛的需求，鼓励成员也做同样的事情。

（10）学习型组织为了保持创新性、创造性、活力和业务素质，不断地学习和重复学习。

朱斯维森尼认为，学习型城市是人口密集的、都市化的、本土化的社区，拥有学习伙伴关系网，且在学习型城市中，公民能够通过相互学习和从社区外学习获得自身的发展。在学习型城市中，有效的学习环境确保了城市中的每一个人、组织、社区作为一个整体获得发展，进行创新。学习型城市强调终身学习，强调学习的伙伴关系，强调学习型社区、创新、可持续发展和可持续生活的质量。①

联合国教科文组织近年积极致力于推动全球的学习型社会建设。2013 年 10 月，由联合国教科文组织、中国教育部和北京市政府联合举办的首届"国际学习型城市大会"在北京召开，会上通过了《建设学习型城市北京宣言——全民终身学习：城市的包容、繁荣与可持续发展》（以下简称《宣言》），其中提出"学习型社区""学习型城市"和"学习型地区"是可持续发展的重要支柱。城市在促进社会包容、经济增长、公共安全和环境保护中发挥着重要作用，因此城市应该是终身学习和可持续发展战略的设计师和践行者。学习型城市能够提升个人能力、增强社会凝聚力、培育公民权利、促进经济和文化繁荣，并为可持续发展奠定基础。关于学习型城市建设的内涵和愿景，《宣言》强调，在发展学习型城市过程中，要努力增强个人能力和社会凝聚力：确保每个公民和居民有机会接受教育并获得基本技能；鼓励并让每一个人能够积极参与所在城市的公共生活；保障性别平等；创造安全、支持、包容的城市社区。同时，要努力促进经济发展和文化繁荣：刺激包容性可持续经济增长；减少生活在贫困中的公民和居民比例；为所有公民和居民创造就业机会；积极支持科学、技术和创新；确保文化活

---

① Juceviciene P. Sustainable Development of the Learning City [J]. European Journal of Education, 2010, 45 (3): 420.

动的多样性；积极参与休闲和体育锻炼。《宣言》还强调学习型城市建设要促进可持续发展，减少经济及其他人类活动对自然环境的负面影响；保护自然环境，提高城市的宜居性；通过各界的主动学习推进可持续发展。①

这次大会的另一项重要成果是宣布建立了学习型城市国际平台。该平台由联合国教科文组织终身学习研究所发起，为全球的学习型城市研究与实践提供了重要的交流平台。

联合国教科文组织在其建设学习型城市倡议中认为，所有的学习型城市具有的特质是共通的，它包括以下内容：

（1）一个学习型城市能动员和运用各个环节的资源；

（2）全面提高从基础教育到高等教育的入学率；

（3）活跃家庭和社区学习氛围；

（4）促进职业培训和工作场所的学习；

（5）扩展现代学习技术的应用；

（6）改善并优化学习质量；

（7）创造充满活力的终身学习文化。

（8）提升个体能力，促进社会和谐，促进经济发展，繁荣城市文化，实现可持续发展。②

自 20 世纪六七十年代以来，在国际组织的大力倡导和推动下，学习型社会理念广泛传播，其理论内涵也逐渐丰富，实践层面也有长足进展。国际社会越来越全面、综合和多维度地把握学习型社会的内涵，强调终身学习与社会发展（经济、社会、文化、生态等）的相互促进作用，把学习型社会建设作为实现可持续发展，促进经济增长、文化繁荣和社会进步的重要手段。

---

① 建设学习型城市北京宣言：全民终身学习：城市的包容、繁荣与可持续发展 [J]. 高等继续教育学报，2014，27（1）：2－5.

② 联合国教科文组织终身学习研究所. 学习型城市的主要特征 [J]. 职业技术教育，2013（33）.

第二章 学习型社会的本土研究与实践

学习型社会的概念和终身教育（学习）一样，是 20 世纪 70 年代末 80 年代初传入我国的"舶来品"。相对于终身教育（学习）而言，学习型社会理念的普及、研究和实践的兴起要略晚一些。进入 21 世纪以后，随着学习型社会建设逐步纳入国家发展战略，国内关于学习型社会的研究也开始出现。本章将简要梳理国内学习型社会研究的概况及其政策发展过程。

第一节 学习型社会研究的主要成果

一、关于学习型社会的研究

中文文献中最早的关于学习型社会的研究是我国台湾学者的研究。胡梦鲸认为："所谓学习化社会是指一个人人均能终身学习的理想社会。在此社会中，学习者的基本权利能够获得保障，教育机会能够公平地提供，学习障碍能够合理地去除，终身教育体系能够适当地建立。学习社会发展的目的，是要提供一个理想的学习环境，实现每一个人的自我天赋潜能，使其做一个自己想要做的人。"他认为学习型社会在本质上具有下列特征：①学习社会是一个终身学习的社会；②学习型社会是一个以学习者为中心的社会；③学习型社会是一个无学习障碍的社会；④学习型社会是以终身教育体系为基础的社会。[①] 另一名台湾学者黄富顺曾将学习社会的特征归纳为以下八个方面：①一个机会开放的社会；②学习机会处处存在；③学习型组织普遍存在；④个人终身学习的社会；⑤自我导向学习成为学习的重要方法；⑥激发个人主动的学习；⑦学习的管道多元与多样；⑧强调人性的尊重、潜能的充分发展与自我实现。[②]

北京师范大学的厉以贤教授也是较早对学习型社会进行研究的中国学者。他在一篇论文中指出：学习社会是"指以学习者为中心，以终身学习、终身教育体系和学习型组织为基础来满足社会全体成员各种学习需求，进而获得社会自身可持续发展的社

---

① 胡梦鲸. 学习社会的概念意涵与发展条件 [J]. 成人高等教育研究，1997（4）.
② 黄富顺. 学习社会理念的发展、意义、特性与实施 [J]. 成人教育，1998（47）：6–13.

会。全民学习权的保障，社会各种学习资源的有效整合，学习环境的形成，是迈向学习社会的关键。建立和完善终身学习、终身教育体系和学习型组织，是迈向学习社会的基础"。他将学习型社会的特征归纳为：①学习将成为人的自我发展的需求，在个人生活和社会生活中占有越来越重要的位置；②学习将成为社会所有成员一生的活动；③学习和教育将成为一个结构和功能完整的社会体系，学习机会应向社会全体成员开放，学习可以在任何地方、以任何形态来进行；④学习和教育要成为一种社会的责任，学习和教育与社会形成互动，密切交织；⑤学习的目的在于人的全面发展，即充分发挥人的潜能，提高人的素质和生活质量，促进人的自我实现，推进社会发展；⑥学习和教育将在家庭、学校、社区，以正规的、非正规的、非正式的形式进行，并体现在社会、文化、专业、生活的各个方面；⑦社会中的各个组织和机构都要行使学习和教育职能；⑧终身教育、社区教育是迈向学习社会的重要途径和手段。[①]

2002 年，中国共产党第十六次全国代表大会报告提出了"形成全民学习、终身学习的学习型社会"的战略目标，以此为契机，我国学界关于学习型社会的研究开始起步。

张声雄、徐韵发在介绍国际上学习型社会相关研究成果的基础上，对学习型社会和学习型组织的内涵与特征等进行了分析。从终身教育视角出发，他们认为学习型社会具有全过程学习、全方位学习、生活方式、相对意义、个性创意、即时学习六大学习特征；从社会文化视角出发，认为学习型社会有学习力、快乐生活、创新、反思、共享和速度六大文化特征。[②] 该研究除了强调学习型社会与终身教育的紧密联系之外，将研究视角从教育领域拓展到社会文化视角和学习型组织建设的视角，提出了创建中国特色的学习型社会的命题。

2006 年，郝克明率领的研究团队发布了全国教育科学研究"十五"规划重大研究项目"建设终身教育体系和学习型社会的研究"的成果。该研究不仅对学习型社会进行了理论上的探讨，而且针对我国建设终身学习体系和学习型社会的实际进行了分析，提出了加快构建终身学习体系和学习型社会的政策建议。该研究把构建终身教育体系与建设学习型社会紧密联系起来，强调指出：学习型社会是以终身教育为基础，以学习者为中心，人人都能终身学习的社会。该研究认为，学习型社会是属于社会形态范畴的概念，它从社会发展的角度强调：消除学习障碍，保障所有人的学习权益，使教育和学习从传统的学校扩展到社会各个层面、各个组织的所有人。学习型社会赋予社会以新的特征，学习将成为未来社会形态的基本内容，包括社会生活中学习活动普遍性、学习机会的充分性、学习对象的广泛性等，教育（学习）将处于推动社会发展的

① 厉以贤. 学习社会的理念和建设 [J]. 高等教育研究，2000（5）：21 - 25.
② 张声雄，徐韵发. 创建中国特色的学习型社会 [M]. 南昌：江西人民出版社，2003.

中心位置。① 同此前的研究相比，该研究认为学习型社会是一种社会发展形态而不仅是教育发展形态，这对全社会参与建设学习型社会具有重要意义。此外，该研究还对学习型社会评价指标体系进行了探讨，并提出了一个初步的思路性指标体系框架。

同郝克明团队的研究几乎同时，顾明远、石中英带领的课题组也对学习型社会进行了专题研究。他们认为：学习型社会就其形式来说，是要创造一个全民学习和终身学习的社会；就其实质来说，就是一个"以学习求发展的社会"。作为从社会发展机制方面来描述当代社会特征的概念，其内涵包括：以个体的学习来追求个体的发展，以组织的学习来追求组织的发展，以国家的学习来促进国家的发展；以终身的学习来追求终身的发展，以灵活的学习来追求多样的发展，以自主的学习来追求内在的发展；把满足全体人民基本学习需求，促进全民学习、终身学习看成是建设小康社会、落实科学发展观的社会条件和根本动力。② 他们进而提出："学习型社会就是一个鼓励、支持和促进全面学习、终身学习和多样化学习的社会，其基本内涵包括：①从学习主体来看，学习型社会中学习的主体可以是个体组织，也可以是国家，但个人是学习型社会的根本；②从学习的持续时间来看，学习型社会强调终身的学习，这意味着不仅要关注正规教育，还要关注学前教育和成人教育；③从学习的方式来看，学习型社会崇尚灵活多样的学习，正规教育、非正规教育和非正式学习都值得关注；④从学习的目的来看，学习型社会追求内在发展的学习，不仅为了职业的发展，还有个人的全面发展和幸福体验等，因此，学习者需要学习各种有利于他们再学习的态度、技能与价值观念；⑤从学习机会的提供来看，学习型社会强调满足全体人民的学习需求。③ 顾明远、石中英课题组除对学习型社会进行理论探讨之外，还对我国公民的学习状况进行了抽样调查，并且对学习型社会的指标体系进行了更深入的研究，提出了由 4 个一级指标、12 个二级指标和 54 个三级指标构成的学习型社会评估指标体系的框架。

关于学习型社会的另一项团队研究是由朱新均领衔、上百名专家学者参与的"学习型社会建设研究"。该研究提出，学习型社会是实现了"学习社会化，社会学习化"的社会，它可从三个主要维度来理解：一是从与知识社会的共生互补关系上来理解，两者相辅相成，学习型社会是知识社会的一个向度；二是从社会资本的新视角来理解，学习社会建立在一定的社会资本基础上并促进社会资本的增长；三是从学习型社会本体维度来理解，学习型社会是以社会学习者为中心，以促进社会成员全面发展和社会可持续发展，以及具备了学习型组织、终身教育体系和终身学习服务体系、终身学习文化环境的社会。④ 该研究的最大特点是注重应用研究，基于对学习型社会的理论研究

---

① 郝克明. 跨进学习社会：建设终身学习体系和学习型社会的研究［M］. 北京：高等教育出版社，2006：22.

② 顾明远，石中英. 学习型社会：以学习求发展［J］. 北京师范大学学报（社会科学版），2006（1）.

③ 顾明远，石中英. 学无止境：构建学习型社会研究［M］. 北京：北京师范大学出版社，2010：20.

④ 学习型社会建设研究课题组. 学习型社会建设的理论与实践［M］. 北京：高等教育出版社，2010.

及我国学习型社会建设的现实基础，提出了更加系统的学习型社会建设的战略构思与基本对策。

陈乃林、马斌等认为：所谓学习型社会，就是以现代国民教育体系为基础和主干，以社会化的终身教育体系为依托，以社会化的教育学习资源平台和公共支持服务体系为支撑，以促进社会成员的全面发展为目的，能够满足全民终身学习基本需求，以教育学习为主轴的一种新型社会形态。他们还对学习型社会与终身教育体系、学习型社会与学习型组织的关系进行了分析。他们认为：学习型社会是侧重从社会的视角，以学习为动力（主轴）的一种社会发展理念、社会发展形态、社会结构体系、社会发展目标；而终身教育体系则主要是从教育角度讲的，是一种大教育的理念和架构，是一种社会化、终身化、一体化的大教育体系，是建设并形成学习型社会的主要基础和基本依托。所以，终身教育体系和学习型社会的关系，简要来说，是目标、愿景与基础、依托的关系，好比一个人头和身体的关系。① 学习型组织是建设学习型社会的细胞和基础，也是学习型社会建设的主要实施途径。②

还有一些研究强调对学习型社会的认识，不仅要关注其"投入"因素，还应关注"产出"因素。比如，袁雯基于上海市的学习型社会建设实践，认为学习型社会是以学习者为中心，以终身教育体系与终身学习服务体系为重要支撑，以学习型组织为基础，能保障和满足所有社会成员学习基本权利和终身学习需求，有效促进社会成员终身发展和社会可持续发展的一种开放、创新、富有活力的社会。③ 这一认识不仅强调了以学习者为中心的"投入"视角，而且强调了"有效促进"个人及社会的可持续发展、社会的开放、创新及活力等学习型社会的"产出"因素。

二、关于学习型城市的研究

我国关于学习型社会研究的一个重要方面是聚焦于学习型城市的研究。马仲良认为：构建学习型城市就是在一个城市的范围内构建学习型社会。学习型城市是以终身教育和学习型社会理论为指导，以营造城市文化和城市精神为灵魂，以不断推进全民学习、终身学习、主动学习、组织学习和促进教育的社会化、社会的教育化为主线，实现人的全面发展和城市持续发展的新型城市。学习型城市是城市现代化发展的新型模式，是以教育与学习主导城市规划、城市建设、城市管理、城市经营和城市发展的现代化城市。④

---

① 陈乃林，马斌. 建设区域性学习型社会的实证研究报告：以江苏为个案 ［M］. 北京：高等教育出版社，2010.

② 同上书，2010：72－73.

③ 袁雯. 为了每个市民的终身发展：上海建设学习型城市的实践与探索 ［J］. 开放教育研究，2013（4）：32－39.

④ 马仲良. 构建终身教育理念创建学习型城市 ［M］. 北京：北京邮电大学出版社，2003.

　　比如，叶忠海认为："学习型城市指的是以知识经济和知识社会为生存背景和发展空间，以学习和教育为本质的职能，以社会化的终身学习和教育体系为基础，能保障和满足城市市民学习基本权利和终身学习需求，从而有效地促进人的全面发展和城市的可持续发展的开放、创新和发展的和谐城市。"[①] 他强调，学习型城市是学习型社会高度集约的地域类型，指的是以学习求科学发展的城市，或者说，以学习求城市及成员可持续发展的过程。学习型城市是以城市学习者为中心，以终身教育体系和终身的服务体系为构架，以学习型组织和学习共同体为基础，以形成终身学习文化为基本特征，能保障和满足社会成员学习基本权利和终身学习需求，从而促进城市成员全面发展和社会价值得以充分实现，以及促进社会可持续发展的一种开放、创新、富有活力的新型城市。学习型城市的价值取向在于促进城市成员全面而自由的发展，促进城市的可持续发展。他认为形成学习型城市的关键性要素是：学习型组织和学习共同体——学习型城市之"基石"；终身教育体系和终身学习服务体系——学习型城市之"构架"；终生学习文化——学习型城市之"灵魂"[②]。

　　国内学者的这些研究在借鉴国外研究成果的同时，结合中国的实际，就学习型社会的内涵、本质特征、建设路径等进行了分析，有的还探讨了学习型社会评价指标体系。这些研究成果促进了政府与社会对学习型社会内涵的理解，为学习型社会建设的实践提供了理论支持，也为中国特色学习型社会理论的形成奠定了基础。

第二节　学习型社会建设的战略与政策

　　在我国，进入 21 世纪以后，建设学习型社会作为国家战略和政策目标前后经历了一个从模糊到逐渐清晰、从抽象到逐渐具体的发展过程。

一、建设学习型社会的国家战略目标的提出

　　建设学习型社会的战略目标是在我国进入 21 世纪以后国家经济社会发展面临诸多挑战的背景下提出的。从国际看随着世界多极化、经济全球化、知识经济的深入发展，科技进步速度加快，人才竞争日趋激烈。从国内看，随着改革的深化，一方面经济建设、政治建设、文化建设、社会建设以及生态文明建设全面推进，工业化、信息化、城镇化、市场化深入发展，另一方面，我国面临的人口、资源、环境的压力日益加大，转变经济发展方式、增强经济社会可持续发展能力的要求更加迫切。在这样的背景下，

① 叶忠海. 创建学习型城市的理论和实践［M］. 上海：上海三联书店，2005.
② 叶忠海. 构建学习型城市评价指标体系框架的探讨［J］. 高等继续教育学报，2013，26（3）：2－5.

全民学习、终身学习对提高国民素质、建设人才强国和人力资源强国的重要性和紧迫性日益凸显。

2001 年，时任中共中央总书记的江泽民同志在亚太经济合作与发展组织人力资源能力建设高峰会上指出：教育是人力资源能力建设的基础，学习是提高人的能力的基本途径。为应对 21 世纪的挑战，加快推进人力资源能力建设，要"构筑终身教育体系，创建学习型社会"，要加快社会化终身教育体系建设，鼓励人们通过多种形式参与终身学习，拓展与更新知识，提高素质，增长才干。在这段论述中，创建学习型社会是作为加快人力资源能力建设的重要途径提出的。

2002 年，江泽民在党的十六大报告中作为全面建设小康社会的目标的一部分明确提出："形成全民学习、终身学习的学习型社会，促进人的全面发展。"十六大报告提出的形成学习型社会的战略目标对我国的学习型社会建设具有里程碑的重要意义。第一，这是学习型社会作为国家发展的战略目标首次在党的代表大会报告等重大政策文本中出现；第二，形成学习型社会在十六大报告中是作为"全面建设小康社会"战略目标的一部分提出的，这表明它不仅是全面建设小康社会的重要途径，同时也是全面建设小康社会目标的重要组成部分；第三，"学习型社会"之前的两个定语——"全民学习、终身学习"体现了对学习型社会内涵和本质特征的精准把握；第四，"促进人的全面发展"反映出"以人为本"的学习型社会建设的价值取向。

此后，在从党的十七大到十九大的历次报告中，建设学习型社会都作为重要的战略目标被反复强调。党的十七大报告，作为改善民生和推进社会建设、"使全体人民学有所教"、建设人力资源强国的重要途径，强调"建设全民学习、终身学习的学习型社会"。党的十八大报告，作为建设人才强国和人力资源强国、促进各级各类教育协调发展、办好人民满意教育的重要举措，提出"完善终身教育体系，建设学习型社会"。党的十九大报告从全面建成小康社会和建设社会主义现代化强国的战略高度出发，提出"加快建设学习型社会，大力提高国民素质"的战略任务。不难看出，从党的十六大报告到十九大报告，学习型社会建设作为重要的战略目标始终受到党中央的高度重视，这为我国学习型社会建设提供了有力的政治支持。特别是党的十九大报告强调要"加快建设学习型社会"，这是党中央为实现"两个一百年"奋斗目标做出的重要战略部署。

二、教育发展战略目标的提出

根据党中央提出的建设学习型社会的战略目标，2010 年党中央、国务院发布了《国家中长期教育改革和发展规划纲要（2010—2020 年）》（以下简称"教育规划纲要"），着眼于为全面建成小康社会提供更有力的支撑，教育规划纲要提出了 2020 年我国教育发展的三大战略目标：基本实现教育现代化、基本形成学习型社会、进入人力资源强国行列。为了实现这些战略目标，教育规划纲要提出了五大战略任务：一是实现更高水平的普及教育，全面提高各级教育的入学率，提高从业人员人均受教育年限；二是形成惠及全民的公平教育，保障公民享有接受公平、良好教育的机会，缩小区域差距；三是提供更加丰富的优质教育，整体提升教育质量和教育现代化水平，使学习者的多方面能力素质明显提高；四是构建体系完备的终身教育，促进学历教育和非学历教育协调发展，职业教育和普通教育相互沟通，职前教育和职后教育有效衔接。大幅提升继续教育参与率，促进全体人民学有所教、学有所成、学有所用；五是健全充满活力的教育体制，通过进一步深化改革，全面形成与社会主义市场经济体制和全面建设小康社会目标相适应的充满活力、富有效率、更加开放、有利于科学发展的教育体制机制。

教育规划纲要明确提出作为实现形成学习型社会战略目标的重要举措，即加快发展继续教育，加大投入力度，以加强人力资源能力建设为核心，大力发展非学历继续教育，稳步发展学历继续教育，广泛开展城乡社区教育，加快各类学习型组织建设。建立健全继续教育体制机制，包括成立政府跨部门继续教育协调机构，将继续教育纳入区域、行业总体发展规划，加快继续教育法制建设，健全继续教育激励机制，加强继续教育监管和评估；构建灵活开放的终身教育体系，包括统筹扩大继续教育资源，鼓励学校、科研院所、企业等相关组织开展继续教育，加强城乡社区教育机构和网络建设，大力发展现代远程教育，为学习者提供方便、灵活、个性化的学习条件；搭建终身学习"立交桥"。促进各级各类教育纵向衔接、横向沟通，提供多次选择机会，健全宽进严出的学习制度，建立继续教育学分积累与转换制度，实现不同类型学习成果的互认和衔接。

教育规划纲要提出"基本形成学习型社会"的战略目标具有十分重要的意义。首先是明确了2020年的"时限"。在此前的政策和规划文本中，除了党的十六大报告中将形成学习型社会与全面建设小康社会目标同步之外，其他表述均属于方向引导性的目标，未提出明确的时限要求；其次，教育规划纲要首次提出了"基本形成"的概念，虽然未对"基本形成"具体说明，但实际上是对学习型社会建设赋予了阶段性内涵。这给我国学习型社会研究与实践探索提出了新课题："基本形成学习型社会"的内涵是什么？需要完成哪些战略任务？如何衡量"基本形成学习型社会"是否实现？等等。

为了回答教育规划纲要提出的这些重大命题，国家教育发展研究中心成立了课题组，对"学习型社会"和"基本形成学习型社会"的内涵、特点、目标、任务以及评价指标体系进行专题研究。课题组认为："基本形成学习型社会"即学习型社会的"初级阶段"，它以"创建"为主要或基本特征，即全民学习终身学习的社会氛围基本形成，全民学习终身学习的制度体系基本建立，全社会各种学习资源基本得到开发与共享，全民学习终身学习的需求基本得到满足，学习对个人与社会发展的促进效果初步显现。

三、学习型社会建设目标任务的具体化

2014 年，为了加快推进教育规划纲要提出的基本形成学习型社会的战略任务，教育部、中央文明办、国家发展改革委、民政部、财政部、人力资源社会保障部、文化部等七部门联合印发了《教育部等七部门关于推进学习型城市建设的意见》（以下简称《意见》）。这是将教育规划纲要提出的建设学习型社会的战略目标、任务和举措加以系统化、具体化的一份重要政策文本。《意见》强调，建设学习型社会是实现"两个一百年"奋斗目标和中华民族伟大复兴中国梦的重要内容和有力支撑，而建设学习型城市是实现学习型社会的重要基石。《意见》在肯定我国学习型城市建设上取得可喜成绩的同时，指出学习型城市建设才刚刚起步，还存在认识不到位、任务不明确、职责不清晰等问题。《意见》提出，建设学习型社会，要以服务全面建成小康社会和满足人民群众对美好生活的新期盼为宗旨，把全民终身学习作为城市发展的重要基础，以改革创新为动力，以信息技术为支撑，努力构建灵活、开放的终身教育体系，积极推进城市各类学习资源的建设与共享，创造人人皆学、时时能学、处处可学的社会环境，促进全民学习、终身学习，促进城市的包容、繁荣与可持续发展，并提出到 2020 年，"东中西部地区市（地）级以上城市开展创建学习型城市工作覆盖率分别达到 90%、80% 和 70%；各区域都要有一大批县级城市开展创建工作"的发展目标。

为实现学习型城市建设的目标，《意见》还明确提出了学习型城市建设的七项任务：一是大力培育和践行社会主义核心价值观，凝聚全社会价值共识；二是构建终身教育体系，促进各类教育融合开放；三是加强企事业单位职工教育培训，提高从业人员能力素质；四是广泛开展城乡社区教育，推动社会治理创新；五是推进各类学习型组织建设，增进社会组织活力；六是统筹开发社会学习资源，促进学习资源开放共享；七是有效应用现代信息技术，拓展学习时空。

《意见》最后提出了支持学习型城市建设的六项政策措施：健全领导管理体制，建立多部门共同参与的学习型城市建设领导协调机制；推进相关法规制度建设；加强参与学习型城市建设相关工作的社会工作者队伍建设；加大多渠道投入力度；营造终身学习文化氛围；开展评价、监测与国际交流。作为我国首个全面阐述学习型社会（城市）建设的政策文本，《意见》提出了新形势下我国学习型城市建设的指导思想、总体目标、基本原则、主要任务和政策措施，作为重要的里程碑，对我国推进学习型城市、学习型社会建设具有重要的指导意义。

学习型社会建设不仅被纳入我国的教育战略规划，也被纳入了人才发展等其他领域的社会发展规划。如 2002 年 5 月，中共中央办公厅、国务院颁布的《2002—2005 年全国人才队伍建设规划纲要》指出：开展创建"学习型组织""学习型社区""学习型城市"活动，促进学习型社会的形成。

第三节 学习型城市建设的实践

一、上海和北京率先起步

我国学习型城市建设起步于世纪之交，发端于较发达的大城市。上海市是我国最早开始建设学习型城市实践探索的地区之一。1999 年 9 月，上海市市长徐匡迪在上海教育工作会议上提出："努力把上海建成适应新时代的学习型城市。"2003 年，上海市政府在《上海市城市总体规划（1999—2020 年）中、近期建设行动计划》中提出："到 2007 年，基本建成适应现代科技发展要求的创新体系和学习型城市。"2006 年，上海市委、市政府发布《关于推进学习型社会建设的指导意见》，明确提出了建设学习型城市的阶段性目标——建成"人人皆学、时时可学、处处能学"的学习型社会的框架，包括基本形成终身学习的社会共识，基本形成完善开放的终身教育体系，基本形成多样的学习型组织框架，基本形成个人、社会和政府共同推进学习型社会发展的格局。[①]

上海市认为，学习型城市应该是一个推动市民树立终身教育理念的城市，应该是一个具备更加完备的教育服务体系的城市，更应该是一个利用各种社会教育资源促进全体市民终身学习与发展的城市。学习，不仅可以改变社会成员，也可以改变整座城市。基于这一认识，上海在推进学习型城市建设的过程中，注重整体布局、顶层设计和体系架构，注重形成各方合力、整合社会资源、促进教育转型，注重满足全体市民终身学习的不同需求，努力营造一个与国际化大都市发展相适应的、有利于市民终身学习和终身发展的社会环境。

上海在探索建设学习型城市的过程中形成了一些重要的经验：一是制定规划，注重顶层设计。上海市明确了学习型社会建设城市发展规划和教育发展规划各个阶段。市政府还发布《关于推进学习型社会建设的指导意见》，不仅明确了学习型社会建设的指导思想，明确了具体任务，而且提出了分阶段、分人群、有重点的推进路径。二是注重形成多元主体共同推进的工作合力。比如，在政府层面组建了由 20 个相关部门构成的上海市学习型社会建设与终身教育促进委员会，集聚各部门力量，协调多部门资源，构建起了全市学习型社会建设宏观规划、统筹协调和业务指导的领导架构。三是注重法制保障。2011 年，《上海终身教育促进条例》（以下简称《条例》）正式实施，《条例》将"推进学习型社会建设"纳入其中，明确了学习型社会建设的工作方针、

---

① 袁雯. 为了每个市民的终身发展：上海建设学习型城市的实践与探索［J］. 开放教育研究，2013（4）：32–39.

经费投入、职责分工等保障措施；明确了政府、企事业单位、社会各方以及学习者个人的权利、义务和责任；明确了工作实施、师资队伍、终身学习成果认定与转换制度等举措。四是注重制度建设。如积极推动相关标准建设，相继出台社区学院、社区学校、老年学校和企业培训机构建设标准，出台了各类学习型组织创建评估指标，建立了社区教育、职工教育等的统计制度等。五是注重整合资源，满足市民日益增长的学习需求。六是注重学习型组织建设，广泛开展学习型机关、学习型企业、学习型社区等建设。

几乎同时期北京市也宣布创建学习型城市。1999 年，北京市委、市政府提出"率先基本实现以建立终身学习制度和进入学习化社会为主要标志的教育现代化目标"；2000 年，北京市政府在经济社会发展"十五"规划中提出"率先构建起终身学习和学习型社会的基本框架"；同年，北京市教育委员会印发《全面推进社区教育发展，促进学习化社区建设的意见》和《关于深化企业教育综合改革，建立现代企业教育制度，创建学习型企业的若干意见》，启动了学习型城市和学习型组织创建活动；2001 年，北京市在《关于全面推进社区教育，促进首都学习化社区建设的意见》中提出："力争用 8～10 年时间，将北京建设成为学习化城市"；2005 年，北京市在经济和社会发展"十一五"规划建议中提出"努力构建终身教育体系、积极推动学习型城市建设"；2007 年，北京市委、市政府做出了《关于大力推进首都学习型城市建设的决定》，成立了北京市学习型城市建设领导小组，领导小组办公室设在北京市教育委员会，同年，有 16 个街道、6 个镇、9 家企业通过了领导小组办公室组织的创建学习型街道（乡镇）、企业先进单位的评估；2011 年，《北京市中长期教育改革和发展规划纲要》中设专章对学习型城市建设进行规划；2012 年，北京市学习型城市建设工作领导小组印发《北京市学习型城市建设"十二五"规划》，并启动"北京市学习型城市建设示范区"评估工作。

在近 20 年创建学习型城市的过程中，北京市不仅在实践上积极探索，在理论上也大胆创新。比如，他们提出了学习型城市发展阶段论：根据城市的经济社会发展程度将学习型城市建设划分为初、中、高三个阶段。初级阶段的主要任务是提高全体市民个人学习的参与率；中级阶段的主要任务是推动各类组织学习与创新，初步形成人人、时时、处处学习的局面；高级阶段的主要任务是实现城市管理的整体创新、实现人的全面发展和城市的可持续发展。北京市学习型城市建设的成效也得益于其推进体制机制上的创新：一是建立健全领导体制，强化政策统筹和协调。北京市于 2007 年成立了学习型城市工作领导小组，由市委常委担任组长，29 个部门负责人为小组成员，领导小组办公室设在市教委。二是建立创建水平评估机制，以评促建。学习型城市建设先进区、示范区、学习型组织等的评估对学习型社会建设起了重要的激励作用。三是建立专业队伍，发挥专家学者的引领作用。通过建立"创建学习型组织建设专家指导委员会"和北京市学习型城市研究中心等，形成了一支专家队伍。① 北京市学习型城市建

---

① 杨树雨. 北京市学习型城市建设实践与发展探讨［J］. 北京宣武红旗业余大学学报，2017（1）：4－9.

设的基本经验：一是把学习型城市与首都城市发展目标和工作重点紧密结合起来；二是建立良好的创建工作领导体制和运行机制，形成党委领导、政府主导、部门联动、社会协同、全民参与的学习型城市建设格局；三是不断完善终身教育体系和终身学习服务体系；四是大力推进各类学习型组织创建活动；五是注重发挥科研的先导作用。①

二、学习型城市建设的逐步拓展

在上海和北京的带动下，一些省会城市和区域性中心城市也开始了建设学习型城市的实践探索。大连市党代会于 2001 年 6 月做出《建设学习型城市的决定》；同年 6 月，常州市党代会也提出"建设学习型城市"的目标；2002 年 4 月，南京市委、市政府发布《关于建设学习型城市的意见》；同年，深圳市也在教育工作会议上提出了建设学习型城市的目标任务。② 2004 年，深圳市委、市政府发布了"关于加快教育现代化的决定"，首次提出"创建全民学习，终身学习的学习型城市"的目标。

杭州市的学习型城市建设先后经历了"起步""探索"和"深化"三个阶段。"起步阶段（20 世纪 90 年代—2002 年）"，学习型城市建设的主要进展是探索建立终身教育体系、开展社区教育、开始创建学习型社区的尝试。初步建立了政府统筹领导、教育部门主管、社会各界支持、社区自主发展、群众广泛参与的社区教育管理体制；实现了"政府推动力、部门协作力、市场运作力、社区自治力、群众参与力"相结合的运行机制；初步建立了社区教育基金，形成了专、兼职和志愿者互补的师资队伍；成立了社区教育专业委员会，市民素质提升工程以及学习型组织、百个职工教育示范基地创建活动为杭州市学习型城市建设奠定了良好的基础条件。"探索段（2002—2011年）"以 2002 年 12 月杭州市政府颁布《关于杭州市构建终身教育体系建设学习型城市的实施意见》（以下简称《意见》）为起点，《意见》明确了杭州市社区教育和创建学习型城市的指导思想、目标任务与保障措施，勾画了处处有学习场所、时时有学习机会、人人有学习愿望的学习型城市建设蓝图。这个阶段逐渐形成了包括学校教育、职业培训、家庭教育、社区教育以及公共图书馆、文化馆、博物馆、纪念馆、电影院等社会文化教育机构在内的终身教育网络，初步实现了任何人在任何时间、任何地点都能根据自己的学习意愿，通过任何方式获取任何有效学习信息的目标，各类教育、培训和学习的参与率普遍提高。学习型组织创建也有了很大进展，到 2009 年年底，全市涌现出的创建学习型单位 9962 家，学习型班组 25 686 个，知识型职工 61 285 名。"全面展开和深化阶段（2011 年至今）"以杭州市委、市政府《关于推进学习型党组织建设的实施意见》和《关于推进学习型城市建设的若干意见》的颁布为起点，这两个

---

① 孙善学，张翠珠. 北京建设学习型城市案例分析：区域发展篇［M］. 北京：北京出版社，2012：4.
② 朱振岳，等. 杭州深圳努力建设学习型城市. http://www.edu.cn/edu/zong_he/zong_he_news/200603/t20060323_67040.shtml.

《意见》进一步完善了学习型城市建设的顶层设计，明确了新的目标任务。这个阶段的建设成效主要体现在：一是推进体制机制和相关工作制度得以建立健全，成立了学习型城市建设工作指导委员会，构建了党委领导、政府推动、部门联动、社会协同、全民参与的推进体制，建立了培训制度、调查研究制度、考核评价制度、典型表彰制度等工作制度，实施了文化建设等 8 项重大工程和大项目。二是进一步在全社会营造终身学习文化，通过报纸、广播、电视、网络等各种媒体，构建立体化、全方位的宣传格局，树立和宣传践行社会主义核心价值观的典型，开展了"感动杭州——寻找我们身边的先进典型""道德模范推荐评选表彰活动"和巡回宣讲活动、杭州"十大平民英雄"评选表彰活动；开展"美德少年""文明小公民"等评选活动，树立"诚信少年"等十大类美德少年榜样，通过杭州文明在线网开设"身边雷锋""文明之星""道德模范故事""最美杭州人""平民英雄"等专题专栏。通过这些活动营造城市文明底蕴，促进市民文明素质的提升。三是创新学习载体。杭州市把践行社会主义核心价值观作为学习型城市建设的重要内容，2011 年启动了"我们的价值观"主题实践活动，努力形成人人践行、处处践行社会主义核心价值观的社会环境。杭州市还开展学习节活动，策划实施了"一十百千万"活动，即打造出一条"运河学习长廊"，推出创意港、音乐港、动漫港等十个"学习港"，建立百个国学传承点，推进千个书屋进社区（村），开展"万名市民学先进"等活动。这些举措有力推动了杭州市全社会参与终身学习和学习型城市建设的浓厚氛围和良好社会环境的形成。①

截至目前，我国提出创建学习型城市战略目标并着手推进的市（地）级以上城市已有太原、天津、重庆、广州、武汉、济南、青岛、九江、珠海、成都、昆山、合肥、天水等一百多个，这些创建城市对我国各地推动学习型社会建设起了示范和引领的作用。

三、学习型城市建设的经验与特点

2013 年 10 月在北京召开的联合国教科文组织首届国际学习型城市大会上，我国在学习型城市建设上取得的成就和经验得到国际社会的广泛关注。从我国各地创建学习型城市的实践探索当中可以总结归纳出以下经验和特点。

第一，把学习型城市建设纳入城市发展规划，作为促进城市发展的根本路径，将其同城市发展的目标任务、工作重点紧密结合起来，同政治、经济、文化、社会、生态等建设紧密结合起来。

第二，重视建立健全统筹有力的创建工作领导体制和运行机制，即党委领导、政府主导、部门联动、社会协同、全民参与的领导体制和运行机制，注重发挥党和政府

---

① 杭州市推进学习型城市建设工作指导委员会办公室. 全球学习型城市：杭州样本 ［M］. 杭州：杭州出版社，2016：21－29.

的领导作用，这也从一个侧面反映了中国特色社会主义制度在创建学习型城市中的优越性。

第三，把建立和完善终身学习体系作为创建学习型城市的重要途径。通过深化学校教育改革，扩大各级学校教育入学率，大力开展职业培训，积极发展社区教育、社会教育、老年教育，全面推进现代远程开放教育等，为实现人人、时时、处处学习等战略目标创造条件。

第四，把创建学习型组织作为建设学习型社会的重要抓手。我国很多城市在创建学习型城市过程中，不仅积极为个人学习提供支持，还通过创建学习型组织、学习型机关、学习型企业、学习型社区、学习型学校等，大力推进组织化学习，收到了良好的效果。

第五，积极开展学习型社会、学习型城市创建和发展水平的评估，以评促建。通过评选创建学习型城市先进地区、示范区，学习型街道或城镇，学习型组织，学习型家庭和个人等，引导和激励创建工作，树立模范或典型，推广先进经验，达标评估对发现问题与不足，改进创建工作发挥了积极作用，也为学习型社会评估理论与实践等发展奠定了基础。

第六，积极营造全民终身学习文化氛围。近年来，我国参与全民终身学习周的城市数量和群众数量不断增多，终身学习周已成为推进终身教育体系建设和学习型社会建设的重要载体。2013 年，全国 24 个省（区、市）的 690 多个城市陆续开展了全民终身学习活动周。各地终身学习活动周推出了一批内容丰富、形式多样的终身学习和教育培训活动，扩大了终身教育的影响力，使更多的地方、部门和群众参与到学习型社会建设中。

第四节　学习型社会的内涵与特征

借鉴国内外相关研究成果，结合我国关于创建学习型社会的实践，本课题组认为：学习型社会实现了全民学习、终身学习（人人、时时、处处），是以学习和学习者为中心的社会，同时也是学习有效地促进个人与社会可持续发展的社会。

一、学习型社会的基本特征

学习型社会具有以下基本特征：一是学习的社会化，学习者从少数人拓展到所有社会成员，学习场所从学校拓展到整个社会，学习无所不在，学习不仅在学校中进行，而且成为整个社会的追求，职场和家庭等任何场所都可成为学习场所，全民学习、终身学习成为一种社会文化，学习资源向社会开放，形成了保障全体社会成员参与学习的体制、机制和制度；二是社会的学习化，整个社会成为一个学习中心或者学习网络，全体社会成员都是学习者，同时也是学习资源的提供者，为终身学习提供支持；三是学习的多样化，即学习者、学习的提供者、学习制度、学习资源、学习途径、学习方法、学习成果评价等都趋于多样化，以满足人们多样化的学习需求；四是学习对个人的全面发展和社会可持续发展的促进作用得以充分发挥。

学习型社会是一种社会形态。首先，它是社会发展到一定阶段的产物，正如国内外学者所强调的，它与知识社会、信息社会、知识经济、学习经济的发展紧密相关。其次，它又是社会向更高水平发展或可持续发展的重要前提；学习型社会不是通过教育体系的改革、教育部门的努力就能实现，而需要整个社会，包括政府各有关部门、企事业等社会组织、个人的广泛参与才能实现。整个社会成为一个学习无所不在的巨大的学习平台、学习网络或学习型组织，整个社会具备了终身学习的文化，认可终身学习的价值。学习型社会超出了"教育"的范畴，需要政府各个部门和社会各方面的参与。

学习型社会作为一种社会形态具有发展上的阶段性，可以划分为初级阶段、高级阶段。初级阶段发展的主题是创建，主要任务是构建终身学习体系，开发终身学习资源，建设基础设施和基本制度，营造终身学习的环境与文化氛围，促进社会成员的学习参与率等；而高级阶段的主题则更加聚焦于满足个人与社会的发展需求，更加注重提升个人与社会学习的产出与成效，即更有效地发挥学习对个人与社会可持续发展的促进作用。

二、"基本形成学习型社会"的内涵

近年，我国对学习型社会的认识也不断深化，同时也赋予其具有中国特色和时代特色的丰富内涵。从党的十六大、十七大和十八大报告有关学习型社会的论述中，可以归纳出如下几点：第一，强调全民学习、终身学习是学习型社会的本质特征；第二，建设学习型社会是全面建设小康社会战略目标和任务的重要组成部分；第三，建设学习型社会是"使全体人民学有所教"，促进人的全面发展，建设人才强国和人力资源强国的必然要求。

根据党和国家提出的战略目标和任务，教育规划纲要明确提出了到 2020 年"基本形成学习型社会"的目标。基本形成学习型社会不仅是实现全面建设小康社会目标的必然要求，同时也是重要前提，它将为实现全面建设小康社会目标提供有力支撑。

要实现教育规划纲要提出"基本形成学习型社会"的战略目标，首先要将这一目标具体化、可操作化，明确"基本形成学习型社会"的内涵。课题组认为"基本形成学习型社会"即学习型社会的"初级阶段"，其内涵可界定为：全民终身学习的社会氛围基本形成、全民终身学习的社会制度和体系基本建立、全社会各种学习资源得到较好开发与共享、全体人民"学有所教"的目标初步实现或者全民终身学习的需求基本得到满足、学习对个人与社会发展的促进效果初步显现。

第三章 学习型社会评价的理论与实践

第一节 公共政策评估的基本理论和方法

学习型社会评价可以借鉴的理论和方法包括公共政策评估的理论和社会发展水平评估的实践。

公共政策评估的理论框架对于构建学习型社会评价指标体系具有重要的参考价值。学习型社会建设具有公共政策属性，离不开政府强有力的政策推动，学习型社会评估从一定意义上说是对学习型社会政策及其成效的评估，因此可以借鉴公共政策评估的理论和方法，将有助于建构学习型社会评价指标体系。

一、公共政策评估的内涵

有学者认为公共政策一般要经历制定、执行与评估三个过程，也有学者认为公共政策的过程包括五个阶段：政策研究、政策制定、政策执行、政策评估、政策完善或终止。政策评估是通过与政策投入的对比和对政策执行情况的分析，对政策产生的效益、政策的效率、政策的产出等做出判断的过程。威廉·N.邓恩认为，"评估是提供关于政策结果对政策目标完成程度的过程"[1]。詹姆斯·安德森认为，"政策评估与政策（内容、实施和结果）的估计、评估和鉴定相关"[2]。托马斯·戴伊提出，公共政策评估可以使政府了解其提供服务的情况及利益相关者的评价、投入的人力物力、花费的成本是否取得预期效果等信息以提升政策实施效果。[3]

我国学者陈振明认为，公共政策评估就是对政策的效果、效益、效率按照一定的标准进行价值判断的一种政治行为。进行公共政策评估目的在于收集相关信息，以决定政策走向，是改进是调整还是终止。[4] 张国庆认为，政策评估包含确定结果事实、建

---

① 威廉·N.邓恩. 公共政策分析导论（第二版）[M]. 谢明，杜子芳，等译. 北京：中国人民大学出版社，2002：320 – 323.
② 詹姆斯·安德森. 公共政策 [M]. 北京：华夏出版社，1990：135 – 140.
③ 托马斯·戴伊. 理解公共政策 [M] 北京：中国人民大学出版社，2009：124 – 127.
④ 陈振明. 公共政策学 [M]. 北京：中国人民大学出版社，2004.

构政策效果因果关系、做出价值判断三个方面的活动。① 肖阳华认为，公共政策评估是在大量收集政策实际执行效果和效益信息基础上，运用科学方法分析判断政策是否实现了预期目标，在多大程度上实现了预期目标，政策所产生的社会效益、经济效益、生态效益如何的过程。② 还有学者认为政策评估是评估主体依据一定评估标准和评估模型，对公共政策的应然状态和实然状态进行比较和评价，判断政策结果是否满足政策目标群体的诉求、需要的程度和政策本身的价值。

政策评估的一项重要内容是政策执行力。周国雄认为："政策执行力是公共政策执行主体为实现既定政策目标，对各种政策资源进行调度、控制和使用，使政策得以有效执行的能力和效力。"③ 莫勇波认为："实现政策目标而设计方案、调用资源的政策执行过程中所体现出的政府内在能力和力量就是政策执行力。"④

公共政策评估的另一项重要内容是公众满意度评估。满意度评估源于商品营销领域，是顾客在购买产品或消费服务过程中对产品或服务质量的一种主观感受。⑤ 公共政策的满意度评估是指对公众对公共政策满足其需求的程度的主观感受或者对公共政策执行情况的满意程度。满意度评估的主体是政策的受众。

政策评估过程是个非常复杂的过程，必须围绕着公共政策全过程的各个环节及其结果的价值进行评估。公共政策评估需要依据一定标准，如目标标准、投入标准、公平与公正标准、效率标准等等。陈振明认为公共政策的评估标准包括生产力标准、效益标准、效率标准、公正标准和政策回应度。也有学者把政策产生的效益、政策的效率、政策的投入和政策的产出作为政策评估的标准，通过政策执行情况的对比达到评估目的。

二、公共政策评估的方法

由于政策活动的复杂性和多元性，学者对选择用何种方法来进行政策评估有着不同的看法。刘进才认为公共政策评估应该采取定量分析的方法，借助于数学模型分析的方法，建立科学合理的效果函数、政策相关度的分析模式、评估指标体系和评估模型。定量分析可以解决以前在公共政策评估中模糊化、定性化和概念化阐述存在的问题，使评估结果更为科学。⑥ 有的学者则认为应该坚持定性分析与定量分析相结合的原则。学者们认为定量分析能够为公共政策提供可信可靠的评估，并且提出实验方法和

① 张国庆. 现代公共政策导论 [M]. 北京：北京大学出版社，1997.
② 肖阳华. 当前我国公共政策评估的困境与对策研究 [J]. 辽宁行政学院学报（公共管理版），2010（10）：14 – 16.
③ 周国雄. 论公共政策执行力 [J]. 探索与争鸣，2007（6）：34 – 37.
④ 莫勇波. 政策执行力：当前公共行政研究的新课题 [J]. 湖南科技学院学报，2006（3）：132 – 134.
⑤ Giese, J. L. & Cote, J. A. Defining Consumer Satisfaction. Academy of Marketing Science Review, 2000 (1): 1 – 27.
⑥ 刘进才. 公共政策评估的模糊数学方法 [J]. 中共中央党校学报，2001（2）.

计量方法的结合比单纯使用一种方法更能反映真实情况，揭示政策执行实际效果。王瑞祥则根据其他学者的研究成果提出了目标获取模型、侧面影响模型、自由评估模型、综合评估模型、相关利益人模型。在公共政策评估过程中要根据公共政策本身的特征进行方法和模式的选择，既要保证评估结果的科学性，又要保证评估的真实性。

政策评估是随着政策实践与理论研究的发展而产生的，是政策科学研究的重要内容或领域。过去几十年，随着政策研究和实践范围不断扩展，对政策评估的研究也不断深入，政策评估的理论和方法也逐渐丰富。

1982年，美国评估研究会（Evaluation Research Society，简称ERS）曾提出，评估可分为前置分析、可行性评估、过程评估、影响评估、计划与问题追踪、后评估（混合评估）六种类型。我国学者李允杰、邱昌泰认为，政策评估可划分为政策预评估、政策执行评估与计划监测、政策结果评估三大类。[①] 从内容和方法上看，政策评估主要包括政策执行绩效评估、（政府）政策执行力评估和公众满意度评估。

有学者认为，自20世纪50年代以来，西方的政策评估理论研究经历了效果评估、使用取向评估、批判性评估和回应性建构主义评估四个发展阶段。政策评估的关注点，也经历了从政策实施的效率和政策目标实现程度、评估结果的价值和实用性分析、政策价值取向即政策所体现的社会公平、公正问题，逐渐向政策评估过程中的多方需求、多元互动，以及对政策效率、政策公正性的共同关注转变。前三个阶段的政策评估属于经验主义的理性模式，偏重数理方法和模型的定量化研究方法。第四阶段评估模式和方法虽有多种，但研究者和实践者都肯定价值观的多元化，强调价值判断和价值分析，重视辩论和批判的诠释方法，注重定性的评估途径。[②]

美国学者威廉·N.邓恩（William N. Dunn）认为，政策分析的方法论的核心可以大致概括为某种形式的批判性复合主义——多元操作主义、多重方法研究、多重分析综合、多变量分析、利益相关者的多重分析、多角度分析和多媒介交流。该方法论的基本原则是多维定位，即从多个角度观察和认识事物，以把握社会现实的丰富性和复杂性。[③]

弗兰克·费希尔（Frank Fischer）运用批判性复合主义方法，在《公共政策评估》一书中提出了将事实与价值结合起来的"实证辩论"评估框架，为验证经验主义与规范政策判断提供多重方法论。他认为，公共政策评估除了项目验证等技术性的分析之外，还应从组织情景、组织理念、问题情景、社会目标、社会基本价值理念等方面对公共政策进行分析和评价，强调复述、分析、批判、再复述、再分析等不断的辩证

① 李允杰，丘昌泰. 政策执行与评估 [M]. 北京：北京大学出版社，2008：215-223.
② 余芳梅，施国庆. 西方国家公共政策评估研究综述 [J]. 国外社会科学，2012（4）：17-24.
③ 威廉·N.邓恩. 公共政策分析导论（第二版）[M]. 谢明，杜子芳，等译. 北京：中国人民大学出版社，2010：4-7.

评价。①

弗里曼（Melissa Freeman）和瓦斯康塞洛斯（Erika Franca S. Vasconcelos）等认为，评估的目标是增进社会福祉，促进社会公正、意识形态，特别是民主的发展。他们提出了批判社会理论评估，采取价值坚持和价值批判的立场，强调评估的社会责任，注意把握个体与社会结构、制度惯例之间的关系，注重综合运用多种方法进行评估，如响应式评估、参与式评估、民主审议评估等。②

森古普塔（Saumitra SenGupta）、霍普森（Rodney Hopson）和汤普森—鲁宾逊（Melva Thompson–Robinson）指出，文化会影响政策制定和执行，评估应关注文化对问题界定、政策制定、政策方案发展和社会服务提供产生的影响。③

弗雷德里克（Kimberly A. Fredericks）、卡曼（Joanne G. Carman）和伯克兰（Thomas A. Birkland）等认为评估应关注组织间和政府间的关系对方案设计、制定、执行的影响，他们认为过去几十年里，美国方案评估的政治环境和制度环境发生很大变化：一是人们对各级政府和非营利部门效率的关注；二是联邦政府向州政府放权；三是服务提供越来越依赖非政府组织；四是社会服务提供中所涉及的利益相关者不断增加。因此，评估多层级的项目和政策，由于涉及不同政府部门、资助部门和执行部门，评估面临动态和具有挑战性的环境。④

金（Nicelma J. King）和库克西（Leslie J. Cooksy）认为，由于不同层级的政策的利益相关者和参与者各不相同，他们的关注点和需求也多种多样，而且不同层级项目和政策的目标存在差异，导致利益相关者的识别过程比较复杂，信息收集困难，效率难以保证。因此，要保证评估的质量和进度，评估者需要识别不同层次项目和政策的共同利益，协商优先事项，并努力协调收集资料。对于各级利益的取舍，沟通协调才是唯一办法。⑤

关于公共政策评估的方法，美国学者豪斯曾将西方政策评估方法划分为八类，分别是系统分析方法、行为目标方法、决策制定方法、无目标方法、技术评论方法、专业总结方法、准法律模型、案例研究方法。⑥

---

① 弗兰克·费希尔. 公共政策评估 [M]. 吴爱明，译. 北京：中国人民大学出版社，2003.

② M. Freeman & E. F. S. Vasconcelos. Critical Social Theory：Core Tenets，Inherent Issues，New Directions for Evaluation，Vol. 127，2010：7 – 19.

③ S. SenGupta，R. Hopson & M. Thompson-Robinson. Cultural Competence in Evaluation：An Overview，New Directions for Evaluation，Vol. 102，2004：5 – 19.

④ Kimberly A. Fredericks，Joanne G. Carman & Thomas A. Birkland. Program Evaluation in a Challenging Authorizing Environment：Intergovernmental and Interorganizational Factors，New Directions for Evaluation，Vol. 95，2002：5 – 22.

⑤ N. J. King & L. J. Cooksy. Evaluating Multilevel Programs，New Directions for Evaluation，Vol. 120，2008：27 – 39.

⑥ 卡尔·帕顿，大卫·沙维奇. 公共政策分析和规划的初步方法（第二版）[M]. 孙兰芝，胡启生，等译. 北京：华夏出版社，2002：282 – 283.

瑞典学者韦唐（Evert Vedung）从政府干预的实质结果入手，按照"组织者"（organizer）的不同，将政策评估的模式分为三大类，即：①效果模式（effective models），包括目标达成模式、附带效果模式、无目标评估模式、综合评估模式、顾客向导评估模式、相关利益者模式（北美）/政策委员会模式（瑞典）；②经济模式（economic models），该模式有两个基本变种，分别是生产率模式（productivity model）和效率模式（efficiency model），其中效率模式又分为成本—效果模式和成本—收益模式；③职业化模式（professional models），这主要是针对某些专业性非常强的政策的评估，评估主要是采用同行评议模式（peer review model）进行，顾名思义，就是由同行专家来完成评估工作。[①] 这些评估模式在政策评估领域比较有影响，而且应用广泛。

斯塔弗尔比姆（Daniel Stufflebeam）在其著作《评估模型》中将1960—1999年间美国政策评估研究中所运用的评估模型归纳为22种、4大类，并认为其中9种评估模式在21世纪更有应用与发展前景，分别是决策/绩效问责取向评估、使用取向评估模型、委托人中心/响应式评估、消费者导向模式、个案研究评估、民主审议评估、建构主义者评估、认可模式和成果监控/附加值模式。[②]

公共政策评估的理论和方法为学习型社会评价指标体系研究提供了重要的参考。

第二节　国际上学习型社会评价指标体系的研究

一、欧洲国家学习社会评估的研究与实践

英国是欧洲国家中较早起步探索学习型城市评价的国家。1998年，英国学者苏卡拉（Sue Cara）和兰森（Stewart Ranson）提出了对学习型城市策略及其成效进行评价的"3P"评价指标体系，设计了由三个维度、五个视角和三个学习阶段构成的指标体系（如表3-1所示）。其中三大评价维度内涵是：①合作（Partnership）——在城市中的利益相关组织之间建立持续有效的合作伙伴关系；②参与（Participation）——吸引城市中各种组织和市民参与终身学习；③绩效（Performance）——建立一个能评价学习"附加值"的系统[③]。五个视角是指目标、人员、计划、过程和绩效。三个学习阶段是指建设（Building）、对话（Dialogue）和反映（Reflection）。

① E. Vedung（ed.），Public Policy and Program Evaluation，New Brunswick（U. S. A）and London（U. K）：Transaction Publishers，1997：35 - 92.

② 斯塔弗尔比姆. 评估模型 ［M］. 苏锦丽，等译. 北京：北京大学出版社，2007.

③ 阎兵. 英国学习型城市"三P"评价指标体系的借鉴研究 ［J］. 湖北第二师范学院学报，2009，26（4）：90 - 92.

表 3 – 1　英国学习型城市的"3P"评价指标体系

		视角	学习的水平		
			水平1：组织（建设）	水平2：共识（对话）	水平3：学习圈（反映）
层次	合作	目标	合作；使命；声明；发动。	联合的组织；共识；共同议程；信任。	联合的评价；年度会议。
		人员	组织的领导/决策者；咨询者。	从事活动者/推动者；合作的专业发展。	使用者；外部推动者和评价者；调查者。
		计划	优先权；资源；时间。	计划策略系统；计划；预算。	理性的检查；信息系统；反馈和意见圈。
		过程	研讨会；引航小组；合作者；网络；明确的沟通渠道。	会议；论坛；组织内部的计划团队；合作；联合作决策。	质量保证圈；市民/使用者的判断。
		绩效	标准。	测量；数据。	例行的评价；问责。
	参与	目标	咨询；公共服务部门；责任；倾听.	参与；公共参与、商讨；声音。	市民的评价；社会问责的文化。
		人员	社区内团体的代表；跨部门的机构。	广泛的市民参与；当地参与者/推动。	公众；外部顾问；调查者。
		计划	对当地事件的咨询；发展的资源；社区资助人/社区经费资金。	当地的需要/优先权；社区的建设能力；为社区决策提供的资源。	审计、检查和反映的循环。
		过程	地区办事处；分权的管理。	论坛；移动的组织。	事件论坛；市民评审员；透明的组织。
		绩效	地方事件的标准。	测量；数据。	理性评价；问责。
	绩效	目标	内部评价；融合到策略计划；系统。	比较的分析、理解。	价值链；反应和行动的文化。
		人员	政策的计划者、分析者。	政策征订者；不同的观点。	市民和服务的人的积极参与；调查者。
		计划	绩效评价系统；标准；目标/水平；绩效指示物；基线数据。	比较的数据。	调查；媒体的知识、长期的过程。
		过程	监控；辅助的自我评价。	基准问题；组织融合；检查绩效；政策计划；公共服务；组织内部的专业发展。	学习型组织；理解和解决组织内部的矛盾及组织和公众的矛盾。
		绩效	检查绩效。	有比较的讨论和评价。	一致和问责。

来源：周素萍．学习型城市评价指标体系的理论及构建［J］．职教论坛，2014（3）：45 – 49.

　　欧盟在推进学习型城市政策的过程中，也很重视评价指标体系构建。为了有效评估城市学习的状况，欧盟较早地启动了学习型城市评价指标体系的研制，并形成了由学习型城市承诺、资讯传播、伙伴关系与资源、领导发展、社会融合、环境与公民权、科技与网络、创造财富与就业、市民参与及发展、学习活动及家庭参与等十大一级指标和多个次级指标组成的评估体系框架。[①] 欧盟提出的这个学习型城市评价指标体系的主要特点是它不仅对学习型城市的"输入"因素——如承诺和资源等进行评价，而且强调对学习型城市"产出"——社会融合、环境、科技、就业、市民参与等的全面评价。1999 年，欧盟实施了"迈向学习型社会（TELS）"研究计划，该研究项目的一项重要成果是研制出学习型城市评价工具，如表 3 - 2 所示。

表 3 - 2　欧盟"迈向学习社会（TELS）"评价指标

指标类别	解　释	子指标
建设学习型城市的承诺	学习型城市建设计划、战略的实施进度及迄今所做的思考。	终身学习策略、学习型组织、城市终身学习宪章、欧洲项目和目标、作为学习型组织的城市、学习型城市准备。
信息传播	向计划执行者和广大市民宣传终身学习理念和方案的途径，包括新课程研发、教师培训、学习中心建设、媒体运用、有关学习需求的信息征集等。	信息战略、媒体利用、学习资料、终身学习理念的营销。
伙伴关系和资源	城市对不同行业间建立联系的鼓励、可行性和有效性，包括中小学、学院、工商业、大学、专业协会、特殊利益集团、地方政府和其他组织间的联系，人力、物力资源共享，知识生产和动员，等等。	合作类型、新资源的使用、现有资源的整合。
领导力发展	终身学习领导力的开发方式和现状，包括领导课程、项目管理、城市管理和组织结构等。	现有领导、新领导、资料开发。

---

　　① 吴明烈. 欧盟学习型城市的发展与特色分析对台湾之启示 [J]. 福建省社会主义学院学报，2011（3）：78 - 82.

（续表）

指标类别	解　释	子指标
社会融合	城市对弱势群体的包容性，包括精神或身体残疾人群、失业人群、少数民族、学习障碍人群等。	学习的障碍、资格、标准和评估、专项方案。
环境与公民	市民对城市环境事宜的知晓度和参与度；城市向各年龄层市民普及公民权知识的方式及市民实际参与情况。	环境意识和学习：成人与儿童、环境参与、公民权与民主。
技术与网络	用以构建城市内外部组织和人群间联系的信息通信技术，包括开放学习和远程教育，各年龄层人群对网络的认识和有效利用。	远程学习、多媒体和开放性学习、网络的运用、有线城市。
财富创造与就业力	财富创造和市民就业力提升计划：促进市民生存技能、知识和竞争力的培养；优化就业前景，包括财政刺激、调研、行业间的联系、城市间的联系。	就业力和技能、财富创造、学习需求分析、市民学习评估、就业计划。
市民动员、参与及发展	市民贡献的鼓励与可行性，包括对人们所具备的知识、技能和才能的整合和利用，鼓励其为城市共同发展做贡献。	终身学习方法和技术：个人学习计划、监督、学习圈等市民的个人发展以及师资/辅导人员的开发和培训、参与和贡献机制。
学习活动和家庭	在个体及其家庭周围学习机会的明确程度、吸引力，可见性和发生率，包括学习节、宣传册、学习庆典、学习竞赛和评选活动等。	学习庆典：节日、博览会等学习表彰和颁奖以及家庭学习策略

来源：徐小洲，孟莹，张敏. 学习型城市建设：国际组织的理念与行动反思［J］. 教育研究，2014（11）.

　　欧盟执委会于 2002 年发表《欧洲终身学习质量指标报告——15 项质量指标》，报告确立的指标涵盖了四领域：一是与个体相关的"技能、能力与态度"；二是描述个体与制度关系的"途径与参与"；三是作为学习基础的"终身学习资源"；四是作为终身学习的"策略与制度"。虽然该指标体系以终身学习质量为评价目标，但其评价指标超出了"狭义"的教育质量范畴。首先，这些指标关注的不只是各级教育的质量，同时也更加关注各类学习的质量，这符合终身学习教育与学习并重的发展趋势；其次，该指标体系不仅关注教育与学习的结果，也充分注意终身学习的过程性指标，如"终身学习投入""整合供给""教育人员与学习""质量保障"等，可见这些指标关注的是终身学习的可持续发展，而不是一时的发展。

2002 年，欧盟还启动了 R3L（Regional Networks in Lifelong Learning［LLL］）项目并资助了 17 个相互联系的子项目，其中最重要的子项目之一就是关于终身学习评价的项目——利益相关者自我评价标准。2012 年，欧盟资助的 R3L＋项目（R3L 升级版）借鉴全面质量管理的方法设计了欧洲学习型城市质量保证框架，提出了学习型城市建设的通用参考标准，目的是确保欧洲学习型城市的建设质量。

这一质量保证框架参照了欧洲职业教育与培训质量保证参考框架的开发原则及其计划、实施、检查和行动的程序，制定了学习型城市质量监控（计划—实施—评价和反馈）的四个阶段。同时，借鉴英国的"3P"评价指标体系确定了学习型城市建设质量的维度和标准。

首先是明确了评价学习型城市建设质量的几个维度。

（1）合作（Partnership）：指在城市的行动者与利益相关者之间建立的合作关系，他们的合作跨越组织、部门边界并嵌入整个网络。

（2）参与（Participation）：网络成员（社区居民）广泛地参与学习，为社区改变做出积极的贡献。

（3）绩效（Performance）：学习型城市建设应该以输出为导向，因此，有必要基于目标对进度进行测量，也有必要从经验教训中汲取学习机会。

（4）学习文化（Learning Culture）：学习型城市——无论是政府、私人企业、教育和研究机构、民间组织或关键人物，都把学习和知识传播当作发展的中心。在学习型城市的质量维度中，学习文化处于中心地位。

该质量保证框架还提出了与上述维度相配套的质量标准，如表 3－3 所示。

表 3－3　欧盟 R3L＋学习型城市质量标准

维度	关键领域	质量标准
合作	共同的使命、愿景、目标和重点	合作网络共同和共享的愿景得到明白的定义和发起。
		合作网络的共同使命得到明确的定义。
		一般和可量化目标得到指定和共享。
		合作网络有清晰的战略方向和重点。
	沟通的原则、渠道和正式结构	合作网络及成员之间的协作原则明确。
		合作网络及成员之间的沟通渠道畅通。
		管理和运营责任结构明晰。
	合作网络中的利益相关者、作用和信任	利益相关者代表合作网络的范围。
		合作成员的角色性质和职责有正式的制度规定。
		合作网络之间的信任与开放。

（续表）

维度	关键领域	质量标准
参与	利益相关者参与	关键利益相关者积极参与合作网络。
		除关键利益相关者外，主要和次要利益相关者都有机会表达需求，参与决策和修改介入网络方式。
		涉及更广泛的公众或社区。
		明确的措施来包容那些离学习机会最遥远的人。
	网络和传播	网络被公众认识和理解。
		合作网络行动有策略，行动有成就。
绩效	评价	对战略方向、政策和实践进行监控和评价。
		对质量进行评价和反馈具有内在的优先地位，被认为是核心行动。
		测量方法必须与学习型城市的实际相符。
		监控、评价和反馈的结果必须能够被广泛地理解。
	理解、接受评价结果的意愿和能力	合作伙伴共享信息的灵活性。
		合作伙伴接受失败或成功的结果，并因结果而采取灵活和开放的行动。
		定期对结果和影响进行检查，向网络和社区所有成员公布并与之沟通。
		无论是意想不到还是计划中的结果都有记录和分享。
		持续理解结果、原因，并把这种理解能力运用到新计划中去。
学习文化		学习目标/成果得到界定并在合作伙伴中推广。
		学习战略成为当地主流的综合发展战略，学习作为创造性地应对变革的关键要素。
		学习差距有记录并且与质量保证体系建立联系。
		启动提升学习能力的项目。
		激励成人学习的措施到位。
		定期对学习成果进行评价，对成人发展的影响因素进行评估。
		采用积极的方法来提升所有参与者的知识水平。
		在合作网络中适当采用市场化方法来推进学习。

来源：张创伟. 欧洲学习型城市质量保证框架述评［J］. 远程教育杂志，2016（4）.

除了提出学习型城市质量保证框架，欧盟还提出过终身学习质量指标体系。该指标体系除了关注终身学习对个体提升技能、能力和态度的促进之外，还关注终身学习的资源投入、信息技术在学习中的应用、终身学习的策略（包括评价策略）等，这些表明学习型社会的质量保证和终身学习的质量保障不无相通之处。该指标体系特别关注科学素养、外语能力、信息技术能力、学习技能等"学习社会需要的新技能"的培养（参见表3-4）。

表3-4 欧盟终身学习质量15项指标及其测查方法

维度	指标	测查方法
技能、能力和态度	阅读能力	考查PISA阅读测试中的表现。
	数学能力	考查PISA数学测试成绩分布。
	学习社会需要的新技能（科学素养、外语能力和信息技术能力等）	考查PISA科学素养测试成绩分布。
	学会学习技能	根据PISA测试中"精深策略"指数的成绩。
	积极的公民能力、文化和社会技能	根据国际学术评价协会（IEA）获得的公民知识、参与和态度方面的数据。
准入和参与	终身学习的准入	对学习文化氛围多方面的考察。
	终身学习的参与	25~64岁成人参与教育和培训的情况（数据来自劳动力调查）。
终身学习的资源	终身学习的投入	公共教育支出占GDP的比例（包括直接投入和间接投入，如对学生的资助、补贴和对企业的培训补贴等）。
	教育者和学习	过去4周内接受培训和教育的教师比例（数据来自劳动力调查）。
	学习中的电子信息技术	全国能上网的家庭所占比例。
策略和系统发展	终身学习的策略	各国采取的终身学习策略（全面性和整合性两大维度的三级评估：充分、部分和缺乏）。
	学习机会提供的整合	包括各级政府政策策略目标和所提供学习机会的整合，学习需求的整合。
	指导和咨询	从咨询和指导受惠人群、有资格的指导与咨询员数量、咨询和指导对经济、社会和个人学习的贡献等方面考察。
	学习资历认证	是否有全国性的认证体制。
	质量保障	从官方认证、颁发资格证的情况考察。

二、联合国教科文组织的学习型城市评估框架

联合国教科文组织在推动全球学习型城市建设过程中逐渐认识到开发监测评估指标的重要性：对一个城市而言，监测学习型城市的建设过程有助于将政治意愿和理论研究转化为具体的战略和措施；对建设过程作持续评估；对建设学习型城市已实施的战略带来的效益作出评估。而建立对学习型城市进行检测评估的关键指标，可以有效支持会员城市内部和相互间终身学习的发展；对世界上大部分城市社区人人享有终身教育的实施成果作出评估；促进会员城市间的对比分析，促进经验交流和相互学习。①

为了开发学习型城市的规范性评估框架并对学习型城市做出评估，2012 年 7 月，联合国教科文组织终身学习研究所成立了研究组，着手研制学习型城市评价指标体系的框架。研究组参考和借鉴了国际社会先前关于社会及经济发展评估领域的研究成果和一些重要概念，主要包括《人类发展指数（HDI）》以及联合国开发计划署（UNDP）的相关指标（2007 年）、《千年发展目标监测框架官方修订版：目标、具体目标和指标等》（联合国，2008 年）、世界银行的《知识评估方法学：变量和集群》（2012 年）、经济合作与发展组织的《美好生活指数》（2012 年）、《"里约 ＋20"峰会报告——我们期望的未来》（联合国，2012 年）、《新型全球伙伴关系：实施可持续发展，消除贫困，实现经济转型》（联合国，2012 年）、《2015 年后发展议程：目标、具体目标和指标》（国际治理创新中心和韩国发展研究所，2012 年）、《全球背景下的社会包容性分析与评估》（联合国，2010 年）等等。

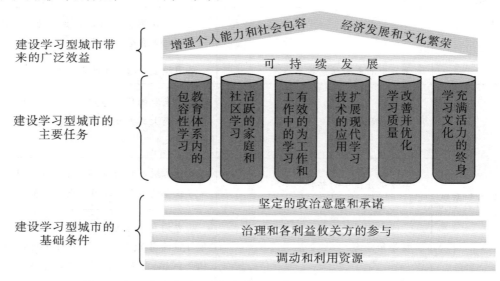

图 3 - 1　联合国教科文组织的学习型城市关键特征框架

① 联合国教科文组织终身学习研究所. 学习型城市主要特征 ［J］. 职业技术教育，2013（33）.

研究组确立了开发学习型城市指标体系应坚持的几个原则：

（1）重大性和可实现性——具体目标达成应具有重要意义，也具备实现的可能性。

（2）关键性——每项指标都对应一个具体值、一项关键任务或者重要问题。

（3）相关性——每项指标都须达成一定目的，具体目标达成须对实现关键目标有所促进。

（4）表述清楚，简单易懂——每项指标必须简单易懂，不对普通人带来理解障碍。

（5）易于操作——每项指标都可通过已有数据或者通过有效的调查数据进行评估操作。

（6）结果可靠有效——每项指标提供的评估结果必须有效，值得信赖。

依据以上原则，在深入研究、反复讨论并在部分城市进行试点的基础上，联合国教科文组织确定并发布了《学习型城市主要特征》。该特征的框架像座神庙型建筑，建筑的顶部的三角形屋脊，象征着学习型城市的三大目标：提升个体能力，促进社会和谐；促进经济发展，繁荣城市文化；实现可持续发展。支撑屋脊的是六根支柱，象征着建设学习型城市的六项主要任务：①全面提高从基础教育到高等教育的入学率；②活跃社区的学习氛围；③提升职业培训和工作场所学习的效率；④扩展现代学习技术的应用；⑤改善并优化学习质量；⑥创造充满活力的终身学习文化。建筑的底部是三层基础，象征着建设学习型城市的三项条件保障：愿景及坚定的政治意愿和承诺；管理和各界参与；发掘利用各类资源及潜力。联合国教科文组织提出的"学习型城市主要特征"如表3-5所示。

表3-5　联合国教科文组织提出的"学习型城市主要特征"

项目	关键领域	关键特征	测量点	数据来源
1. 学习型城市建设目标	1.1 提升个体能力，促进社会和谐	1.1.1 确保每个公民具备基本读写能力	成人识字率：15周岁以上具有读写能力的人口总数占该年龄段人口总数的百分比。	市政府提供的官方数据
		1.1.2 行使积极的公民权	选兴趣参与率：法定投票年龄人口参与最近一次城市主要选举活动的比例。	市政府提供的官方数据
			志愿者及社区活动参与率：调查前12个月内参与无偿志愿者服务及各类社区活动的市民比例。	调查数据
		1.1.3 促进性别平等和赋予妇女权利	政治中的性别平等：市议会/国会中妇女所占的比例。	市政府提供的官方数据
			企业管理中性别平等：排行前十企业董事会中女性所占比例。	调查数据

（续表）

项目	关键领域	关键特征	测量点	数据来源
1. 学习型城市建设目标	1.1 提升个体能力，促进社会和谐	1.1.4 创造安全的社会环境	犯罪水平：每10万居民中发生的犯罪数量。	市政府提供的官方数据
			社会流动：来自不利社会背景的市民中相信自己下一代未来社会地位能够超过自己的比例。	调查数据
	1.2 促进经济发展，繁荣城市文化	1.2.1 刺激经济增长	GDP：城市人均GDP（美元购买力评价）。	市政府提供的官方数据
		1.2.2 创造就业机会	失业率：达到法定工作年龄的失业人口占总劳动力人口的百分比。	市政府提供的官方数据
			青年失业率：15~24岁失业青年所占该年龄段人口比例。	市政府提供的官方数据
		1.2.3 推进创新	研发支出：对研发部门的投入占城市GDP的百分比。	市政府提供的官方数据
			专利立项：每10万人口拥有新专利数量。	市政府提供的官方数据
		1.2.4 支持市民参与多元化的文化活动	文化活动参与度：城市居民人均每月造访博物馆、剧院、电影院、音乐厅、体育场的次数。	市政府提供的官方数据
		1.2.5 鼓励市民参加体育锻炼	体育锻炼的参与度：每周参加体育锻炼不低于五次的人数比例。	调查数据
	1.3 可持续发展	1.3.1 减少环境负面影响	人均二氧化碳排放量（公吨）。	市政府提供的官方数据
			废物处理：年生活垃圾收集和处理量，人均每年多少公斤。	市政府提供的官方数据
		1.3.2 提升城市宜居程度	住房：受无住房或居住环境恶劣影响的人口所占比例。	调查数据
			公共交通：市民对公共交通系统的满意度。	调查数据
		1.3.3 坚定执行可持续发展	推动可持续发展所采取的有效措施。	专家评价
			环境管理工作：市民对自身环保方面行为的认知。	调查数据

（续表）

项目	关键领域	关键特征	测量点	数据来源
2.　学习型城市建设的主要任务	2.1　全面提高从基础教育到高等教育的入学率	2.1.1　扩大学前教育入学机会	学前教育入学率：学前教育净入学率。	市政府提供的官方数据
		2.1.2　扩大从初等到高等各级教育入学率	平均学习年限：25岁以上市民平均受教育年限。	市政府提供的官方数据
		2.1.3　扩大成人学习和教育的参与度	成人学习与教育的参与度：25~64岁市民中过往12个月参与过成人教育或培训的人数占比。	调查数据
	2.2　激活社区学习	2.2.1　建立以社区为基础的学习场所	基础设施：每10万居民拥有专用社区学习场所（包括社区学习中心、文化中心、公共图书馆）的数量。	市政府提供的官方数据
		2.2.2　动员市民参与社区学习	社区学习参与：有规律地参加社区内学习活动的市民的比例（每周2小时以上）。	市政府提供的官方数据
	2.3　提升职业培训和工作场所学习的效率	2.3.1　鼓励雇主支持开展工作场所学习	学习型组织：鼓励员工参与学习的积极发展学习型组织的主动作为和/或策略。	专家评审
			雇主对技能发展的经费投入：用于公共及私有部门员工学习和培训的金额占员工总工资的百分比。	市政府提供的官方数据
		2.3.2　向失业者提供适当的培训机会	失业者培训：失业人员中参加由城市提供的就业培训项目的比例。	市政府提供的官方数据
			降低教育和雇佣的排斥性：15~24岁青年既无业也不参加教育、培训在年轻人中所占比例。	市政府提供的官方数据
	2.4　扩展现代学习技术应用	2.4.1　扩展市民信息技术获取途径	移动设备使用率：使用移动设备获取服务的人口所占比例。	市政府提供的官方数据
			互联网使用：通过家庭或公用途径上网市民所占比例。	调查数据
			社会媒体网络：互联网使用者中使用社会网络站点所占比例。	调查数据

（续表）

项目	关键领域	关键特征	测量点	数据来源
2. 学习型城市建设的主要任务	2.4 扩展现代学习技术应用	2.4.2 运用信息技术促进学习	通过互联网学习参与度：为学习而上网的市民，平均每周上网学习时间。	调查数据
			课堂中信息技术的应用：定期利用信息技术手段开展教学的学校、社区教师和教育者占比。	调查数据
		2.4.3 建设高质量电子学习资源	开发高质量电子学习资源：过去12个月由城市组织开发的电子学习资源总容量。	调查数据
	2.5 改善并优化学习质量	2.5.1 发展适当的专业教师队伍	专业教师队伍：学前教育、初等教育、中等教育和成人教育机构中的生师比。	市政府提供的官方数据
		2.5.2 创造友好的学习环境	友好的学习环境：学习者对于学习环境的满意度。	调查数据
		2.5.3 提升教育和学习质量	提升质量的方法：城市为提升学前教育、基础教育、中等教育及成人教育和持续教育质量所采用的方法。	专家评审
		2.5.4 确保毕业生工作中的优异表现	毕业生工作表现：雇主对中等教育、高等教育（包括技术与职业教育与培训）毕业生工作表现的满意度。	调查数据
	2.6 创造充满活力的终身学习文化	2.6.1 组织各类宣传、提高学习的公共活动	宣传学习：组织公共活动（成人学习周、学习节等），利用各类媒体推动学习。	专家评审
		2.6.2 为全体市民提供充足的学习指导和支持	信息与服务：对信息、咨询和动员方面满意的学习者所占比例。	调查数据
			对弱势群体的学习支持：市政府为各类弱势群体提供支持所采取的措施，其中弱势群体包括语言、种族、少数民族等。	专家评审
			为老年人提供的学习支持：市政府为支持65岁以上老年人学习所采取的措施。	专家评审
		2.6.3 开发学习成果认证及奖励体系	学习成果认证及奖励：出台相关政策和实践以认可、确认和鉴定各类学习结果。	专家评审

（续表）

项目	关键领域	关键特征	测量点	数据来源
3. 学习型城市的基础条件	3.1 愿景及坚定的政治意愿和承诺	3.1.1 展示本地领导力	领导力：在实施学习型城市战略中市政府领导力的强度和投入程度。	专家评审
		3.1.2 发展和实行公共政策及策略	公共政策和策略：市议会/国会用来推动"全民终身学习"而出台的法律法规、公共政策和策略方针。	专家评审
	3.2 治理和各界参与	3.2.1 为参与者建立协作机制	社会各界协作机制：市政府动员、协调社会各界参与建设学习型城市工作的有效性。	专家评审
		3.2.2 鼓励社会各界的参与推进终身学习	社会各界参与：社会各界为推进所在领域学习发展所做出的承诺、计划和行动。	专家评审
		3.2.3 建立和加强国际合作	国际合作关系：与其他学习型城市发展各类国际合作及交流的进展。	专家评审
	3.3 活用资源，发展潜力	3.3.1 活用经济来源	教育经费投入：投入教育和学习的公共支出占公共预算总额的百分比。	市政府提供的官方数据
			公共教育支出分配：教育经费在各级/类型教育中的分配情况。	市政府提供的官方数据
		3.3.2 向弱势群体提供专项经费支持	对弱势群体的补助：为支持弱势群体参与学习提供的专项财政补助。	专家评审
		3.3.3 设计创新利用人力资源的方法	人力资源：通过创新思路规划和使用人力、社区及智力资源以帮助学习型城市建设。	专家评审

联合国教科文组织提出的《学习型城市主要特征》为学习型城市建设和评估提供了一个重要的参照系，它具有以下几个特点：第一，在价值追求上，以个人及社会的可持续发展作为学习型城市建设的根本目标。第二，指标体系针对性强、结构清晰。从一级指标看，该指标体系涵盖了三大维度：第一个维度是学习型城市建设目标的实现程度，或者说是对学习型城市建设的产出及成效的关注，即考察学习型城市建设对个人及社会可持续发展的贡献；第二个维度是关注学习型城市建设任务的实现状况，实际上是对学习型城市建设过程的考察；第三个维度是对学习型城市建设的基础条件或者说是投入因素或者是努力程度的考察。从二级指标看，该指标体系涵盖了个体、社会、经济、文化、环境、教育与学习的发展以及政府及社会对学习型社会的支持、治理和投入等维度。第三，指标体系具有一定的可操作性。比如在获得评价数据方面，

该指标体系通过来自政府的官方统计数据、调查获得的数据以及专家评审三种途径，使指标所需要的数据可获得，从而使该指标体系在评估实践中的应用成为可能。

第三节　我国学习型社会评价指标体系的研究

开展学习型社会（城市）的评价是推动学习型社会（城市）建设的必然要求。随着我国建设学习型社会战略目标的提出和学习型城市建设的起步，我国学者开始对学习型社会（城市）的评价指标体系进行研究，并基于不同视角提出了学习型城市评价指标体系的思路。

李俊（2003年）提出了由教育发展指标、科技发展指标、社会信息化指数、教育信息化指数、城市知识竞争力指数、全球化指数、社会公平化指数7个一级指标和20个二级指标构成的学习型城市评价体系。陈友华（2004年）提出了由文化消费、人口素质、创新能力、竞争力、生活质量、社会发展6个一级指标及15个二级指标组成的学习型城市评价指标体系。段安斌（2007年）提出了学习型城市评价的CIPP模式，包括四个评价维度，即背景（Context）评价、输入（Input）评价、过程（Process）评价、成果（Product）评价。智萌、赵明华（2008年）将学习型城市分为学习型城市、学习型组织、学习型社区、学习型家庭和学习型个人五个层次，并提出了由经济指标、信息化指数、全球化指数、社会指标、生活水平、文化指标、科学技术指标和教育指标等8个一级指标、38个二级指标构成的学习型城市评价指标体系。阎兵、李莉（2009年）提出了包括人口素质、学习资源、教育培训、科技创新、合作互动和经济发展6个一级指标、17个二级指标的评价体系。李娜、王丽艳（2011年）以天津学习型城市建设为依据建立了包括学习资源、教育培训、城市竞争力、人口素质、政策与认识等评价维度的学习型城市评价指标体系。周素萍在对上述指标体系进行批评和借鉴的基础上提出了由资源指标（学校、师资、图书馆、博物馆等）、科技指标（科技机构、人员、活动等）、经费指标（教育经费、科技经费）、文化指标（文化机构、从业人员、活动）、信息指标（信息化、媒体、网站、网络教育）、交流指标（国际交流、国内交流）、人口素质（高等教育普及率、平均学习年限、年学习时间）、绩效指标（出版图书、课题、论文）[①] 等构成的学习型城市评价指标体系。

上述基于个人研究提出的学习型城市指标体系在评价思路上，有的强调对学习型城市"输入"因素的评价，也有的侧重对学习型城市"产出"的评价，虽然有一些可借鉴之处，但这些指标体系多数停留在思路层面，大都未经过实测，因此其针对性、

---

① 周素萍. 学习型城市评价指标体系的理论及构建［J］. 职教论坛，2014（3）：45-49.

有效性和可操作性未能得到检验。

我国早期的关于学习型社会评价指标体系的研究，被经常引用的还有台湾学者胡梦鲸（2004 年）借鉴经济合作与发展组织（OECD）的"背景—输入—过程—成效"评价框架提出的"学习化社会指标体系"。该指标体系由背景指标、输入指标、过程指标、成效指标 4 个一级指标、8 个二级指标、35 个三级指标组成，如表 3-6 所示。

表 3-6　台湾学者胡梦鲸提出的学习型社会指标体系及权重（2004）[①]

指标类型		指标内容	指标权重
背景指标	学习环境品质	政治指标。	4.60
		经济指标。	3.70
		社会指标。	3.36
		人口指标。	2.85
输入指标	学习经费充分	非正规教育经费占总教育经费的比例。	4.70
		国民平均每年投入学习的费用。	4.55
		国民平均每年享有的教育经费。	4.35
		正规教育经费占总经费的比例。	4.30
		教育经费占中央政府总预算的比例。	4.27
		扫盲经费占教育经费的比例。	4.10
	学习场所普及	非正规教育机构的普及率。	4.30
		各级学校的普及率。	4.15
		企业培训单位的数量。	3.90
		文教基金会的数量。	3.40
过程指标	学习机会开放	23~64 岁成人（男女）参与学习活动的比例。	4.65
		65 岁以上老人（男女）参与学习活动的比例。	4.35
		各级学校（男女）的就学率。	3.90
	学习资讯流通	学习资讯网站上网人次。	3.94
		学习资讯网站数量。	3.75
		出版品的数量。	3.60
		家用电脑网络系统的普及率。	3.60
	学习时间应用	23~64 岁成人投入阅读的时间。	4.75
		23~64 岁投入课程学习的时间。	4.40
		65 岁以上老人投入阅读的时间。	4.30
		65 岁以上老人投入课程学习的时间。	4.10
		各级学校学生课后阅读的时间。	4.00

（续表）

指标类型		指标内容	指标权重
过程指标	学习方式 多远	23～64岁成人通过正规、非正规、非正式学习的比例。	4.45
		各级学校学生通过正规、非正规、非正式学习的比例。	4.15
		65岁以上老人通过正规、非正规、非正式学习的比例。	4.00
成效指标	学习成就 表现	文盲率。	4.65
		平均国民教育程度。	4.35
		各级教育人口比例。	4.35
		辍学率。	4.00
		通过学历认证的人数。	3.65
		获得职业资格证书的人数。	3.50

国内关于学习型社会指标体系的研究影响力较大的是以下几项研究成果。

2006年，郝克明牵头的课题组在系统研究国内外终身学习和学习型社会理论与实践的基础上提出了由条件指标、结构指标、过程指标和目标指标4个一级指标、13个二级指标、31个三级指标构成的学习型社会发展指标，如表3-7所示。该指标体系的特点是比较注重对教育领域指标的评价，包括教育投入、结构、过程与直接产出等。

表3-7　郝克明课题组提出的学习型社会发展指标（2006）

指标	指标要素	指标内容	评价要点（基准水平）
条件指标	经济基础	人均教育投入占GDP比重。	5%为国际中等水平。
		三次产业人口比重。	达到60%。
	政治背景	我国对国际组织的参与率。	在国际学习型社会建设中具有高参与性和发言权。
		国家社会发展蓝图。	国家层面学习型社会建设的顶层设计。
	教育资源 分布状况	各级各类教育机构按人口分布状况。	大中小学生师比分别达到18、13、11以下。
		公共学习场所按人口配置率。	每千人拥有阅览室，每万人拥有图书馆，每10万人拥有博物馆。
	教育人口 分布状况	学龄人口就学率。	大中小学入学率分别达到30%、95%、99%以上。
		工作人口参加课程学习比例。	达到30%以上。
		退休人口的课程学习比例。	接近50%。
		学龄前人口参加学习的比例。	90%以上幼儿能接受正规幼儿教育。
	学习氛围	成人参加工作后的阅读时间。	从业者每天阅读2个小时以上。
		各种学习网站分布。	居民能获得方便的学习机会。

（续表）

指标	指标要素	指标内容	评价要点（基准水平）
结构指标	国家教育发展政策法律保障	义务教育的保障和促进。	所有学生都能获得九年以上合格义务教育。
		继续教育的责任规定。	社会承担继续教育费用2/3左右。
		教育发展均衡化。	各地区教育机会特别是优质教育机会无显著差异。
		民办教育机构的参与率。	私立学校占比超过10%。
		教师资格证书与工资保障。	90%地区推行完全的教师资格证书，教师工资达到社会平均收入水平。
	教育发展规划	鼓励社会助学规定。	社会贷款措施基本完善。
		国家各层级类型教育中长期发展规划。	有关于教育投入增长和教育结构设计的计划。
	职业资格证书制度	国家职业资格证书指导意见。	制定各行业技术标准和职业证书基本要求。
		社会参与职业资格认证。	各行业形成职业认定规范和登记标准。
		各级各类教育实际投入总量。	建立基础教育投入国家负责制，职业和高等教育地方负责制。
过程指标	教育费用与分担	个人人均教育负担。	义务教育免费，其他类型教育学费占成本20%～50%。
		社会对继续教育费用负担。	达到1/2至2/3。
		个人业余时间学习费用。	学习费用占总消费10%左右。
目标指标	学习型个人成长	人均最低受教育年限和文盲率。	各地区人均受教育年限达到12年，90%以上地区无文盲。
	学习网络建设	学习设施、学习网站与使用率。	教育付诸设施和学习网站基本满足需要，使用率超过50%。
		出版物的增长和人均阅读量。	人均拥有报纸杂志达到0.5份，每天阅读0.5小时。
	就业率	各种专业教育的就业率。	达到75%以上。
	社会流动	工作岗位变化情况。	每5～8年实现工作岗位流动1次。

　　另一项研究成果是由顾明远教授牵头的北师大学习型社会研究课题组提出的"学习型社会评价指标体系"。借鉴国际经验并结合我国社会的特点，该指标体系确定了领导制度和建设、学习资源投入、学习机会的提供与公众参与、学习目标（对社会发展的促进作用）4个一级指标、12个二级指标和50多个三级指标及其权重。该指标体系的特点是不仅关注学习型社会建设的制度体制、资源投入、学习参与状况等，还将学

习的目标，即学习的产出与成效——包括经济发展、社会凝聚、环境可持续发展等纳入评价指标，拓展了学习型社会评价的视野。

表 3 – 8　顾明远课题组提出的学习型社会评估指标体系（2010）

一级指标	二级指标	三级指标		评价要素
		指　　标	权重	
1. 领导制度和建设（0.26）	1.1　政府领导	1.1.1　各级政府建设学习型社会的大政方针设计	0.37	有科学合理的终身教育体系规划、经济社会发展规划、社区或组织建设规划等。
		1.1.2　各级政府有教育中长期发展规划	0.33	各级政府对各级各类教育的科学合理规划，兼顾公平和效率。
		1.1.3　创建学习型社会工作例会制度	0.14	各级政府每年至少召开一次学习型社会建设专题会议。
		1.1.4　积极参与国际社会终身学习体系建设	0.16	就终身学习体系建设积极同国际社会联系并得到国际认同。
	1.2　终身学习的法律与制度保障	1.2.1　义务教育的保障与促进	0.23	各级政府有明确法律法规保障教育经费和城乡间、区域间的均衡发展。
		1.2.2　非义务教育机会的保证	0.20	各地区教育机会特别是优质教育机会无显著差异，农村劳动力等弱势人群的教育机会得到保障。
		1.2.3　非正规和非正式学习机会的保证	0.22	各级政府有明确法律规定确保社会各部门为公众提供适当的学习机会，包括企业向员工，社区向居民，博物馆、图书馆等社会文教机构向公众提供学习机会。
		1.2.4　鼓励社会办学和助学规定	0.16	有鼓励和规范民间办学的明确规定。
		1.2.5　学习成就评价与认可制度	0.19	政府制定各行业技术标准和职业资格基本要求，各行业形成职业认定标准，对成人学习者提供学习成就认证和证照。

（续表）

一级指标	二级指标	三级指标		评价要素
		指 标	权重	
2. 学习资源投入（0.31）	2.1 经费投入	2.1.1 各级政府对学习经费投入	0.48	公共教育经费占 GDP 的 5.5% 以上，公共文化事业费占 GDP 的 1% 以上。
		2.1.2 社会或企业对学习的成本分担	0.29	社会团体或企业承担继续教育费用的 2/3 以上。
		2.1.3 个体人均教育成本分担	0.23	义务教育免费，非义务教育学费不超过人均收入的 1/4。
	2.2 人员投入	2.2.1 各级教育机构生师比	0.32	各级教育生师比达到 15、12、10 以下水平（越低表明人均教育机会和质量越高）。
		2.2.2 社会文化教育事业从业人员数量	0.38	从业人口占总服务人口的比重（比重越高表明越受重视）。
		2.2.3 各级各类教育机构教师学历合格率	0.30	专任教师学历合格率达 99% 以上。
	2.3 教育机构	2.3.1 各级教育机构分布状况	0.27	义务教育阶段能够就近入学，高等教育入学率达到 30% 以上，扩大职业教育招生规模。
		2.3.2 民办教育机构参与率	0.22	私立学校占学校总数 1/3 以上。
		2.3.3 公共文化教育机构数量	0.27	每个社区（村）拥有一个图书室或文化活动室，每 10 万人有博物馆。
		2.3.4 营利性教育和培训机构数量	0.09	数量越多越能满足民众的多样化文化需求。
		2.3.5 支持文教事业的基金会数量	0.15	数量越多表示社会越重视教育。

（续表）

一级指标	二级指标	三级指标		评价要素
		指　标	权重	
2. 学习资源投入（0.31）	2.4 信息渠道	2.4.1　有免费的公众信息网站	0.21	各级政府出资建设并整合各种学习资源。
		2.4.2　教育机构中网络的可获得性	0.16	全国各级教育中能便利使用网络资源的学校比重。
		2.4.3　有公众反映学习需求的渠道	0.14	能及时了解公众的学习需求以提高学习机会提供的针对性。
		2.4.4　电视综合人口覆盖率	0.23	达到99%以上。
		2.4.5　公众拥有的信息和沟通技术设备	0.15	全国拥有计算机家庭占总家庭1/3以上/互联网普及率农村地区达到20%以上。
		2.4.6　出版物的数量	0.11	人均最低拥有报刊0.5份/每百人公共图书馆藏书达160册以上。
3. 学习机会的提供和公众参与（0.29）	3.1 学习机会提供	3.1.1　公众学习的咨询和指导	0.29	各级政府/社区/组织对公众如何学习进行咨询和指导，每人年均获得1次指导。
		3.1.2　公众可获得的各类非正规学习活动	0.42	由各级政府、社区、各类组织开展的面向公众的职业教育培训活动/通识教育和文化艺术活动/生活技能活动的次数。
		3.1.3　农户每年获得技术指导的机会	0.29	平均每村有一名农业技术指导员，开展技术指导的天数达到80天以上。
	3.2 学习参与	3.2.1　学龄前人口参加学习的比重	0.12	有90%以上幼儿能够入园接受正规教育。
		3.2.2　学龄人口就学率	0.18	各地区大中小学入学率分别达到30%、97%和99%左右且实现性别、区域间均衡发展。
		3.2.3　从业人口参加继续教育和培训的比重	0.12	参加有组织的系统性培训的比重达到30%以上。
		3.2.4　待业人口参加继续教育和培训的比重	0.14	参加有组织的系统性培训的比重达到80%以上。

（续表）

一级指标	二级指标	三级指标		评价要素
		指　标	权重	
3. 学习机会的提供和公众参与（0.29）	3.2 学习参与	3.2.5 退休人口参加继续教育和培训的比重	0.11	参加有组织的系统性培训的比重应达到50%以上。
		3.2.6 公众参加非正式学习活动的次数	0.13	公众平均每年参加政府、社区、各类组织举办的职业培训活动/通识教育、科普和文艺活动/生活技能活动的次数（次/年）。
		3.2.7 每百人的阅读量	0.13	每百人中每天读报者占70%以上、成人每年平均阅读量达到10本以上。
		3.2.8 人均文化消费	0.07	人均文化消费（如教育培训、文化娱乐及旅游费用等）占消费支出的1/5以上。
4. 学习目标（0.14）	4.1 学习型个人	4.1.1 个体获得自学的基本技能	0.25	全国实现90%以上无文盲。
		4.1.2 人均受教育程度	0.35	各地区人均最低受教育年限达到12年。
		4.1.3 全国公众科学素养水平	0.21	全国公众科学素养水平达到10%以上。
		4.1.4 个体转换工作所需的平均时间	0.19	平均时间越短，表明个体通过学习应对工作转换的能力越高。
	4.2 经济发展	4.2.1 人均国内生产总值	0.12	人均GDP达到3500美元。
		4.2.2 教育对GDP的贡献率	0.16	可用一段时期内从业人口受教育年限的增加来看对GDP增长的贡献率。
		4.2.3 各级专业教育的就业率	0.12	达到75%以上。
		4.2.4 第三产业占从业人口比重	0.15	第三产业占从业人口比重达到60%。
		4.2.5 中专及以上各层次学历人数	0.16	所占比重越大，标志现代化程度越高。
		4.2.6 文化产业占GDP比重	0.19	达到10%以上。

（续表）

一级指标	二级指标	三级指标		评价要素
		指标	权重	
4. 学习目标（0.14）	4.3 社会凝聚	4.3.1 学习资源的整合	0.24	社会各机构开放学习机会，全国形成学习网络，各种学习资源使用率达50%以上。
		4.3.2 公众社会参与	0.21	全社会公益事业志愿者占总人口比重达到20%以上。
		4.3.3 社会稳定和谐	0.18	公安机关立案的刑事案件数（件/每万人）/生产安全事故死亡人数（人/亿GDP）。
		4.3.4 社会保障体系基本健全	0.22	建立健全与经济发展水平相适应的社会保障体系。
		4.3.5 形成共同愿景	0.15	政府公信力和满意度提高，公众在政府领导下形成共同愿景。
	4.4 环境可持续发展	4.4.1 单位GDP耗能	0.52	单位GDP能耗、电耗、水耗越少，越反映技术水平和环保意识的改善。
		4.4.2 环境质量综合指数	0.48	环境质量综合指数（EQI）大于75。

第三项团队研究成果是朱新均牵头的中国成人教育协会学习型社会建设研究课题组 2014 年发布的《学习型社会建设的理论与实践——学习型社会建设研究课题研究报告》，该报告基于对学习型社会建设的背景、理论基础、国际参照、现实基础、战略构思、基本对策等的系统研究，提出了由 6 个一级指标、26 个二级指标、近 100 个三级指标构成的"学习型社会评价指标体系框架（讨论稿）"，如表 3－9 所示。该框架提出的 6 个一级指标是"终身学习文化的营造""学习型组织的创建""终身教育体系和学习服务体系的构筑""合力式机制的形成""全民终身学习活动的蓬勃开展"和"社会及成员发展"。该框架的特点是尝试从创建学习型社会的主要目标和任务出发构建学习型社会的评价指标体系。在评价指标中强调终身学习文化的营造和学习型组织的建设也是该框架的重要特点。

表 3-9 朱新均课题组学习型社会评价指标体系框架（讨论稿）

一级指标	二级指标	三级指标
1. 终身学习文化的营造——学习型社会之"魂"	1.1 终身学习物质文化的建造	1.1.1 终身学习的机构和载体建设度 1.1.2 各类学习文化的实体、载体、地域空间建设度 1.1.3 特色的学习景观塑造度 1.1.4 终身学习物质产品的展示度
	1.2 终身学习制度文化的建设	1.2.1 建立和完善终身学习活动制度 1.2.2 建立和完善终身学习保障条件 1.2.3 建立和完善终身学习检查评价制度
	1.3 终身学习精神文化的培育	1.3.1 提升社会成员终身学习的认知成分 1.3.2 增强社会成员终身学习的情感 1.3.3 确立社会成员终身学习的价值观
2. 学习型组织的创建——学习型社会之"基"	2.1 学习型党组织的创建	2.1.1 学习型党组织创建率 2.1.2 民本位文化建设度 2.1.3 社会民众对党组织满意度
	2.2 学习型政府的创建	2.2.1 学习型政府创建率 2.2.2 服务文化建设度 2.2.3 社会民众对政府满意度
	2.3 学习型城乡社区的创建	2.3.1 学习型城乡社区创建率 2.3.2 学习型城乡社区创建的领导管理创建——学习 2.3.3 学习型城乡社区创建的条件保障度 2.3.4 学习型城乡社区创建成效度
	2.4 学习型企事业（单位）的创建	2.4.1 学习型企事业（单位）的创建率 2.4.2 学习型企事业（单位）创建的领导管理度 2.4.3 学习型企事业（单位）创建的条件保障度 2.4.4 学习型企事业（单位）创建成效度
	2.5 学习型团体的创建	2.5.1 学习型团体创建率 2.5.2 学习型团体创建成效度
3. 终身教育体系和学习服务体系的构筑——学习型社会之"架"	3.1 各类教育的协调发展	3.1.1 制定终身教育法律法规 3.1.2 建立统筹协调领导机构 3.1.3 制定协调发展的教育规划 3.1.4 建立现代化的学校教育体系 3.1.5 社会教育培训机构和学习型组织的教育培训机构完善度

（续表）

一级指标	二级指标	三级指标
3. 终身教育体系和学习服务体系的构筑——学习型社会之"架"	3.2 终身教育"立交桥"的构建	3.2.1 建立和完善"学分银行" 3.2.2 建立和完善初中后学历教育沟通衔接制度 3.2.3 实现社会终身学习成果的认定和转换度
	3.3 教育系统	3.3.1 制定整体规划 3.3.2 开展整体评估 3.3.3 校企合作度 3.3.4 校社合作度 3.3.5 学校与社会教育培训机构合作度 3.3.6 各级各类学校面向全民终身学习的开放度
	3.4 社会学习平台的建设	3.4.1 制定建设规划 3.4.2 建成终身学习网络 3.4.3 完善各类文化设施和媒体建设 3.4.4 建立投入机制
	3.5 社会学习资源的建设	3.5.1 制定建设规划 3.5.2 形成合作模式 3.5.3 完善激励机制 3.5.4 社会学习资源的充足度 3.5.5 深化理论研究
4. 合力式机制的形成——学习型社会之运行机制	4.1 党政推动力	4.1.1 建立领导机构 4.1.2 制定发展规划 4.1.3 制定法律法规和政策 4.1.4 建设社区教育机构系统 4.1.5 建设工作者队伍 4.1.6 保证经费投入
	4.2 市场运作力	4.2.1 教育培训市场成熟度 4.2.2 教育培训市场贡献度
	4.3 社会参与力	4.3.1 单位组织参与率 4.3.2 社会团体参与率 4.3.3 社会团体作用发挥度
	4.4 教育支撑力	4.4.1 教育机构对社会开放率 4.4.2 教育机构对家庭教育、社会教育的参与度
	4.5 社会民众主体力	4.5.1 建设社会（区）志愿者队伍 4.5.2 社会（区）成员的参与率 4.5.3 社会成员评价参与率 4.5.4 社会（区）成员满意率

（续表）

一级指标	二级指标	三级指标
5. 全民终身学习活动的蓬勃开展——学习型社会之基本特性	5.1　学习和教育培训活动全员性	5.1.1　全员培训率 5.1.2　下岗失业待业人员培训率 5.1.3　进城务工人员培训率 5.1.4　其他社会成员教育培训率
	5.2　学习和教育培训活动全程性	5.2.1　幼儿入园率 5.2.2　义务教育达标率 5.2.3　高中阶段教育毛入学率 5.2.4　高等教育毛入学率 5.2.5　从业人员培训率 5.2.6　城乡社区老年人群培训率
6. 社会及成员发展——学习型社会之成效	6.1　社会成员整体素质提高	6.1.1　终身学习理念增强 6.1.2　公民素质提升 6.1.3　主要劳动年龄人口平均受教育年限数
	6.2　社会成员价值实现度提高	6.2.1　社会成员就业率 6.2.2　社会成员潜能开发率 6.2.3　社会成员特长发挥率 6.2.4　社会成员专利指数 6.2.5　人均网际论文发表数
	6.3　社会成员生活质量提高	6.3.1　社区成员读书指数 6.3.2　社会成员幸福指数 6.3.3　人类发展指数（HDI）
	6.4　社会文明度提高	6.4.1　文明社区的建成率 6.4.2　形成崇尚学习、积极向上的社会风尚 6.4.3　形成与时俱进而富有特色的社会文化风格
	6.5　社会创新度提高	6.5.1　知识创新指数 6.5.2　专利申请授权数 6.5.3　高新技术产品开发项目数
	6.6　社会和谐和凝聚度提高	6.6.1　社会案件发生率 6.6.2　多样文化融合度 6.6.3　社会和谐度 6.6.4　社会凝聚度

　　此外，吴晓川、张翠珠、杨树雨等提出了划分初级、中级和高级阶段的"学习型城市建设指标体系"，该指标体系提出了投入与条件保障、终身教育体系与终身学习服务体系建设、学习型组织建设、城市发展与管理创新4个一级指标，18个二级指标和70个三级指标。[①] 该指标体系是基于北京市学习型城市建设的经验及学习型城区、学

①　吴晓川，张翠珠，杨树雨. 学习型城市建设指标体系研究［M］. 北京：北京出版社. 2014：4－129.

习型组织评估实践提出的，因此具有较强的可操作性。另外，提出从城市发展与管理创新——包括经济、政治、社会、文化及环境等方面的发展和创新来评价学习型城市的建设成效也是该评价体系的重要特点。

除了上述学者提出的学习型社会或学习型城市的指标体系外，国内还出现了一些针对学习型社区等较小区域的学习型社会建设进行评估的实践探索。其中，覆盖面和影响力最大的是教育部组织实施的全国社区教育实验区及示范区的评估。为了在全国范围内深入开展社区教育实验工作，2010年教育部制定了《全国社区教育实验区评估标准（试行）》，如表3-10所示。此后依据此标准在全国范围内先后开展了几轮社区教育试验区的评估，有效推动了全国各地的社区教育与学习型社区建设。

社区教育示范区评估标准（试行）

为推动社区教育深入发展，加快构建终身教育体系和建设学习型社会，从我国社区教育的实际出发，在总结以往社区教育评估经验的基础上，制订本标准。

（1）区（县、市）党委、政府指导思想明确、认识有高度，定期制定社区教育发展规划和实施计划，并纳入本区经济社会发展和教育发展规划（计划）之中，加以认真落实。

（2）社区教育的管理体制、运行制度健全，并能不断地改革和创新。

（3）已建成区（县、市）、街道（乡镇）、居（村）三级社区教育机构，并能有效地开展多种形式的教育活动。

（4）积极推进终身教育信息网络的建设，社区数字化学习取得明显成效，并能运用现代信息技术加强社区教育的管理，以信息化带动学习型社区建设。

（5）设置符合未成年人身心健康发展需求的活动内容，配备专门场地和具备教师资格的专人为社区内未成年人提供公益性服务，保障未成年人安全，不得开办赢利为目的的各种形式的收费培训班。

（6）社区教育资源开发和服务程度较高。社区内教育培训机构教育资源共享度高；社区内非教育机构教育资源得到较好的开发和利用；社区重视无形教育资源的总结、提炼和利用；社区积极建设学习资源服务圈。

（7）已建立一支相对稳定、素质较高、结构合理、专兼职相结合的社区教育管理者队伍和辅导员（师资）队伍；能定期开展岗前的转岗性培训和在岗的提高性培训。

（8）保障社区教育经费的投入。区（县、市）财政按常住人口每年人均不低于2元标准设立社区教育专项培训经费，并落实到位；建立多渠道筹措经费的机制。经济发达地区，在此基础上进一步增加社区教育经费的投入。

（9）区内各类社区教育协调发展。全年接受社区教育服务的社区成员占全体成员的比例，东部地区达50%以上，西部地区达30%以上。城市社区，登记在册的下岗待业失业人员和进城务工人员的培训率分别达到70%和50%以上。农村社区，农民实用技术培训率达30%以上，农村劳动力外出转移培训率达到50%，社区教育机构有专门服务未成年人的场所和主题教育活动，未成年人参与社区教育活动的比例不低于50%。

（10）注重社区教育机构能力建设，积极开发具有社区教育特点的课程资源，力求满足不同类型不同层次的社区成员多样化的学习需求。

（11）各类学习型组织创建力度大，进展快，创建率较高。学习型党政机关创建率达80%；学习型社区创建率，东部地区达70%，中西部地区达50%。

（12）社区成员对社区教育的认知和评价有较大幅度的提高，其中知晓度、认同度达80%以上；对接受社区教育服务的满意率达70%以上。

（13）社区成员终身学习理念和社区归属感有明显增强；社区成员精神生活质量和环境生活质量有了较大改善；社区和谐稳定，文明程度较高。

表3-10　社区教育示范区评价指标

一级指标	二级指标	三级指标	分值
1. 领导与管理（16分）	1.1 认知理念	1.1.1 区（县、市）、街道（乡镇）领导对社区教育内涵，及其开展的指导思想、宗旨、原则有清晰的认识	2分
	1.2 发展规划	1.2.1 区（县、市）、街道（乡镇）均制定社区教育发展规划和实施计划，并列入本地经济和社会发展规划、社区建设规划和教育事业规划之中，并加以认真落实	2分
	1.3 管理体制	★1.3.1 区（县、市）、街道（乡镇）建立由党政领导牵头的社区教育委员会或领导小组，其办公室设在教育部门，并有专人负责（2分）	4分
		1.3.2 实行党政统筹领导、教育部门主管、有关部门共同参与的社区教育管理体制（2分）	
	1.4 制度建设	★1.4.1 建立并实施社区各项规章制度，包括责任目标制度、会议制度、资源共享制度、机构和队伍建设制度、经费投入制度、评估检查制度、激励制度等，并纳入政府教育督导评估范围（4分）	6分
		1.4.2 注重档案建设，形成规范齐全的档案资料（2分）	
	1.5 宣传动员	通过多渠道，采取多形式向社区成员宣传社区教育和终身教育思想	2分
2. 条件与保障（24分）	2.1 基地与网络建设	★2.1.1 已建成区（县、市）、街道（乡镇）、居（村）三级社区教育系统，区（县）建立社区学院或社区教育中心，街道（乡镇）建立社区学校、市民学校或未成年人活动站，居（村）建立社区教育机构、市民学校分校或儿童活动乐园（5分）	7分
		2.1.2 积极推进终身教育网络建设，建有网络学习平台，社区数字化学习取得明显效果（2分）	

（续表）

一级指标	二级指标	三级指标	分值
2. 条件与保障（24分）	2.2 资源开发和服务	2.2.1 社区内普通中小学、幼儿园、中等职业学校、成人教育培训机构、高等学校等积极向社区开放，为社区教育服务（2分）	5分
		2.2.2 社区非教育机构教育资源得到较好的开发，为社区教育服务（1分）	
		2.2.3 社区重视无形教育资源的总结、提炼，作为社区教育宝贵资源（1分）	
		2.2.4 社区积极创造条件，建设学习资源服务圈（1分）	
	2.3 经费保障	★2.3.1 区（县、市）财政一般按常住人口每年人均不低于2元的标准设立社区教育专项培训经费，并落实到位。经济发达地区，在此基础上进一步增加社区教育的经费投入（3分）	4分
		2.3.2 建立多渠道筹措经费的机制（1分）	
	2.4 队伍建设	2.4.1 已建立一支素质较高，懂得社区教育，专兼职结合的社区教育管理队伍，街道（乡镇）有1名专职管理人员（3分）	8分
		★2.4.2 有一支相对稳定、适应社区教育需要的、专职、兼职和志愿者结合的社区教育辅导员（师资）队伍，街道（乡镇）建立社区教育辅导员小组（3分）	
		2.4.3 制定社区教育工作者队伍建设规划，开展社区专职教育人员转岗前的转岗培训和在岗的提高性培训，培训率达90%以上（2分）	
3. 教育培训与学习活动（20分）	3.1 教育培训活动	3.1.1 东部地区，全年接受社区教育的社区成员达全体成员的50%以上；中西部地区达30%以上（2分）	12分
		3.1.2 城市社区，登记在册的下岗、待业、失业人员培训率达70%以上；或农村社区，农民实用技术培训率达30%以上（2分）	
		3.1.3 城市社区，登记在册的进城务工人员培训率达50%以上；或农村社区，农村劳动力外出转移培训率达50%（2分）	
		3.1.4 注重对社区各类人员心理疏导和调适的教育培训（2分）	
		3.1.5 注重向社区家长进行科学育儿和家庭教育的培训辅导（2分）	
		3.1.6 注重向社区内儿童开展各种活动（2分）	

（续表）

一级指标	二级指标	三级指标	分值
3. 教育培训与学习活动（20分）	3.2 学习型组织的创建	3.2.1 各类学习型组织创建力度大、进展快、创建率较高（3分）	8分
		3.2.2 学习型党政机关创建率达80%左右（2分）	
		3.2.3 学习型社区创建率，东部地区达70%，中西部地区达50%（3分）	
4. 社区教育成效（20分）	4.1 社区成员的认知和评价	★4.1.1 社区成员对社区教育的知晓率、认同率达80%以上（5分）	10分
		★4.1.2 社区成员对接受社区教育服务的满意率达70%以上（5分）	
	4.2 社区成员综合素质的提高	4.2.1 社区成员的社区归属感、遵守社会公德自觉性、扶贫帮困、参加公益活动等公民素质有较大的提高（2分）	5分
		4.2.2 社区成员终身学习观念有明显增强，求知欲有明显提升（2分）	
		4.2.3 社区成员的知识和技能含量明显提高（1分）	
	4.3 社区发展和成员生活质量的提升	4.3.1 推进了"文明社区""安全社区""健康社区""生态社区""数字社区"等各类创建工作。社区文明程度有较大提高，获省（市、自治区）级及以上"文明社区"称号（2分）	5分
		4.3.2 社区和谐稳定，各类案件发生率下降（1分）	
		4.3.3 社区成员的精神生活质量和环境生活质量有了改善（2分）	
5. 特色与创新（20分）	5.1 特色	★5.1.1 注重社区教育课程和活动的研发，已形成具有社区特色的课程及活动资源（5分）	10分
		5.1.2 注重社区教育特色建设，已打造出有关项目、载体、平台等方面特色品牌（5分）	
	5.2 创新	5.2.1 注重社区教育问题研究和实验探索，已产出具有创新价值的实验研究成果，指导社区教育新发展（5分）	10分
		★5.2.2 注重社区教育的管理体制、运行机制、教育教学、督导评估等方面改革创新，成效较为显著（5分）	

说明：1. 有"★"号的三级指标为核心指标。

2. 本评估指标总分为100分。分值满90分，且核心指标优秀者可获得示范区备选资格。

3. "全年接受社区教育的社区成员达全体成员的50%以上"（3.1.1指标），是《国家标准》规定的时间范畴内的基本要求。这里的"服务"是指本社区所提供的社区教育服务，不包括社区成员未利用这些服务而进行的自我活动和自主学习。

4. "社区成员对接受社区教育服务的满意率达70%以上"（4.1.2指标），是《国家标准》规定的一项基本指标。"70%以上"是指"接受服务"的社区成员的百分比。

如本节所述，随着学习型社会建设目标在国家发展规划中的逐步确立，随着创建学习型城市的逐步深入，我国关于学习型社会和学习型城市评价指标体系研究成为一个研究热点，一些学者或研究团队相继提出了若干关于学习型社会评价的指标体系。特别是郝克明、顾明远和朱新均课题组分别提出的评价指标体系框架各具特点。比如，郝克明课题组提出的指标体系侧重对整个教育系统投入（包括政策与资源）与产出的评价，而顾明远和朱新均课题组不仅关注教育系统内部，而且将视野拓展到全社会，对学习促进个人与社会发展方面予以关注。顾明远团队提出了由领导和制度建设、学习资源投入、学习机会的提供和公众参与、学习目标等四维度组成的评价体系。这些指标体系虽然有一定值得借鉴之处，但基本都停留在设想层面，未经过实测，因此其有效性和可操作性未得到检验。

国内外关于学习型社会评价的研究虽然有所进展，但尚未形成得到普遍认可的学习型社会指标体系。欧美国家虽然尝试过对学习型城市或者学习型社区进行评价，但大都是对规模较小的评估，其指标体系中的有些指标对大范围的评价对象来说很难获得。我国学者或研究团队虽然提出了有中国特色的学习型社会评价指标体系，但多数停留在设想层面，大都是指标的简单罗列而未经试测验证，缺乏可操作性。

第四章　学习型社会评价指标体系

第一节　评价指标体系的基本原则与框架

一、确定评价指标体系依据的基本原则

本课题组在研制学习型社会评价指标体系时首先确立了以下几个原则：

第一，注重指标的科学性与有效性，确保筛选出能有效、真实地反映学习型社会本质特征的核心指标。

第二，注重定性与定量相结合。所有指标都以量化形式出现，没有统计数据的指标将通过专家评分获得量化数据。

第三，注重指标的数据可获得性及操作方法的简便性。确保指标的数据可通过统计资料、抽样调查及专家评分等方式获得，评价方法简便易行。

第四，注重综合性与直观性的统一。期望指标体系既能具体地反映各地区学习型社会建设的成效与不足，同时也能以"学习型社会发展指数"进行综合而直观的判断。

第五，从指标的针对性及数据可获得性考虑，本评价指标体系暂以省级行政区域为评价对象地区或使用范围。

二、学习型社会评价指标体系的框架

1. 指标体系的基本框架

依据课题组对学习型社会内涵的理解和上述原则，借鉴公共政策评估的理论与方法、国内外关于学习型社会评估的研究与实践，本课题组决定从三个维度或一级指标构建指标体系：一是学习的保障或投入，指为了促进和保障全民终身学习，公共部门投入的政策与制度资源，以及全社会投入的人力和物力资源；二是学习的参与状况，即所有社会成员对终身学习的参与率；三是学习的产业或成效，即终身学习对公民个人的发展及社会的可持续发展的促进效果。最终形成了由 3 个一级指标、9 个二级指标及 23 个三级指标构成的"基本形成学习型社会评价指标体系"，如图 4-1 所示。

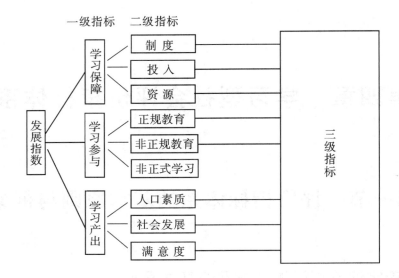

图 4 - 1　学习型社会评价指标体系

2. 指标及权重

关于学习型社会评价指标的权重如表 4 - 1 所示，一、二级指标的权重是课题组根据特尔斐法，征询专家意见后确定的，三级指标的权重是以平均分配为基础适当考虑指标的重要度略作调整获得的。

表 4 - 1　学习型社会评价的指标及权重

一级指标	二级指标	序号	三级指标	权重
1. 学习保障 （40%）	1.1　制度 （12%）	1.1.1	治制/分	3%
		1.1.2	管理体制/分	3%
		1.1.3	制度/机制/分	3%
		1.1.4	规划/分	3%
	1.2　投入 （15%）	1.2.1	财政性教育经费/GDP/%	3%
		1.2.2	非财政性教育经费/GDP/%	3%
		1.2.3	人均财政性教育经费/元	3%
		1.2.4	人均非财政教育经费/元	3%
		1.2.5	文教支出占家庭消费支出比重/%	3%
	1.3　资源 （13%）	1.3.1	拥有社区教育机构的社区比例/%	4%
		1.3.2	每万人公共文化设施数/个	3%
		1.3.3	网络普及率/%	3%
		1.3.4	每万人中职业技术培训机构教师数/人	3%

（续表）

一级指标	二级指标	序号	三级指标	权重
2. 学习参与（40%）	2.1 正规教育（15%）	2.1.1	（学前＋义务教育＋高中阶段＋高等教育）四级教育入学率/%	15%
	2.2 非正规教育（15%）	2.2.1	继续教育参与率/%	15%
	2.3 非正式学习（10%）	2.3.1	上网学习的比例/%	5%
		2.3.2	公民阅读率/%	5%
3. 学习产出（20%）	3.1 人口素质（10%）	3.1.1	15 岁及以上人口平均受教育年限/年	2.5%
		3.1.2	成人识字率/%	2.5%
		3.1.3	人均受教育年限性别指数/%	2.5%
		3.1.4	预期寿命/年	2.5%
	3.2 经济社会发展（7.5%）	3.2.1	发展与民生指数	7.5%
	3.3 学习满意度（2.5%）	3.3.1	公众终身学习满意度	2.5%

第二节　学习保障的相关指标

学习保障主要反映为建设学习型社会、促进全民终身学习，政府及全社会投入的各种资源，包括法律、制度、规划、政策及人力、物力资源等。作为一级指标的"学习保障"由制度、投入和资源 3 个二级指标组成，每个二级指标又由一个或若干个三级指标组成。

一、制度

制度建设主要指政府与社会为推进全民终身学习和建设学习型社会确立的各种制度性安排和政策，包括法制、管理体制、制度、机制与规划等，具有以下指标：

1. 法制

定义：反映评价对象地区终身学习法制环境的完善程度与依法治教的力度，包括终身学习、继续教育相关法律条例等的立法与执行情况。

意义：国内外的研究与实践表明，法制是学习型社会的重要保障。

评价方法：依据一定标准由专家根据文献分析和实地调查评分。

评价标准：已有专门的法律法规，且执法状况良好；已有专门的法律法规，执法状况较好；正在制定专门的法律法规，法治情况一般；尚未启动立法，法治情况较差；尚未启动专门法律法规，法治情况很差。

数据来源：通过专家调查打分获取数据。

2. 管理体制

定义：为建设学习型社会、推进全民终身学习而建立的、以统筹协调终身学习与学习型社会建设政策与资源的领导管理体制和机制，是反映学习型社会建设领导力的主要指标。

意义：可以反映评价对象地区推进学习型社会建设的领导管理体制的健全程度，政府的领导力与统筹协调能力。

评价方法：依据一定标准由专家根据文献分析和实地调查评分。

评价标准：相应领导管理体制完善并很好发挥了统筹协调作用；相应领导管理体制比较完善并较好发挥了统筹协调作用；相应领导管理体制初步建立并发挥一定的统筹协调作用；相应领导管理体制尚未形成，统筹协调作用发挥较差；无相应领导管理体制，统筹协调很差。

数据来源：通过专家调查评分获取数据。

3. 制度与机制

定义：制度与机制包括支持和鼓励人们参与终身学习，特别是继续教育的激励机制、学习成果认定和转换制度、学分银行、带薪学习假等。

意义：可以反映评价对象地区终身学习制度与机制的完善程度，对激励和支持全民终身学习非常重要。

评价方法：依据一定标准由专家根据文献分析和实地调查评分。

评价标准：建立了完善的终身学习制度与机制，执行情况良好；建立了相对完善的制度与机制，执行情况较好；初步建立了相应制度与机制，执行情况一般；正在建立相应制度和机制；未建立相应制度与机制。

数据来源：通过专家评分获取数据。

4. 规划

定义：社会发展及教育发展规划对推进终身学习或继续教育（包括学历继续教育、职业培训、社区教育、老年教育等）、建设学习型社会等的规划的程度及其执行情况。

意义：可以反映评价对象地区推进学习型社会建设规划的完善程度，体现了政府对建设学习型社会的意愿与准备程度。

评价方法：依据一定标准由专家根据文献分析和实地调查评分。

评价标准：将学习型社会建设全面纳入（经济社会发展规划或者教育）规划，规划执行情况良好；将学习型社会建设部分纳入规划，规划执行情况较好；初步将学习型社会建设纳入规划，规划执行情况一般；正在将学习型社会建设纳入规划，准备起步实施规划；尚未将学习型社会建设纳入规划，尚未起步实施。

数据来源：通过专家评分获取数据。

二、投入

建设学习型社会、促进全民终身学习需要巨大的经费投入保障。本指标反映评估对象地区政府、社会和家庭投入终身学习的资金的程度，包括以下三级指标：

1. 财政性教育经费占国内生产总值（GDP）的比例

定义：财政性教育经费包括政府财政预算内教育经费、各级政府征收用于教育的税费、企业办学校中的企业拨款、校办产业和社会服务收入用于教育的经费。

意义：可以反映评估对象地区政府对教育和学习投入的努力程度。

计算公式：财政性教育经费占 GDP 的比例 = 财政性教育经费/国民生产总值 ×100%。

数据来源：国家统计局、教育部。参见教育部财务司、国家统计局社会科技和文化产业统计局编的《中国教育经费统计年鉴》。

2. 非财政性教育经费占国内生产总值（GDP）的比例

定义：财政性教育经费投入之外的，由企业、家庭或个人支出的教育经费。①

意义：能反映评估对象地区社会对教育和学习投入的努力程度。

计算公式：非财政性教育经费占 GDP 的比例 = 非财政性教育经费/GDP ×100%。

数据来源：国家统计局、教育部。

3. 人均财政性教育经费

意义：能反映评估对象地区政府对教育和学习投入的多少。

计算公式：人均财政性教育经费 = 财政性教育经费/常住人口数。

数据来源：财政性教育经费来自教育部财务司、国家统计局社会科技和文化产业统计局编的《中国教育经费统计年鉴》，人口数来自国家统计局的人口普查或调查数据。

4. 人均非财政性教育经费

意义：反映评估对象地区社会对教育和学习投入的多少。

计算公式：人均非财政性教育经费 = 非财政性教育经费/常住人口数。

数据来源：非财政性教育经费来自国家统计局、教育部数据来自教育部财务司、国家统计局社会科技和文化产业统计局编的《中国教育经费统计年鉴》，人口数来自国家统计局的人口普查或调查数据。

5. 家庭教育文化支出占家庭消费支出的比重

意义：可以反映居民家庭消费支出中用于文化、教育和学习支出的情况。

---

① 我国的非财政性教育经费统计数据可从《中国教育经费统计年鉴》中查询，但该统计数据并非整个社会非财政性教育经费，而是学校教育经费中民办学校举办者的投入、学生或其家庭缴纳的学费等，不包含企事业单位为本单位人员的继续教育与培训投入的经费和从业人员支付的继续教育和培训费.

计算公式：家庭教育文化支出占家庭消费支出的比重＝家庭教育文化支出/家庭消费支出×100%。

数据来源：国家统计局。

三、资源

资源建设指为保障全民终身学习所建立的学习设施、学习网络、人力资源及学习资源等，包括以下指标：

1. 拥有社区教育机构的社区比例

定义：社区教育是以社区全体成员为对象，开展旨在提高成员的素质和生活质量，促进成员的全面发展和社区可持续发展的教育活动。拥有社区教育机构的社区的比例是指样本地区中拥有社区教育实体机构的社区占所有社区的比例。

意义：社区教育机构是社区教育的主要场所，拥有社区教育机构的社区比例是反映社区教育发展状况的主要指标。课题组经调查发现，城市地区（街道）社区教育机构主要包括：①依托电视大学分校；②依托党校；③依托职业技术学校和成人教育培训基地；④独立校舍社区学院/学校；⑤委托居委会的社区成人学校或者教学点。农村地区（乡镇）社区教育机构主要包括乡镇社区教育中心、委托乡镇成人学校的社区教育中心和村委会成人学校或者教学点等等。

计算公式：调查社区中拥有社区教育机构社区数/调查社区总数×100%。

数据来源：通过抽样调查获得。

2. 每万人公共文化设施数（图书馆、博物馆、科技馆、体育场馆等）

定义：评估对象地区每万人拥有的公共文化设施的数量。

意义：公共文化设施是终身学习的重要平台，本指标是反映评估对象地区社会文化与教育资源丰富程度的指标。

计算公式：每万人公共文化设施数＝（图书馆数＋博物馆数）/人口数。

数据来源：来自国家统计局《中国统计年鉴》中"全国公共图书馆基本情况"和"各地区博物馆基本情况"，为报表统计数据。

3. 网络普及率

定义：网络是信息传输、接收、共享的虚拟平台，通过它把各个点、面、体的信息联系到一起，从而实现信息资源的共享。它是人们进行信息交流的一个工具，同时也是人们获得信息和学习资源的重要手段。基于信息技术的网络通常是指"三网"，即电信网络、有线电视网络、计算机网络。网络普及率指评估对象地区通过计算机网络、手机网络和电视网络获取信息的人数占总人口的比例。

意义：网络正在成为人们获取信息及学习的重要或主要渠道，网络的普及对于建设学习型社会具有重要作用。网络普及率可以反映人们通过网络平台获取信息的程度。课题组希望能找到一个反映网络学习资源的指标，但目前尚无直接反映各地区网络学习资源的统计数据，因为网络普及程度可在一定意义上决定社会成员获取网络学习资源的可能性，所以采用了网络普及率作为替代指标。

计算公式：互联网普及率＝网民人数/总人口数×100%。

数据来源：来自"中国互联网络信息中心"的年度《中国互联网络发展状况统计报告》，其数据为抽样调查数据。

4. 每万人中职业技术培训机构教师数

定义：评估对象地区职业技术培训机构从事教学的专业教师（包括专任教师和兼职教师）占人口数的比例。

意义：反映职业培训资源，即培训人力资源发达程度。每万人口中从事职业培训的专业教师越多，表明职业培训资源越丰富。

计算公式：每万人中职业技术培训机构教师数＝职业技术培训机构专业教师数/每万人×100%。

数据来源：教育系统中的统计数据来自国家统计局和教育部发布的教育统计，人力资源与社会保障系统职业技术培训机构专任教师数来自国家统计局和人社系统的劳动统计。[1] 教育系统职业技术培训机构专任教师数来自《中国教育统计年鉴》中"各地区职业技术培训机构综合情况"专任教师人数和兼职教师人数；人社系统职业技术培训机构专任教师数来自《中国劳动统计年鉴》中"各地区就业训练中心培训机构综合情况"教师人数和兼职教师人数、"各地区民办职业培训机构综合情况"教师人数和兼职教师人数。

第三节　学习参与状况的相关指标

如前所述，学习型社会是实现了全民终身学习的社会，而反映全民终身学习参与程度的最重要的指标就是参与率。根据终身学习的基本理念，本课题组确定从正规教育、非正规教育和非正式学习三个维度来评估终身学习的参与状况。

一、正规教育参与率

定义：四级教育综合入学率指四级正规教育，即学前教育、义务教育、高中阶段教育和高等教育的参与状况。为了全面而又简便地反映各地正规教育整体的参与水平，本课题组采用了将学前教育、义务教育、高中阶段教育和高等教育人数相加求和来计

---

① 关于兼职培训教师数的计算，考虑每个兼职教师的工作量大体相当于专任教师工作量的三分之一，暂时按三个兼职教师折合一个专职教师计算.

算入学率。其计算方法是将学前教育（3～5岁）、义务教育（6～15岁）、高中阶段教育（16～18岁）和高等教育（18～22岁）的在校生人数相加求得的和作为分子，将3～22岁年龄段的总人数作为分母。

意义：反映正规教育即高度组织化的教育（主要是全日制教育，包括幼儿园、小学、初中、高中阶段教育和高等教育）的发展水平。正规教育是终身学习的重要基础，一般来说，一个人接受正规教育越充分，终身学习能力也就越强。衡量一个国家或地区教育的参与率，通常是用入学率作为评价依据。入学率分为毛入学率和净入学率两类，毛入学率是某级教育在校生（含超过该学段在学标准年龄的超龄学生）占该学段学龄人口总数的比例，净入学率分子中不包含超龄学生。2010年以来全国各级教育的毛入学率呈不同程度的增长趋势，表明我国正规教育的入学率持续增长，如表4－2所示。

表4－2　2010年以来全国各级教育毛入学率情况

单位:%

学段	2010年	2011年	2012年	2013年	2014年	2015年	2016年	2017年
学前教育	56.6	62.3	64.5	67.5	70.5	75.0	77.4	79.6
小学	104.6	104.2	104.3	104.4	103.8	99.88[*]	99.92[*]	99.91[*]
初中	100.1	100.1	102.1	104.1	103.5	104.0	104.0	103.5
高中	82.5	84.0	85.0	86.0	86.5	87.0	87.5	88.3
大学	26.5	26.9	30.0	34.5	37.5	40.0	42.7	45.7

注：自2015年起，教育部不再公布小学毛入学率，表中带"＊"号的数字为小学的净入学率。

计算公式：四级教育在校学生（幼儿园＋义务教育＋高中阶段＋高等学校）/3～22岁人口数×100%。

数据来源：四级教育在校学生数来自国家统计局和教育部发布的全国教育事业统计，各年龄段人口数来自国家统计局人口统计。

二、非正规教育参与率

定义：非正规教育指虽然没有正规教育那样强的组织和计划性，但仍有一定目的、组织和计划的教育活动。非正规教育参与率主要是指成人在一定时段内参与一定学时的非正规教育者所占比例。在国外，非正规教育主要指成人参与的短期培训等半组织化的学习活动，如经济合作与发展组织的教育监测指标中就有成人教育与培训参与率的统计。该统计指标口径是每年参与40学时以上有组织的教育或培训的成人所占比例，数据来自抽样调查。本研究将非正规教育作为面向社会成员进行的有组织、有计划的继续教育与培训活动，主要是面向从业人员的职业培训。由于我国尚没有对从业人员的继续教育与职业培训参与状况的全面统计，目前该指标相关统计数据只能通过抽样调查获得。

意义：反映正规学校教育之外的半组织化的教育与培训活动的参与状况，参与率越高说明人们参与非正规教育或学习越活跃。学习型社会的一个重要特征就是非正规教育同正规教育一样参与率比较高。

计算公式：非正规教育参与率＝过去一年参与过一定学时的非正规教育活动的人数/被调查人数×100%。

数据来源：通过抽样调查获得数据。

三、非正式学习参与率

非正式学习也称为无固定形式的学习，指人在生活和生产过程中自发性的学习活动，包括从业人员在工作场所中的学习活动，社会成员在生活当中随机发生的有目的、有意识的学习活动。在本研究中，我们选择用阅读率和上网学习比率两个指标作为非正式学习参与率的指标。

1. 上网学习的比率

定义：上网学习比率指在一定时间段内通过网络或开放课程等进行学习的人数占被调查人口总数的比率。

意义：近年来，随着现代信息技术的发展，越来越多的人通过互联网和移动电话网等进行自主学习，网络学习成为终身学习的一个重要途径。

计算公式：上网学习比率＝一定时间段内通过互联网或移动电话网、有限电视网进行学习的人数/被调查人口总数×100%。

数据来源：通过抽样调查获得数据。

2. 公民阅读率

定义：公民阅读率指在一定时间段内公民阅读一定数量书籍、报刊（包括数字化刊物）的人数占被调查人口总数的比率。上网学习比率指在一定时间段内通过网络或者网络课程、开放课程进行学习或获取信息的人数占被调查人口总数的比率。

计算公式：阅读率＝在一定时间段内公民阅读一定数量书籍、报刊的人数/被调查人口总数×100%。

指标功能：反映人们通过自主学习途径参与学习的状况，非正式教育参与率越高说明人们学习越活跃，学习型社会建设的程度越高。

适用范围：国内地区间比较。

选择理由：学习型社会的一个主要特征是人人皆学，非正规教育是学习型社会人们进行随时随地学习的主要途径及特征。学习型社会建设鼓励人们通过各种非正式途径进行自主学习。

数据来源：通过抽样调查的方式获得数据。

第四节 学习产出及效果的相关指标

学习的产出、效果是指终身学习对个人与社会发展的促进作用。本指标体系确定从以下三个维度来评价对象地区学习的产出与效果。一是对象地区人口素质状况，它可以反映出学习对个人文化素质的影响；二是对象地区的经济社会发展状况，它可以反映出学习对经济与社会可持续发展的影响；三是学习者对终身学习的满意度，它可以反映出人们对于各种学习机会、资源及其成效的看法。

一、人口素质

"人口素质"又称人口质量，人口在质的方面的规定性，包含思想素质、文化素质、身体素质等诸多方面。本指标主要考虑了人口的文化素质与身体素质。一般认为，一个国家或地区社会人口文化素质在根本上取决于其终身学习——学校教育与继续教育等的发展程度，它直接影响和制约着一个国家或地区的经济社会发展。人口文化素质是人口教育普及程度和文化素养水平的综合体现，本课题组选择了人均受教育年限及其性别差异、成人识字率等作为反映人口文化素质的指标。

1. 人均受教育年限

定义：人均受教育年限是反映教育产出的核心指标。根据有关统计，可获得 6 岁以上人口人均受教育年限、15 岁以上人口人均受教育年限、15 ~ 64 岁人口人均受教育年限和 25 ~ 64 岁人口人均受教育年限等数据。

意义：人均受教育程度能够反映一个国家或地区人的基本素质。一般来说，人均受教育年限越长，人的素质就越高。15 岁以上人口人均受教育年限国际上常作为反映某国教育发展和人力资源开发水平的关键指标。

计算公式：15 岁以上人口人均受教育年限 = 15 岁以上人口接受普通教育的年限总和/15 岁以上人口总数。

数据来源：国家统计局人口调查数据。

2. 人均受教育年限的性别差异

定义：人均受教育年限性别差异反映男女性公民之间平均接受正规教育年限的差距。

意义：能反映教育性别公平程度，属于逆向指标，其差异越小，反映男女性公民的受教育程度越接近，教育公平的程度越高。2010 年，我国 6 岁以上人均受教育年限为 8.80 年，比 2000 年提高了 1.24 年；其中男性人均受教育年限为 9.16 年，比 2000 年提高了 0.33 年，提升速度十分缓慢；女性人均受教育年限为 8.44 年，比 2000 年提高了1.45年；2010年男女受教育年限差距为0.72年，与2000年的差距为1.84年相比明显缩小。10年之间，受教育年限的性别差异指数从0.79提高到0.92，是中华人民共和国成立以来进步最快的时期。从实际年限分析，人均受教育年限男女差距超过全国平均水平的有15个省市自治区，低于全国平均水平的有16个省市自治区。其中安徽、西藏、贵州、甘肃、青海5省市自治区男女差距超过1年；北京、新疆、天津低于0.3年，其中北京最低，只有0.19年。

计算公式：女性人均受教育年限/男性人均受教育年限×100%。

数据来源：国家统计局人口调查和教育部人均受教育年限的数据。

3. 成人识字率

定义：成人识字率是指一个国家或地区15岁及以上人口中具备读写算基本能力的人口的比例。

意义：读写算能力被认为是终身学习的基础能力，成人识字率能反映一个国家或地区成年人文化素质的总体水平。识字率越高，表明成年人口的素质越高。在我国，在中华人民共和国成立以来的扫盲教育，特别是改革开放以来的"两个基本"的政策推动下，我国的成年人口的识字率水平不断提高，地区间成年识字率上的差距也逐渐缩小。

计算公式：成人识字率＝15岁以上人口识字人数/15岁以上人口总数×100%。

数据来源：国家统计局人口调查数据。

2010年全国各地区成年人口识字率如图4-2所示。

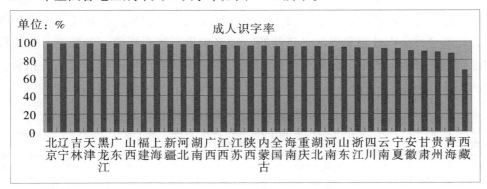

图4-2 2010年全国各地区成人识字率

4. 人均预期寿命

定义：人均预期寿命是根据婴儿和各年龄段人口死亡情况计算出的每个人平均可存活的年数。

意义：人均预期寿命能综合地反映一个国家或地区人的身体素质与生活质量的高低，一般来说，人的受教育程度、健康程度和生活质量等都对人的寿命有影响。世界银行报告表明，预期寿命与教育水平呈现正相关关系。社会经济条件、卫生医疗水平限制着人们的寿命。由于体质、遗传因素、生活条件等个人差异，各国各地区人均平均寿命长短相差悬殊。选择这一指标，可以考察教育与人均寿命之间的互动关系。

计算公式：人口的总成活年数/人口数。

数据来源：国家统计局。

二、经济社会发展

如本研究前面章节中所述，学习型社会是实现了全民终身学习的社会，是终身学习有效促进个人和经济社会发展的社会。联合国教科文组织认为，终身学习社会促进社会可持续发展的基本途径。作为反映学习型社会建设促进经济社会发展的指标，课题组曾参照国家统计局统计研究所研制的"全面建设小康社会监测指标"，尝试从经济发展、社会发展和生态发展等侧面多维度选择评价指标。课题组尝试过以下评价维度和指标：衡量经济发展的指标主要有人均 GDP（反映经济整体发展水平）、劳动生产率（反映教育和学习对生产效率的促进作用）、第三产业增加值占 GDP 的比例（反映社会产业进步程度）；衡量社会发展的主要指标包括恩格尔系数（反映社会消费水平）、失业率（反映教育和学习对促进就业的贡献）、消费支出城乡差异（反映学习对缩小城乡差距与促进社会公平的贡献）、每万人专利授权数（反映学习对社会创新能力的贡献）、民主法治指数（反映学习对促进民主法治的贡献）等；衡量生态环境建设的指标有单位 GDP 能耗（反映学习对提升能源利用效率的贡献）和生活垃圾无害化处理率（反映学习对保护环境的贡献）。

由于搜集样本地区同一年度的指标数据的难度大，课题组决定直接采用中国统计学会为监测全面小康社会发展水平研制的"地区发展与民生指数"的数据，作为反映对象地区经济社会发展水平的综合性指标取代经济、社会和生态建设的相关指标，该指数的评价如表 4-3 所示。

表 4-3　发展与民生指数评价指标体系

一级指标	二级指标	三级指标	单位	权重
经济发展（20.0）	经济增长	人均 GDP	元	3.0
		GDP 指数	上年 = 100	2.0
	结构优化	服务业增加值占 GDP 比重	%	3.0
		居民消费占 GDP 比重	%	3.0
		高技术产品产值占工业总产值比重	%	3.0
		城镇化率	%	3.0
	发展质量	全社会劳动生产率	元/人	3.0

（续表）

一级指标	二级指标	三级指标	单位	权重
民生改善 （26.0）	收入分配	城乡居民收入占 GDP 比重	%	3.0
		城乡居民收入比	农村 = 1	3.0
	生活质量	城镇居民人均可支配收入	元	2.5
		农村居民人均纯收入	元	2.5
		城乡居民家庭恩格尔系数	%	1.5
		人均住房使用面积	平方米	1.5
		城镇保障性住房新开工面积占住宅开发面积比重	%	0.5
		互联网普及率	%	1.5
		每万人拥有公共汽（电）车辆	标台	1.5
		平均预期寿命	岁	2.0
		农村自来水普及率	%	2.0
		每千人拥有社会服务床位数	张	2.0
	劳动就业	城镇登记失业率	%	2.5
社会发展 （21.0）	公共服务支出	人均基本公共服务支出	元	2.5
	区域协调	地区经济发展差异系数	—	2.5
	文化教育	文化产业增加值占 GDP 比重	%	2.5
		平均受教育年限	年	2.5
	卫生健康	5 岁以下儿童死亡率	‰	2.5
	社会保障	基本社会保险覆盖率	%	2.5
		农村最低生活保障救助标准占农村居民人均消费支出比例	%	1.5
		城镇最低生活保障救助标准占城镇居民人均消费支出比例	%	1.5
	社会安全	社会安全指数	%	3.0
生态建设 （20.0）	资源消耗	单位 GDP 能耗	吨标准煤/万元	3.0
		单位 GDP 水耗	吨/万元	3.0
		单位 GDP 建设用地占用	亩/万元	3.0
	环境治理	环境污染治理投资占 GDP 比重	%	2.0
		工业"三废"处理达标率	%	2.0
		城市生活垃圾无害化处理率	%	2.0
		城镇生活污水处理率	%	2.0
		环境质量指数	%	3.0

（续表）

一级指标	二级指标	三级指标	单位	权重
科技创新 （13.0）	科技投入	万人研究与试验发展（R&D）人员全时当量	人年	3.5
		R&D 经费支出占 GDP 比重	%	3.5
	科技产出	高技术产品出口占总出口比例	%	3.0
		万人专利授权数	件	3.0
公众评价	公众满意	人民群众对发展与民生改善的满意度		

注：①人均 GDP、城镇居民人均可支配收入、农村居民人均纯收入、单位 GDP 能耗、单位 GDP 水耗、单位 GDP 建设用地占用地均按 2000 年价格计算。②公众评价暂未开展。

发展与民生指数

定义：发展与民生指数是反映某地区经济社会和民生发展水平的综合指标，由经济发展、民生改善、社会发展、生态建设、科技创新、公众评价 6 个维度的 42 项指标综合而成。

意义：能全面反映某地区的经济社会发展的整体状况。

数据来源：国家统计局统计研究所。

三、公众评价

终身学习公众满意度

定义：学习者对终身学习制度、资源、服务等做出的综合性主观评价。

意义：能反映社会公众对终身学习的总体评价。建设学习型社会、推进终身学习的根本目的是满足群众的学习需求，学习者的终身学习多大程度上得到满足、人们对终身学习的满意度是衡量学习社会进展的重要指标。

数据来源：通过抽样调查方式获得数据。

第五节　指标数据的标准化与指数化

在学习型社会指标体系中，各项指标的量纲大多是不同的，不可直接相加和对比。指标标准化处理的意义在于将不可直接相加的指标原始数据转化为消除量纲因素、可以相加的标准化指数。

一、数据目标值与标准化

设定最小值和最大值（数据范围）以将指标转变为从 0 到 1 的数值。最大值的设置按照以下原则：

（1）如果在国家经济社会发展或教育发展规划中明确规定了数量目标的，则取目标值为最大值，这样，即使有些省市（如上海）在某些指标上已经达到目标值，那么最高分值也只能设置为1，而不能大于1；

（2）如果有关政策没有规定明确的目标，则取评价样本地区观测值中的最大值（正向指标）或最小值（逆向指标）为目标值；

（3）那些本身就是百分率的指标，其目标值为100分，由专家打分的指标目标值也是100分。

定义了最大值和最小值之后，单个正向指标的标准化方法为：

$$指标指数化分值 z_i = \frac{实际值\ x_i}{最大值}$$

单个逆向指标的标准化方法为：

$$指标指数化分值 z_i = \frac{最小值}{实际值\ x_i}$$

二、主观性指标的赋值

主观性指标是指基于评价者的主观判断进行赋值的指标。在本指标体系中，主观性指标有三级指标中的终身学习"法制""管理体制""制度机制"和"规划"4个三级指标以及终身学习"满意度"。除终身学习的"满意度"依据学习者个人的主观判断获得数据外，其他几项指标都是通过专家评分获取数据。专家评分是由课题组邀请的全国熟悉学习型社会建设情况的专家学者完成的。课题组邀请的专家根据课题组确定的评分标准（如表4-4所示）和各地情况给出分数（百分制），然后取各位专家评分的平均值作为该项指标的得分值。

表4-4　学习型社会"制度"建设评分标准

指标及其内涵	分数最大值	评分等级及对应分数值				
		优（21～25分）	良（16～20分）	中（11～15分）	较差（6～10分）	很差（1～5分）
法治（终身学习、继续教育相关法律的立法与执行情况等）	25	已制定专门法律法规，执法状况良好	已制定专门法律法规，执法状况较好	正在制定专门法律法规，法治环境一般	尚未启动专门立法，法治环境较差	尚未启动专门法律法规，法治环境很差

（续表）

指标及其内涵	分数最大值	评分等级及对应分数值				
		优（21～25分）	良（16～20分）	中（11～15分）	较差（6～10分）	很差（1～5分）
管理体制（政府的统筹协调作用发挥状况等）	25	形成有效的领导协调体制，统筹协调很好	形成领导协调体制，统筹协调较好	正在建立领导协调体制，统筹协调一般	未形成领导协调体制，统筹协调较差	未形成领导协调体制，统筹协调很差
制度机制（终身学习激励和评价机制等）	25	已建立相应机制且作用很大	已建立相应机制且作用较大	正在建立相应机制，作用一般	未建立相应机制，作用较小	正在建立相应机制，作用很小
规划（学习型社会及终身学习发展规划的制定及落实情况）	25	已有专门规划且执行良好	已有专门规划且执行较好	已有专门规划执行一般	虽有专门规划执行较差	没有专门规划，相关规划落实很差
总计	100					

三、学习型社会发展指数的计算

为了更加直观地反映学习型社会的进展及其成效，课题组借鉴联合国开发计划署（UNDP）发布的"人类发展指数"（Human Development Index，HDI）及国内的"发展与民生指数"等，提出将各项指标汇总形成"学习型社会发展指数"。

该指数的计算方法是将各项指标指数乘以相应权重，然后将所有指标指数相加，就可以得到学习型社会发展指数。

学习型社会发展指数以百分制呈现，最小值为0分，最大值为100分。

学习型社会发展指数的计算公式如下：

$$F = \sum_{i=1}^{23} w_i z_i$$

其中 F 为总目标实现程度，z_i 为指标 x_i 的标准化分值，x_i 为实际值，w_i 为指标 x_i 的权重，计算时需要将百分数转换成小数。

通过各个地区学习型社会发展指数的实际得分不仅可以综合地判断该地区学习型社会建设的进展程度，而且可以据此对不同地区的得分进行比较和排序。

第五章　城乡居民学习状况调查与分析

为了全面了解各地学习型社会的进展，了解我国居民的终身学习状况，验证相关指标并获得相应数据，课题组于 2012 年进行了城乡居民学习现状的调查，调查分为访谈和抽样问卷调查。抽样问卷调查主要目的是了解居民终身学习状况，以对目前终身学习状况、需求及其影响因素进行分析。

调查是在全国 7 个样本省市进行，这些样本省市是按照地理和经济发展水平，兼顾东、中、西部的分布选取的，它们是上海市、福建省、广东省、河南省、湖北省、四川省、甘肃省。在 7 个省市里共抽取 44 个区（县）、居民样本 34 465 个，其中城市户籍居民占 60%，农村户籍居民占 40%。

第一节　居民个人学习现状

一、学习资源平台建设

良好的学习资源平台是构建学习型社会的重要资源，也是学习型社会形成的基础条件。在本调查中，课题组主要考察了居民家庭学习资源和所在社区公共学习资源的普及情况。

1. 居民家庭学习资源条件

（1）各地居民普遍拥有一定的家庭学习资源，但不同区域有一定差距，东部地区显著高于中西部地区，尤其在电脑、报刊资源方面。

调查数据表明，总体来看，调查地区居民普遍都拥有一定的家庭学习资源，说明居民有一定学习方面的认识，有主动参与学习的意识和需求。从各种学习资源看，电视机、录像机（光盘播放机）和电脑（包括手提电脑、平板电脑等）资源拥有比例相对较高，收音机（录音机）、图书、报刊（订阅）资源拥有比例较低。分区域看，东部地区居民拥有各种家庭学习资源比例较高，其中上海市、福建省各方面学习资源都比较丰富，西部地区整体较低，尤其是在电脑、图书、报刊资源方面。居民家庭拥有各种物质学习资源的比例如表 5 - 1 和图 5 - 1 所示。

表 5-1 居民家庭拥有各种物质学习资源的比例

单位:%

地区	收音机	电视机	录像机	电脑	报刊	图书
福建	62.05	98.21	73.22	87.12	58.86	67.04
甘肃	68.47	98.54	74.71	63.17	49.67	76.02
广东	63.11	93.35	73.34	76.99	53.27	67.33
河南	57.74	97.64	59.57	77.44	48.47	68.23
湖北	56.89	97.40	65.95	71.68	48.52	69.18
上海	75.62	98.82	76.13	89.59	70.39	74.56
四川	40.15	98.38	64.21	77.07	48.29	55.98
总计	62.95	97.72	71.02	76.46	54.34	69.93

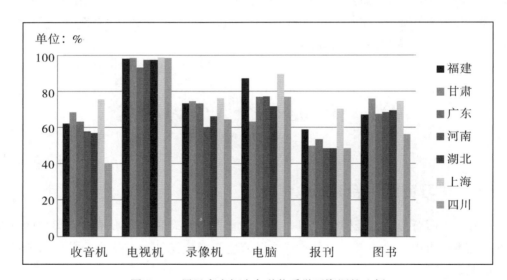

图 5-1 居民家庭拥有各种物质学习资源的比例

（2）城乡居民家庭学习资源差距显著，尤其是在电脑、报刊和图书方面，城市居民远远高于农村居民。

城乡居民拥有电脑比例有差异，城市显著高于农村。福建、甘肃、广东、河南、湖北、上海、四川城乡拥有电脑比例差距分别为 12.90%、51.29%、26.35%、26.72%、24.14%、18.13%和24.27%。其中，甘肃差距异常大，7 省市总体城乡居民分别为 88.60%、56.40%，差距为 32.20%。

福建、甘肃、广东、河南、湖北、上海、四川城乡拥有订阅报刊比例差距分别为 28.68%、41.71%、34.19%、23.76%、24.30%、38.39%和28.63%，城乡间差距均较大，7 省市总体城乡居民分别为 67.40%、32.50%，差距为 34.90%。

福建、甘肃、广东、河南、湖北、上海、四川城乡拥有图书比例差距分别为

17.32%、30.46%、30.35%、25.64%、13.31%、32.02%和23.88%。上海城乡间差距最大，调查数据还表明，在上海农村人口中，本地居民占70.07%，外省占到29.83%。进一步发现上海差距主要体现在奉贤区的城乡差距，而且奉贤的农村户籍人口都是当地居民，并不是在企业打工的外地户籍人口。但上海农村居民家庭学习资源与其他地区农村居民相比，仍然较高。7省市总体城乡居民分别为79.40%、54.80%，差距为24.60%。

城乡居民拥有收音机/录音机、电视机、录像机等学习资源差异不大。可能是这些资源主要与居民生活娱乐相关，而与学习相关性较低的缘故。调查省市居民家庭分城乡拥有电脑、报刊、图书的比例分别如图5-2、图5-3、图5-4所示。

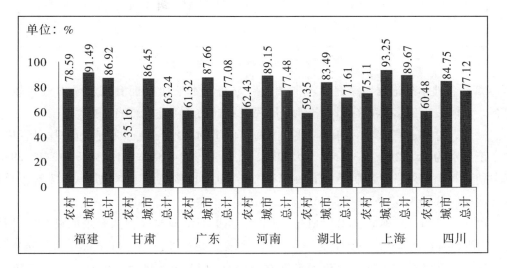

图5-2 居民家庭分城乡拥有电脑的比例

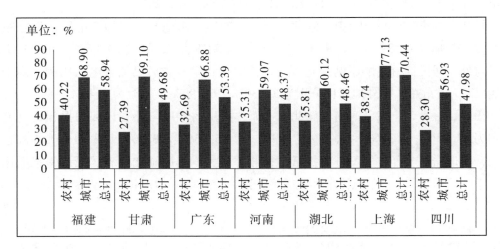

图5-3 居民家庭分城乡拥有报刊的比例

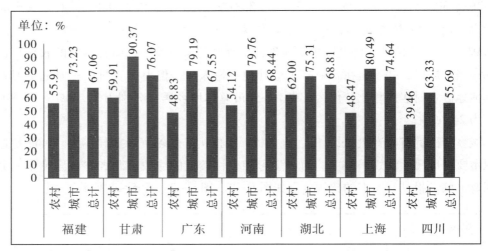

图 5 - 4   分城乡拥有图书的比例①

（3）各地本外地居民家庭学习资源差距显著，本地居民拥有家庭学习资源较多，但有些资源表现出多样化特征，各地区居民有不同的学习途径或者偏好。

福建、甘肃、广东、河南、湖北、上海、四川的本地与外省拥有收音机/录音机比例差距分别为 15.62%、13.15%、0.02%、7.19%、－4.55%、13.36% 和 －12.29%。其中湖北和四川外省户籍居民拥有收音机/录音机的比例要高于本地居民。7 省市总体本外地居民分别为 63.60%、57.50%，差距为 6.10%。

福建、甘肃、广东、河南、湖北、上海、四川的本地与外省拥有录像机/光盘播放机比例差距分别为 14.31%、4.10%、13.20%、7.70%、1.63%、11.26% 和 －5.06%。其中在四川外省户籍居民拥有录像机/光盘播放机的比例高于本地居民。7 省市总体本外地居民分别为 71.80%、64.60%，差距为 7.20%。

福建、甘肃、广东、河南、湖北、上海、四川的本地与外省拥有电脑比例差距分别为 20.27%、－7.89%、22.90%、7.20%、8.56%、14.70% 和 4.86%。在福建本地居民与外省居民拥有电脑比例相差较大，其中在甘肃外省居民拥有电脑比例要高于本地居民。7 省市总体本外地居民分别为 77.30%、68.90%，差距为 8.40%。

福建、甘肃、广东、河南、湖北、上海、四川的本地与外省订阅的报刊比例差距分别为 32.05%、4.32%、19.79%、8.19%、－5.13%、28.60% 和 3.71%。在福建和四川，本地居民与外省居民订阅报纸比例相差较大，其中湖北外省居民订阅报纸比例要高于本地居民。7 省市总体本外地居民分别为 55.80%、41.40%，差距为 14.40%。

---

① 如图 5 - 4 显示，甘肃地区居民家庭拥有图书的比例比较高，这可能与甘肃特殊的抽样方式有关．其他 6 个省市在选取调查居民时都是以先选择社区，然后选择居民的方式进行．而甘肃则是通过先抽取样本学校，然后选择学生样本，并请学生家长填写问卷的方式进行．因此，甘肃在样本选择中可能会存在无意中选择文化程度较高或者注重教育学习的样本家庭，最终形成甘肃居民家庭会有较高比例的家庭拥有图书等文化教育资源．如果做进一步的因素分析，需要对样本中城乡户籍居民加权处理，否则会影响分析结果的准确性和客观性．

福建、甘肃、广东、河南、湖北、上海、四川的本地与外省拥有图书比例差距分别为 14.50%、2.17%、25.94%、10.68%、-4.85%、6.72% 和 -7.04%。除了广东省本地居民与外省居民拥有图书比例相差较大外，其他各省差异并不大，其中湖北和四川外省居民拥有图书比例要高于本地居民。7 省市总体本外地居民分别为 70.80%、61.70%，差距为 9.10%。

本地居民和外省居民拥有电视机学习资源差异不大。调查省市分户口所在地拥有收音机/录音机、录像机/光盘播放机、电脑、报刊、图书的比例分别如图 5-5、图 5-6、图 5-7、图 5-8、图 5-9 所示。

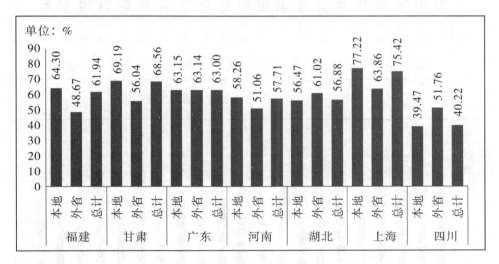

图 5-5　分户口所在地拥有收音机/录音机的比例

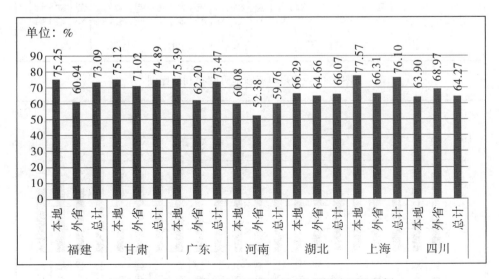

图 5-6　分户口所在地拥有录像机/光盘播放机的比例

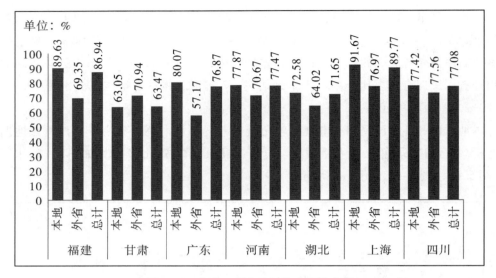

图 5 - 7 分户口所在地拥有电脑的比例

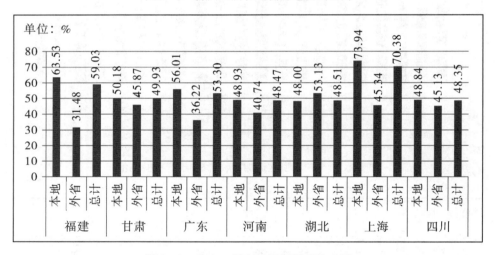

图 5 - 8 分户口所在地订阅报刊的比例

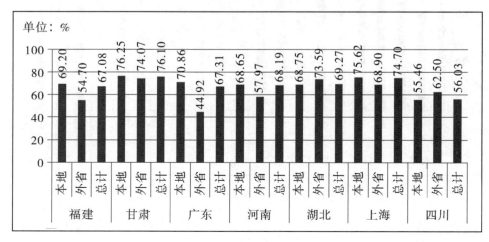

图 5 - 9 分户口所在地拥有图书的比例

（4）各地居民家里普遍能够上网，但区域差距大，西部地区、农村地区和外地居民上网率相对较低；电脑上网率高于手机上网率，且城市和年轻居民使用手机上网比例较高，性别差异不大。

总体来看，各地居民普遍可以在家上网，但家里能够上网率要高于手机上网率。福建、甘肃、广东、河南、湖北、上海、四川本地居民和外省居民家里能够上网比例差距分别为19.68%、−3.59%、20.29%、−2.99%、9.82%、12.04%和1.98%。广东、福建城市居民上网率高于农村居民，甘肃和河南本地居民家里能够上网比例要低于外省居民。7省市总体为66.60%，分本外地居民分别为67.10%、61.70%，差距为5.40%；分城乡居民分别为79.30%、46.90%，差距为32.40%。调查省市居民个人手机和家里能够上网率、分户口所在地家里能够上网率、分年龄家里能够上网率分别如图5−10、图5−11、图5−12所示。

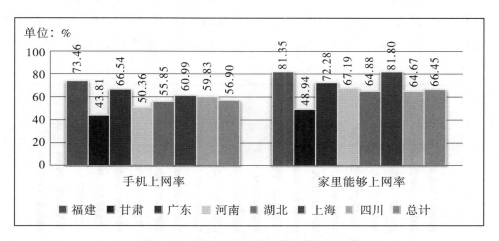

图5−10　居民个人手机和家里能够上网率

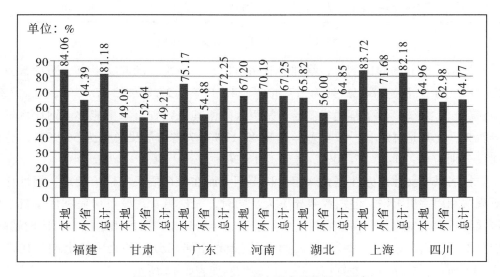

图5−11　居民分户口所在地家里能够上网率

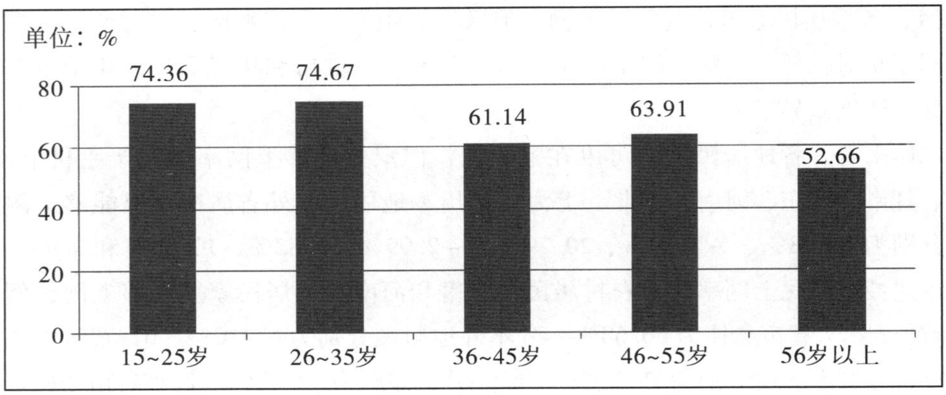

单位：%

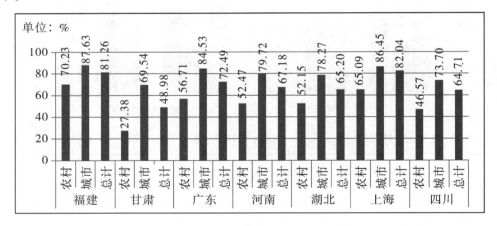

图 5 - 12　居民分年龄家里能够上网率

26～35 岁家里能够上网比例最高，56 岁以上家里能够上网比例最低。

在新媒体时代，手机成为居民生活中的重要组成部分。调查数据显示，各地居民普遍都拥有手机，且城乡差异不大，调查省市居民分城乡家里能够上网率如图 5 - 13 所示。

单位：%

图 5 - 13　居民分城乡家里能够上网率

从使用手机上网的比例看，福建、甘肃、广东、河南、湖北、上海、四川城乡家里能够上网比例差距分别为 17.40%、42.17%、27.82%、27.25%、26.12%、21.35% 和 27.13%。除了福建省差异不是很大外，其他各省市家里能够上网比例城乡差异较大，尤其是甘肃省，城乡差异达到 42.17%。7 省市居民总体为 56.90%，分城乡居民分别为 62.70%、47.50%，差距为 15.20%。

农村居民中女性比男性更喜欢用手机上网，而在城市居民中恰恰相反，男性比女性更喜欢利用手机上网，但二者差异不大。同时，无论男女，城乡居民利用手机上网比例差异较大，城市显著高于农村。从年龄看，年龄越小，居民用手机上网比例越高，反映了不同年龄阶段学习手段的差异性。调查省市居民分年龄用手机上网的比例如图 5 - 14 所示，分城乡、性别用手机上网的比例如表 5 - 2 所示。

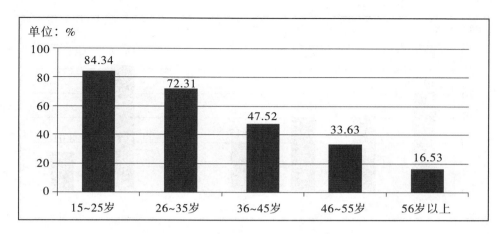

图 5 - 14 居民分年龄用手机上网的比例

表 5 - 2 居民分城乡、性别用手机上网的比例

单位:%

手机上网率		
性别	男	女
农村居民	45.70	49.77
城市居民	64.24	61.41

2. 居民公共学习资源条件

（1）各地居民公共学习资源提供不是很充分；各种资源中借阅图书、参加讲座培训、去公共博物馆和上网学习条件等资源相对充足或者运用相对充分；分区域东部地区居民公共学习资源条件比较充足，中西部较为欠缺。

总体来看，各地居民能够充分获得的公共学习资源或者渠道不多。

从各种公共学习资源的总体水平比较看，居民借阅图书、参加讲座培训、去公共博物馆和上网学习条件等公共资源相对充足，而利用学校教育资源相对较为欠缺。同时高等教育资源较为丰富的地区，居民利用高等教育资源的学习条件比例高，而高等教育资源相对欠缺的地区，居民更多地利用中小学学习资源。

分地区看，东部地区居民公共学习资源相对充足，中西部地区较为欠缺。从方便借阅读书看，上海、福建、广东、湖北比较高，其他地区较为欠缺；从参加讲座或培训看，上海比较便利，其他地区相对较差；从公共图书馆、展览馆、博物馆参观学习的资源条件看，上海、广东、福建较为充足；从中小学学习资源的利用看，中西部地区运用较为充分，但四川、甘肃较低；从大学教育资源的利用看，整体利用水平低，但相对来看，上海、福建、广东、湖北利用较为充足（与高等教育资源有一定的关系）；从是否有上网学习条件看，整体水平都达到一定的普及程度，甘肃、湖北相对较低。调查省市居民拥有学习条件如图 5 - 15 所示，其各种学习条件差异如表 5 - 3 所示。

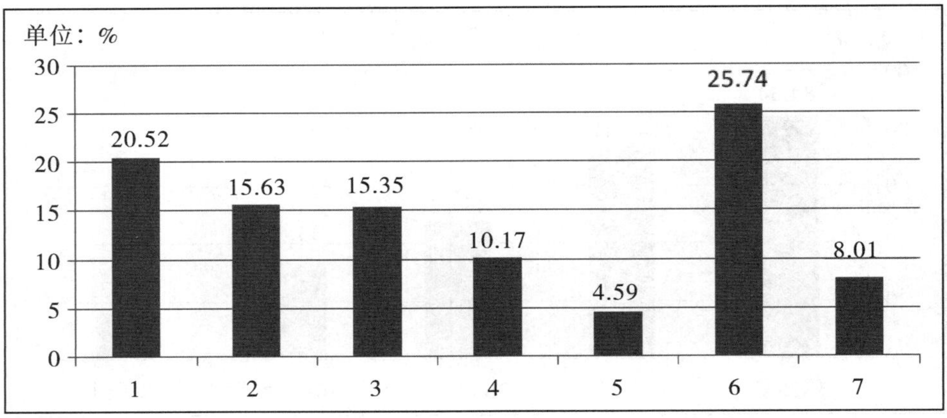

图 5 – 15　居民拥有学习条件

注：1 = 方便地借阅图书；2 = 有机会参加讲座或培训；3 = 有机会去公共图书馆、展览馆、博物馆等场所；4 = 利用中小学的学习资源；5 = 利用大学教育资源；6 = 有条件上网学习；7 = 以上学习条件都没有

表 5 – 3　居民拥有各种学习条件差异

单位:%

省市	1	2	3	4	5	6	7
福建	41.8	32.4	30.3	13.9	12.6	50.8	11.0
甘肃	36.6	22.5	26.1	25.2	4.3	45.2	20.8
广东	42.1	25.8	39.3	28.9	13.7	54.3	14.5
河南	32.6	28.3	24.1	22.2	5.4	50.5	17.6
湖北	41.4	25.1	25.9	24.5	12.1	42.4	15.4
上海	45.8	47.4	36.7	8.7	10.3	55.3	6.2
四川	37.1	30.4	24.9	12.5	8.9	47.8	18.3

注：1 = 方便地借阅图书；2 = 有机会参加讲座或培训；3 = 有机会去公共图书馆、展览馆、博物馆等场所；4 = 利用中小学的学习资源；5 = 利用大学教育资源；6 = 有条件上网学习；7 = 以上学习条件都没有

（2）各地城市居民能够获得的各种公共学习资源相对较多，农村户籍居民各种学习条件都没有的比例较高；东部城市地区更多可以利用大学教育资源，中西部和农村地区更多利用中小学教育资源。

分城乡居民看，各地城市居民能够比较方便地借阅图书、更有机会参加讲座或培训、更有机会去公共图书馆、展览馆、博物馆等场所、利用大学教育资源、更有条件上网学习等。另外，与高等教育资源的分布相关，农村居民更多利用中小学学习资源，城市居民更多利用大学学习资源。调查省市居民分城乡户籍拥有学习条件比较如图 5 – 16 所示。

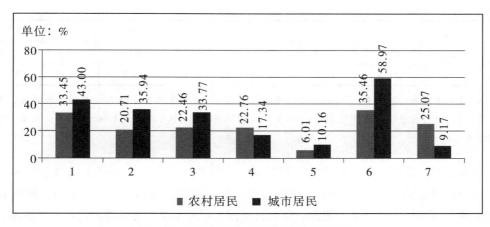

图5-16 居民分城乡户籍拥有学习条件比较

注：1＝方便地借阅图书；2＝有机会参加讲座或培训；3＝有机会去公共图书馆、展览馆、博物馆等场所；4＝利用中小学的学习资源；5＝利用大学教育资源；6＝有条件上网学习；7＝以上学习条件都没有

从分地区分城乡看，甘肃、广东、四川城乡差距大，城市居民更能够方便地借阅图书、更有机会参加培训、更有机会参观博物馆等学习场所。福建、上海、四川城乡差距较小。河南虽然城乡差异小，但总体上水平较低，是在低水平上的一种均衡。但河南总体水平高于甘肃，甘肃农村居民拥有各种学习条件显著低于河南。调查省市居民分城乡拥有各种学习条件差异如表5-4所示。

表5-4 居民分城乡拥有各种学习条件差异

单位:%

省市	城乡	1	2	3	4	5	6	7
福建	城市	43.2	35.7	31.2	12.5	13.1	53.9	8.4
	农村	39.7	26.3	29.2	16.7	11.4	46.8	16.0
甘肃	城市	43.5	31.8	32.8	21.3	5.6	65.3	9.7
	农村	29.1	12.4	18.7	29.3	2.7	23.6	32.9
广东	城市	46.1	31.1	46.7	33.8	14.6	64.9	8.4
	农村	34.4	15.5	26.8	22.6	8.6	40.3	24.2
河南	城市	32.9	30.0	28.8	21.9	6.0	60.9	11.7
	农村	32.1	26.6	19.1	23.4	4.8	39.7	24.5
湖北	城市	46.0	27.8	31.9	23.1	16.9	52.7	10.8
	农村	37.8	23.1	19.5	25.7	7.4	33.9	19.6
上海	城市	47.2	50.0	38.3	7.1	11.4	58.7	4.4
	农村	41.0	38.7	32.0	13.5	5.9	45.0	12.7

（续表）

省市	城乡	1	2	3	4	5	6	7
四川	城市	40.0	34.8	26.4	11.8	9.7	50.9	13.8
	农村	30.5	22.1	21.6	12.9	7.5	42.5	27.5

注：1=方便地借阅图书；2=有机会参加讲座或培训；3=有机会去公共图书馆、展览馆、博物馆等场所；4=利用中小学的学习资源；5=利用大学教育资源；6=有条件上网学习；7=以上学习条件都没有

从各地城乡居民利用中小学学习资源看，广东城乡差异大，城市远远高于农村，即广东城市居民能够更多地利用中小学校资源。但在福建、甘肃、湖北、上海、四川农村居民却更多地利用中小学学习资源，即农村居民利用中小学学习资源的比例高于城市。

从各地城乡居民利用大学学习资源看，上海、湖北、广东城乡差异大，城市高于农村，福建、甘肃、河南、四川差异小。可以看出，差异大的省市多为高等教育资源丰富的城市，而这些资源集中在城市地区，这种学习资源的利用方式也反映了一种实际状况。

从各地城乡居民有上网学习条件看，甘肃、广东、河南城乡差异大，城市高于农村。福建、四川差异小，湖北、上海居中。

从各地城乡居民各种学习条件都没有的比例看，甘肃、广东、河南城乡差异大，农村高于城市。但总体上看，农村户籍居民各种学习条件都没有的比例较高。

（3）本地户籍居民和外省居民享有公共学习资源差距不大，但各地本地居民和外省居民在公共学习资源的获取方面还存在一定的差距。

总体上，分本地和外省户籍居民看，无论是方便地借阅图书，有机会参加讲座或培训，有机会去公共图书馆、展览馆、博物馆等场所，利用中小学的学习资源，利用大学教育资源还是有条件上网学习的比例差异不大。调查省市居民分户口所在地拥有学习条件如图5－17所示。

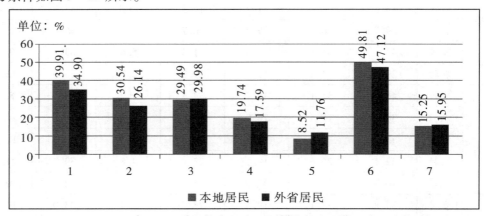

图5－17　居民分户口所在地拥有学习条件

注：1=方便地借阅图书；2=有机会参加讲座或培训；3=有机会去公共图书馆、展览馆、博物馆等场所；4=利用中小学的学习资源；5=利用大学教育资源；6=有条件上网学习；7=以上学习条件都没有

分地区看，各地本地居民和外省居民在公共学习资源的获取上还存在一定的差距。总体上，在方便借阅图书、有机会参加讲座和培训方面，本地户籍居民获取的机会比例比较高。还有一个比较显著的特点就是中西部（尤其是四川、湖北）外地居民能够获取的公共学习资源机会却高于本地居民，这可能是由于本地居民利用公共学习资源的认识还不够强，而外省户籍居民文化程度较高，对利用公共学习资源有一定的认识，这也说明，居民自身的学习意识和态度对构建学习型社会的重要性。调查省市本地户籍居民和外省户籍居民拥有学习条件差距如图 5-18 所示。

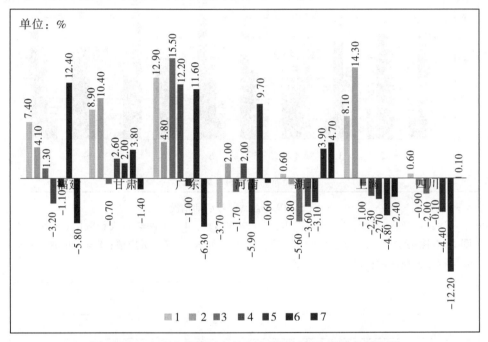

图 5-18　本地户籍居民和外省户籍居民拥有学习条件差距

　　注：1 = 方便地借阅图书；2 = 有机会参加讲座或培训；3 = 有机会去公共图书馆、展览馆、博物馆等场所；4 = 利用中小学的学习资源；5 = 利用大学教育资源；6 = 有条件上网学习；7 = 以上学习条件都没有

二、居民学习参与度

　　居民学习参与是学习型社会建设的重要内容，以形成人人学习、处处可学、时时可学的良好学习氛围和环境。为了了解目前各地居民学习的实际情况，课题组主要考察了居民阅读报纸，阅读杂志，阅读书籍，听广播，参与社会公益，上网学习或获取信息，看电视，去图书馆/图书室学习，去博物馆、展览馆等场所学习的活动情况。居民学习参与的内容非常丰富，本调查所反映只是其中的一些方面。

　　1. 居民各种途径学习现状

　　（1）各地居民参加学习的频率普遍偏低，且区域间有一定差距，东部地区显著高于中西部地区，尤其在阅读报纸、杂志和上网学习方面。

　　调查数据表明，总体看，各地居民经常参加各种学习的频率比较低。从各种学习途径看，阅读报纸、阅读杂志、阅读书籍、上网学习的频率较高，其次是去图书馆学习、参与社会公益活动，通过参观博物馆、展览馆学习和参加讲座学习的频率最低。

分区域看，东部地区居民经常参加各种学习活动的频率较高，其中上海、福建比较突出，其次是广东、湖北，其他地区居民参加各种学习活动的频率较低。调查省市居民学习活动情况、各地居民经常参加各种学习活动比例分别如图5－19、图5－20所示。

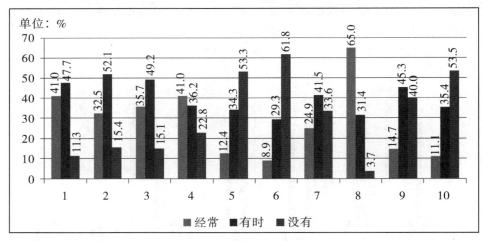

图5－19　居民学习活动情况

注：1＝阅读报纸；2＝阅读杂志；3＝阅读书籍；4＝上网学习或获取信息；5＝去图书馆/图书室学习；6＝去博物馆、展览馆等场所学习；7＝听广播；8＝看电视；9＝参与社会公益活动；10＝参加讲座

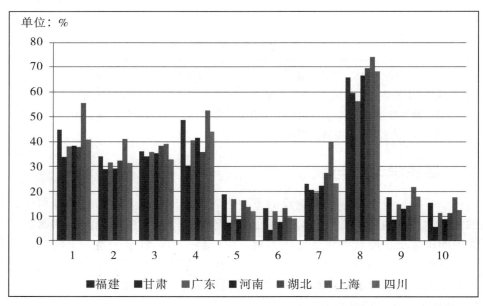

图5－20　各地居民经常参加各种学习活动比例

注：1＝阅读报纸；2＝阅读杂志；3＝阅读书籍；4＝上网学习或获取信息；5＝去图书馆/图书室学习；6＝去博物馆、展览馆等场所学习；7＝听广播；8＝看电视；9＝参与社会公益活动；10＝参加讲座

（2）城乡居民参加各种学习活动的频率差距显著，尤其是在阅读报纸、阅读杂志、阅读书籍和上网学习方面，城市居民显著高于农村居民。

分城乡看，经常通过阅读报纸，阅读杂志，阅读书籍，上网学习或获取信息，去图书馆/图书室学习，去博物馆、展览馆等场所学习，听广播，看电视，参与社会公益活动，参加讲座进行学习的居民比例城乡差异分别为 24.39%、21.65%、18.49%、25.32%、5.14%、3.51%、7.20%、6.22%、7.78%、6.81%。阅读报纸、阅读杂志、阅读书籍、上网学习的城乡居民差距最为突出。调查省市居民分城乡经常参加各种学习活动比例如图 5 – 21 所示。

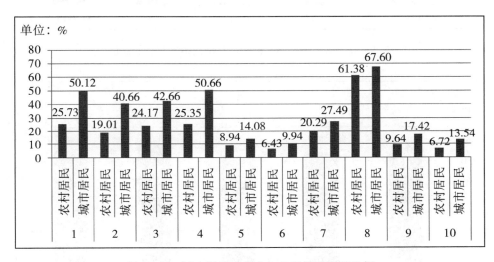

图 5 – 21　城乡居民经常参加各种学习活动比例

注：1 = 阅读报纸；2 = 阅读杂志；3 = 阅读书籍；4 = 上网学习或获取信息；5 = 去图书馆/图书室学习；6 = 去博物馆、展览馆等场所学习；7 = 听广播；8 = 看电视；9 = 参与社会公益活动；10 = 参加讲座

（3）不同年龄阶段居民呈现出不同的学习途径偏好，年轻居民更喜欢通过网络、图书馆学习，年老居民更喜欢通过讲座、公益活动、报纸和电视学习。

分不同年龄阶段看，在业余时间，45 岁以上居民经常阅读报纸的比例最高，达到50% 以上；15 ~ 35 岁年龄段居民比较偏好通过网络学习或者获取信息，比例达到49%以上；35 岁以下居民去图书馆比例稍高；55 岁以上居民经常参加讲座、参与社会公益活动和经常看电视较多，比例分别达到 20%、21% 和 74% 以上；经常阅读杂志、经常阅读书籍、经常参观博物馆比例各年龄段差距不大。调查省市居民分不同年龄段通过各种学习途径学习的比例分别如图 5 – 22 至图 5 – 31 所示。

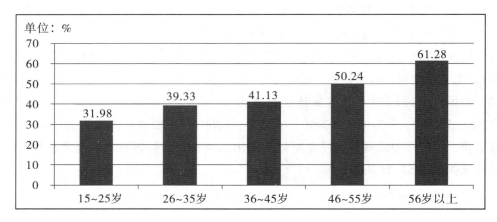

图 5 – 22　居民分不同年龄段经常阅读报纸学习的比例

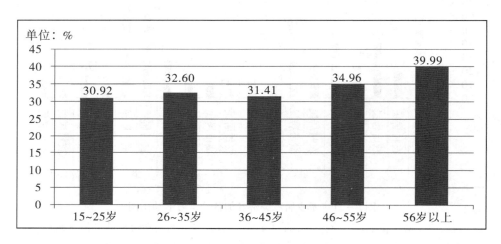

图 5 – 23　居民分不同年龄段经常阅读杂志学习的比例

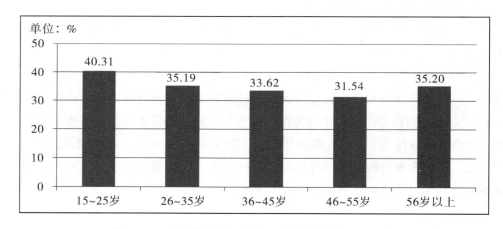

图 5 – 24　居民分不同年龄段经常阅读书籍学习的比例

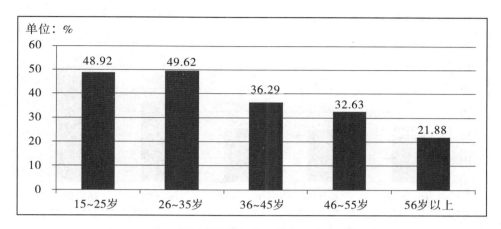

图 5 – 25　居民分不同年龄段经常上网学习的比例

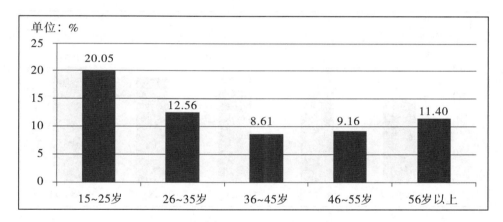

图 5 – 26　居民分不同年龄段经常去图书馆学习的比例

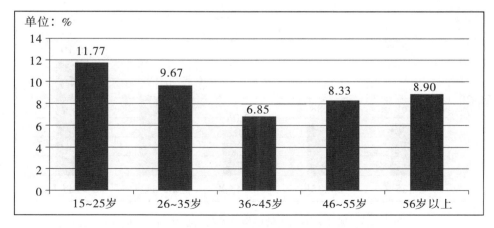

图 5 – 27　居民分不同年龄段经常去博物馆学习的比例

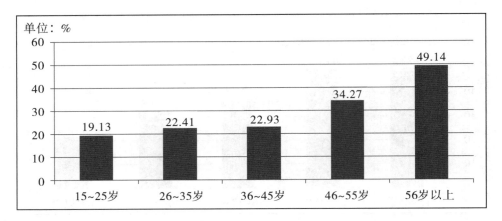

图 5 - 28　居民分不同年龄段经常听广播学习的比例

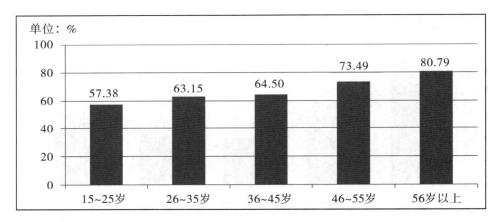

图 5 - 29　居民分不同年龄段经常看电视学习的比例

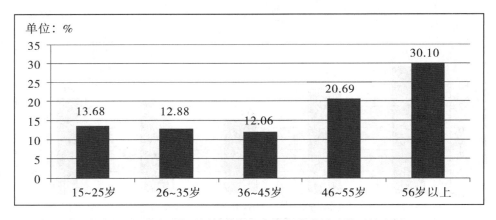

图 5 - 30　居民分不同年龄段经常参与公益活动学习的比例

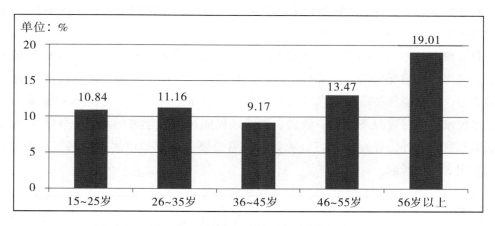

图5-31 居民分不同年龄段经常通过参加讲座学习的比例

（4）本外地居民参加各种学习活动频率有差异，本地居民显著高于外地居民。

分本外地居民看，本地居民参加阅读报纸、阅读杂志、阅读书籍、上网学习或获取信息、参与社会公益活动、参加讲座的频率都比较高，去图书馆/图书室学习，去博物馆、展览馆等场所学习的差距不大，外地户籍居民稍高于本地户籍居民。调查居民分本外地经常参加各种学习活动比例如图5-32所示。

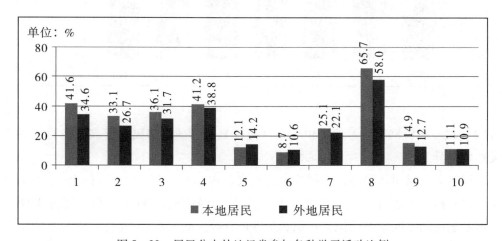

图5-32 居民分本外地经常参加各种学习活动比例

注：1=阅读报纸；2=阅读杂志；3=阅读书籍；4=上网学习或获取信息；5=去图书馆/图书室学习；6=去博物馆、展览馆等场所学习；7=听广播；8=看电视；9=参与社会公益活动；10=参加讲座

2. 居民上网学习现状

在新媒体时代，网络学习成为居民学习生活的重要途径。为此，本调查专门分析研究了7个省市居民的网络学习情况。

（1）各地居民通过网络学习的意识和条件较为欠缺，东部地区居民通过网络学习的比例较高，中部地区居中，西部地区较为欠缺。

调查数据表明，调查居民中经常通过网络学习的整体比例不高，约占34%，有时上网占42%，不上网比例占25%。

分区域看，上海、福建居民经常上网比例较高，广东、湖北、河南有时上网比例较高，四川各种情况相当，甘肃不上网比例最高。可以说，东部地区居民更喜欢通过网络学习，或者说具备通过网络学习的条件，而西部地区欠缺。这与本调查第一部分关于居民家庭学习资源条件是一致的，说明居民通过网络学习的习惯，除了居民个人的认识和意识之外，外在的学习资源条件非常重要。调查省市居民上网（包括手机）频率如图5-33所示。

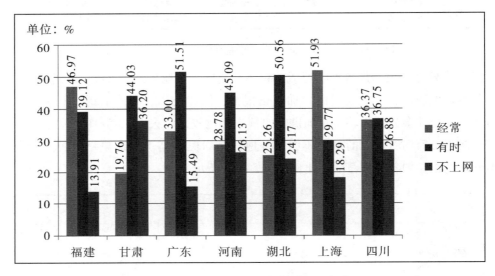

图5-33　居民上网（包括手机）频率

（2）城乡居民网络学习的意识和条件差距显著，城市居民显著高于农村居民，基本无性别差异。

分城乡看，城市居民经常上网的比例较高，占42%，有时上网占43%，不上网占15%，而农村居民经常上网比例为21%，有时上网比例占41%，不上网占39%。可见，城乡居民的上网学习认识、意识和条件还有较大的差距。

分地区看，福建、甘肃、广东、河南、湖北、上海、四川城乡经常上网比例差距分别为8.94%、23.72%、12.76%、13.53%、19.88%、25.25%和14.73%，甘肃和上海城乡差距较大。上海与第一部分公共资源分布的情况一致，农村居民主要是奉贤区农村居民网络学习资源少，但上海农村居民的上网学习条件仍然高于其他地区农村居民。调查省市居民分城乡经常上网（包括手机）频率如图5-34所示，分城乡、分性别上网（包括手机）频率如表5-5所示。

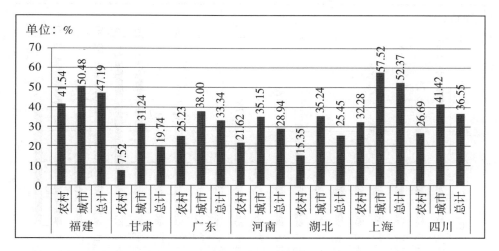

图 5-34　居民分城乡经常上网（包括手机）频率

表 5-5　居民分城乡、性别上网（包括手机）频率

单位:%

城乡	性别	经常	有时	不上网
农村居民	男	20.30	40.06	39.64
	女	20.88	40.91	38.21
城市居民	男	43.13	41.44	15.43
	女	41.21	43.61	15.18

　　城市居民比农村居民经常上网比例高，但有时上网比例差异不大，无论是在农村居民还是在城市居民中，男女上网频率基本一致。

　　（3）本地居民网络学习的意识和条件显著高于外地居民。

　　数据表明，福建、甘肃、广东、河南、湖北、上海、四川的本地与外省居民经常上网比例差距分别为 12.96%、2.92%、0.97%、1.27%、-7.42%、0.20% 和 -17.73%，各省差异并不明显，除了湖北和四川外省居民比本地居民更经常上网外，其他各省本地居民经常上网比例均略高于外省居民。7 省市调查居民总体经常上网比例为 33.5%，城乡分别为 42.0% 和 20.5%，差距为 21.5%。

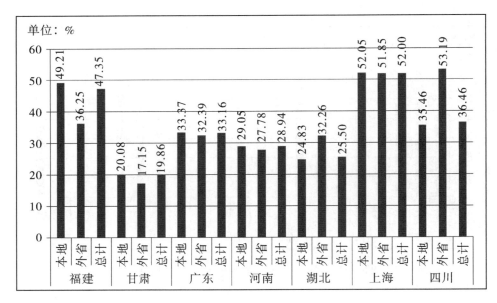

图 5 - 35　居民分本地、外省居民经常上网（包括手机）频率

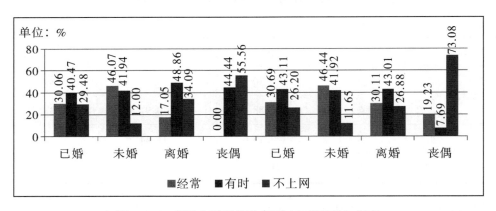

图 5 - 36　居民分婚姻状况上网（包括手机）频率

　　无论男女，未婚居民经常上网比例最高，其次是已婚居民，离婚、丧偶、同居经常上网比例较低，离婚、已婚、未婚有时上网比例较高。

　　（4）在职居民上网学习频率高，从业人员中管理人员和单位负责人上网学习频率高，且居民学历越高上网学习频率越高。

　　从居民的从业状态看，在职人员经常上网比例较高，在校学生、自由职业、进城打工人员有时上网比例较高，如图 5 - 37 所示。

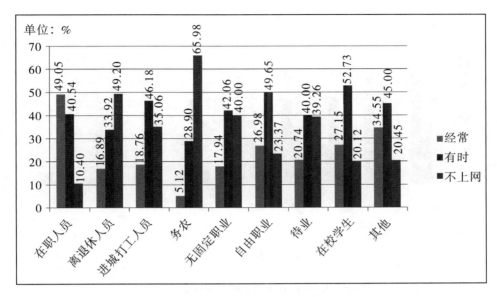

图 5－37 居民分从业状况上网（包括手机）频率

从从业情况看，管理人员、单位负责人经常上网频率较高，在家务农，无业、失业人员不上网频率较高，如图 5－38 所示。

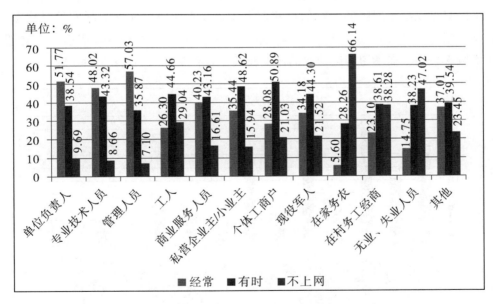

图 5－38 居民分从事职业上网（包括手机）频率

如图 5－39 所示，居民学历越高，经常上网频率越高，不上网比例随着学历的上升逐渐减少。

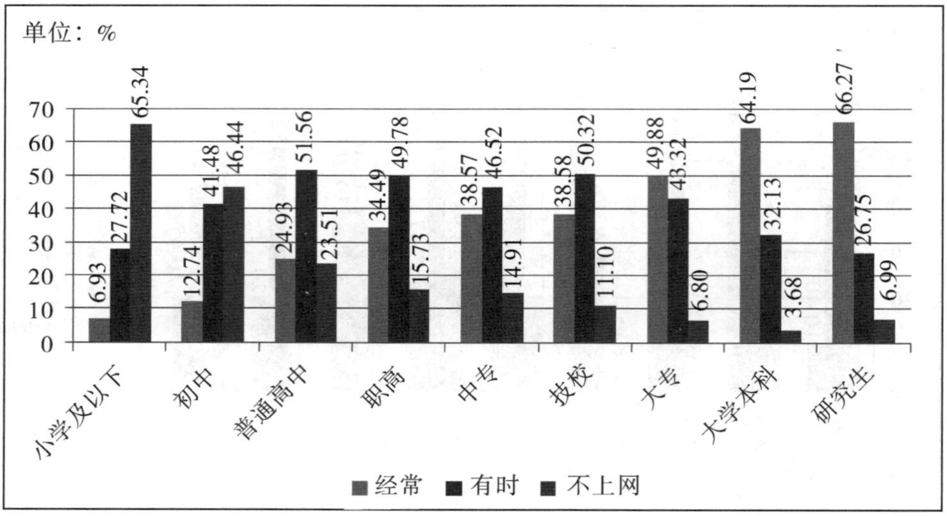

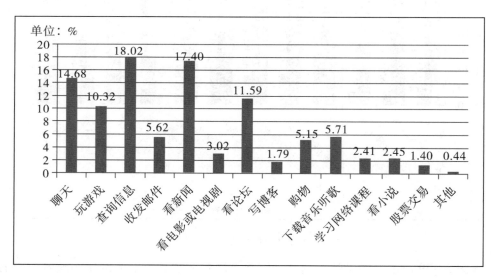

图 5 - 39 居民分学历上网（包括手机）频率

（5）居民上网多用于聊天、查询信息和看新闻，学习网络课程比例较低；城市居民更喜欢利用网络查询信息、收发邮件；年轻居民更喜欢网络聊天，中年居民更多利用网络查询信息，老年居民更多利用网络查看新闻。

上网只是反映了居民的一种信息获取方式，并不能完全体现实际的学习状态。为此，课题组专门调查了居民上网内容，数据表明，居民利用网络查询信息、看新闻、聊天的频率较高，而学习网络课程的比例较低，只有2.4%，如图5-40所示。

图 5 - 40 居民上网主要活动

从上网从事活动的重要程序排序看，居民上网最主要的活动是聊天，其次是看新闻，再次是看论坛，如表5-6所示。

表5-6　居民上网时的主要活动

单位:%

活动	第一	第二	第三
聊天	**28.88**	6.78	7.35
玩游戏	10.36	14.85	5.50
查询信息	24.93	17.94	10.48
收发邮件	3.13	8.43	5.39
看新闻	18.26	**18.95**	14.80
看电影或电视剧	1.03	3.54	4.67
看论坛	6.60	13.01	**15.60**
写博客	0.82	2.05	2.58
购物	1.33	4.44	10.14
下载音乐听歌	1.31	4.20	12.16
学习网络课程	1.33	2.05	3.97
看小说	0.84	2.47	4.21
股票交易	0.75	1.12	2.42
其他	0.43	0.16	0.73

与城市居民相比,农村居民更喜欢利用网络聊天、看小说、下载音乐听歌;城市居民更喜欢利用网络查询信息、收发邮件;男性比女性更喜欢利用网络玩游戏、看新闻、看电影或电视剧;女性更喜欢看论坛、购物,如图5-41所示。

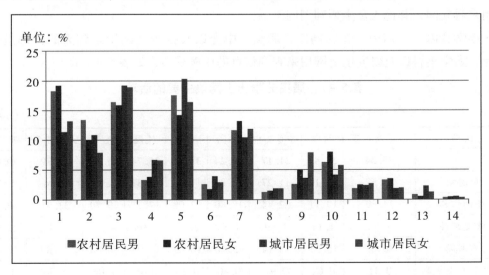

图5-41　居民分城乡、性别上网主要活动

注:1=聊天;2=玩游戏;3=查询信息;4=收发邮件;5=看新闻;6=看电影或电视剧;7=看论坛;8=写博客;9=购物;10=下载音乐听歌;11=学习网络课程;12=看小说;13=股票交易;14=其他

上网用来聊天、看论坛、下载音乐听歌的最主要的人群是 15～25 岁居民，用来玩游戏的主要是 15～25 岁和 56 岁以上人群，用来查询信息的比例和居民年龄呈倒 U 形关系。随着年龄的增长，上网用来看新闻的比例越来越高，上网用来做股票交易的人群主要是 56 岁以上居民，如图 5-42 所示。

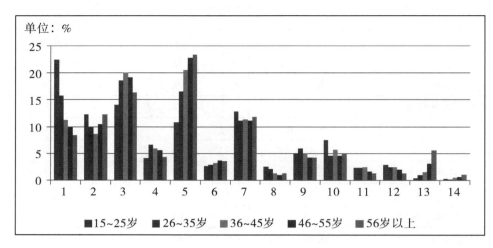

图 5-42　居民分年龄上网主要活动

注：1 = 聊天；2 = 玩游戏；3 = 查询信息；4 = 收发邮件；5 = 看新闻；6 = 看电影或电视剧；7 = 看论坛；8 = 写博客；9 = 购物；10 = 下载音乐听歌；11 = 学习网络课程；12 = 看小说；13 = 股票交易；14 = 其他

（6）高学历居民利用网络查询信息比例高，低学历居民主要是利用网络聊天、玩游戏等；在职人员、专业技术人员和管理人员主要利用网络查询信息，离退休人员主要用来看新闻，其他人员主要利用网络聊天。

小学及以下、初中、普通高中、职高、中专以及技校上网用来聊天的比例最高，大专、大学本科以及研究生上网用来查询信息的比例最多，如表 5-7 示。

表 5-7　居民分学历上网最主要的活动

单位:%

活动	小学及以下	初中	普通高中	职高	中专	技校	大专	大学本科	研究生
聊天	**35.34**	**35.87**	**31.17**	**40.24**	**31.45**	**35.74**	25.00	17.79	20.00
玩游戏	19.57	13.12	11.27	11.89	11.09	12.37	8.30	5.94	5.51
查询信息	14.39	19.11	22.44	18.80	23.08	17.75	**29.70**	**33.91**	**30.41**
收发邮件	1.62	1.14	1.89	1.53	2.72	2.98	4.03	5.88	8.57
看新闻	10.83	15.31	18.14	15.10	18.85	17.98	20.00	21.89	19.80
看电影或电视剧	0.31	0.62	0.97	0.80	0.86	0.46	1.06	1.86	1.43
看论坛	8.66	8.48	6.93	5.38	6.25	6.19	5.75	5.41	4.49

（续表）

活动	小学及以下	初中	普通高中	职高	中专	技校	大专	大学本科	研究生
写博客	0.23	0.46	0.85	0.24	0.76	0.69	0.82	1.37	2.24
购物	0.93	0.83	0.97	1.77	1.26	1.03	1.70	1.80	1.43
下载音乐听歌	2.71	2.12	2.18	0.80	0.86	1.26	0.58	0.51	0.41
学习网络课程	2.32	1.02	0.81	1.12	0.76	1.03	1.49	1.95	2.45
看小说	0.85	1.02	1.08	0.96	0.66	1.37	0.55	0.70	0.61
股票交易	0.15	0.42	0.93	1.20	1.21	0.92	0.79	0.59	2.04
其他	2.09	0.48	0.38	0.16	0.20	0.23	0.22	0.39	0.61

从从业状况看，在职人员、自由职业者上网主要用来查询信息，离退休人员主要用来看新闻，进城打工人员、务农、无固定职业、待业、在校学生、其他人员主要用来聊天，如表5－8所示。

表5－8　居民分从业状况上网最主要的活动

单位:%

活动	在职人员	离退休人员	进城打工人员	务农	无固定职业	自由职业	待业	在校学生	其他
聊天	24.98	20.05	**39.09**	**38.06**	30.62	27.32	**39.08**	**38.69**	**38.74**
玩游戏	8.05	17.32	11.65	11.44	11.56	11.02	13.20	15.48	20.42
查询信息	**28.41**	20.63	18.17	19.71	22.24	**27.65**	18.13	16.52	19.37
收发邮件	4.46	2.32	1.57	0.58	2.00	2.32	1.76	0.87	1.57
看新闻	20.84	**21.54**	16.83	16.69	18.01	17.99	11.97	6.36	10.47
看电影或电视剧	1.24	0.58	0.65	0.43	1.11	0.68	0.53	1.32	0.00
看论坛	5.85	9.36	6.35	7.63	8.23	7.08	8.10	7.76	3.14
写博客	0.95	0.50	0.30	0.22	0.74	0.54	0.70	1.57	1.05
购物	1.49	1.91	0.83	0.36	1.63	1.32	1.41	0.95	0.52
下载音乐听歌	0.63	1.24	1.52	2.59	1.19	1.32	1.41	4.46	0.52
学习网络课程	1.36	0.33	1.22	0.65	0.44	0.79	1.23	3.30	1.05
看小说	0.71	0.33	0.96	0.58	1.26	0.68	1.23	1.82	0.52
股票交易	0.76	3.40	0.30	0.44	0.44	0.89	0.88	0.21	1.05
其他	0.28	0.50	0.57	0.94	0.52	0.39	0.35	0.70	1.57

从居民所从事职业看，单位负责人、工人、商业服务人员、私营企业主/小业主、现役军人、在家务农、无业、失业人员以及其他人员上网用来聊天的比例最高，专业技术人员、管理人员、个体工商户用来查询信息的比例最高，在村务工经商人员看新闻的比例最高，如表5－9所示。

表5-9 居民分从事的职业上网最主要的活动

单位:%

活动	单位负责人	专业技术人员	管理人员	工人	商业服务人员	私营企业主/小业主	个体工商户	现役军人	在家务农人员	在村务工经商人员	无业失业人员	其他
聊天	**32.09**	19.75	21.54	**35.72**	**30.07**	**29.44**	26.99	**23.75**	**38.09**	22.32	**31.74**	30.73
玩游戏	5.93	6.70	6.60	13.48	11.38	10.95	9.82	11.25	10.97	14.59	11.27	17.07
查询信息	27.46	**33.67**	**31.91**	16.89	23.19	26.18	**27.10**	18.75	19.83	16.31	23.50	22.80
收发邮件	4.63	4.24	5.88	2.03	4.57	4.14	2.48	0.00	0.56	0.43	1.39	2.56
看新闻	17.87	21.73	22.53	18.44	16.01	13.02	18.87	21.25	17.39	**31.33**	16.13	12.93
看电影或电视剧	1.22	1.60	1.02	0.51	1.01	0.30	0.83	0.00	0.44	0.86	0.95	1.10
看论坛	3.74	5.32	4.35	7.77	7.61	7.54	8.50	10.00	7.42	7.73	8.07	6.22
写博客	1.22	0.98	1.23	0.55	0.72	0.59	0.22	3.75	0.19	0.00	0.35	0.49
购物	1.30	1.60	1.59	1.01	2.17	1.78	1.16	1.25	0.44	2.58	1.73	1.22
下载音乐	0.65	0.59	0.54	1.17	1.45	0.89	1.27	2.50	2.24	0.00	1.39	0.98
学习网络课程	1.38	2.36	0.60	0.71	0.29	1.48	0.83	2.50	0.56	1.72	1.21	0.73
看小说	1.06	0.62	0.72	0.74	0.65	1.33	0.77	2.50	0.56	1.29	0.95	0.98
股票交易	1.46	0.57	1.11	0.71	0.65	2.22	0.83	1.25	0.12	0.43	0.52	0.49
其他	0.00	0.28	0.39	0.28	0.15	0.15	0.33	1.25	1.18	0.43	0.78	1.71

3. 居民培训学习现状

培训学习是学习型社会的一项重要内容，人们在日常工作学习中不断学习、不断提高，适应社会经济发展，不断丰富自身学习生活，成为居民社会生活的重要内容和组成部分。

（1）各地居民中接近一半接受过一些相关培训，分区域东部地区居民培训率较高，西部地区较低。

调查数据表明，各地调查居民接受培训率整体平均为46%。分区域看，东部地区居民接受各种培训比率较高，最高为上海60%，其次是福建50.8%，甘肃最低，只有33.8%，如图5-43所示。

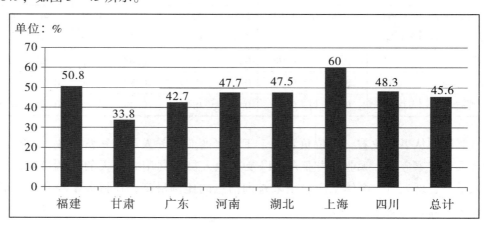

图5-43 居民参与培训率

（2）分城乡城市户籍居民接受培训率显著高于农村户籍居民，尤其是甘肃地区；本外地居民接受培训率总体差距不显著，但甘肃、河南差距较大。

分城乡看，7省市调查居民总体接受培训率45.60%，城乡分别为53.70%和33.60%，差距为20.10%。福建、甘肃、广东、河南、湖北、上海、四川城乡接受培训比例差距分别为6.70%、33.75%、22.10%、13.33%、0.89%、15.80%和3.58%，如图5-44所示。

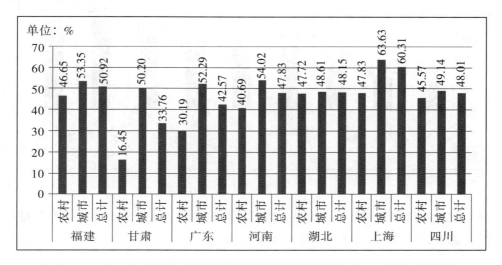

图5-44　居民分城乡接受培训率

分本外地居民看，7省市调查本外地居民分别为46.0%和44.0%，差距为2%。福建、甘肃、广东、河南、湖北、上海、四川本地居民和外省居民接受培训比例差距分别为1.65%、17.34%、-2.89%、18.90%、4.22%、1.87%和-2.28%，其中甘肃、河南本地居民和外省居民差异较大。另外，广东和四川本地居民比外省居民接受培训比例低，但差距不大，如图5-45所示。

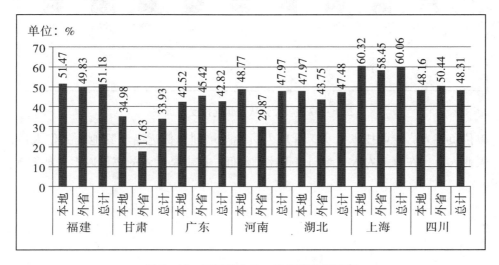

图5-45　居民分本地、外省接受培训率

（3）不同学历居民培训率有显著差异，学历越高，参与培训率越高；在职人员、单位负责人、专业技术人员、管理人员培训参与率显著高于其他居民。

随着受教育程度的提高，居民接受过培训的比例逐渐上升，研究生学历是小学学历居民培训率的三倍以上，如图 5 - 46 所示。

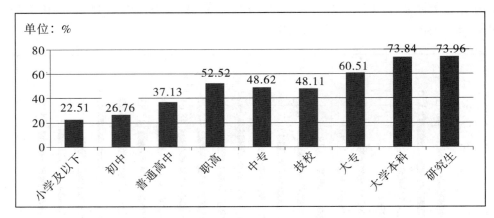

图 5 - 46　居民分学历接受培训率

从居民从业状况看，在职居民参与培训比例最高，务农以及待业人员参与培训比例偏低，前者为后者的三倍左右，如图 5 - 47 所示。

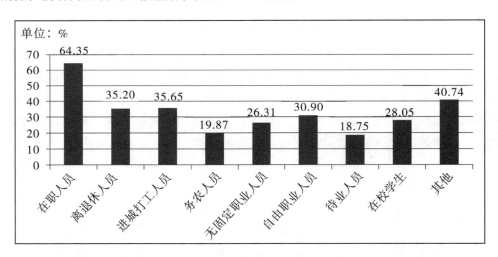

图 5 - 47　居民分从业状况接受培训率

单位负责人、专业技术人员、管理人员参与培训比例远高于其他类工作人员，无业、失业人员、在家务农人员参与培训比例偏低，前者是后者的三倍以上，如图 5 - 48 所示。

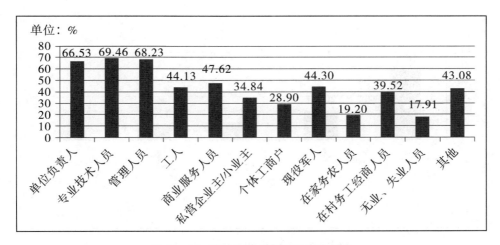

图5-48 居民分从事职业接受培训率

（4）各地居民参与最多的培训为岗位培训，且主要由单位组织；年轻居民主要参加与职业发展相关的培训，而56岁以上居民主要参加与个人兴趣爱好相关及卫生健康等培训，提升个人生活质量。在过去一年各地居民参与最多的培训为岗位培训，其次主要是企业文化培训、管理培训、职业资格证书培训和职业技术培训。总体看，居民接受培训多为与工作职业需求和发展相关的培训，如图5-49所示。

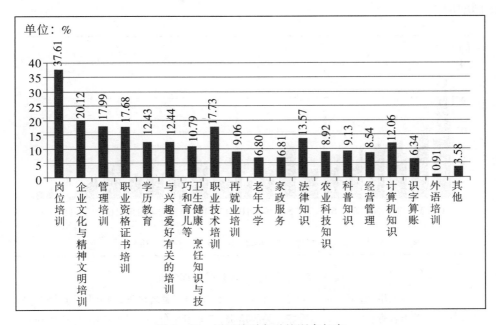

图5-49 居民接受各种培训参与率

从居民所接受培训组织机构看，工作单位组织的培训比例最高，接近一半，其次是社区培训，再次是社会办班和学校办班，函授、电大和网络课程培训比例最低，为6.87%，如图5-50所示。

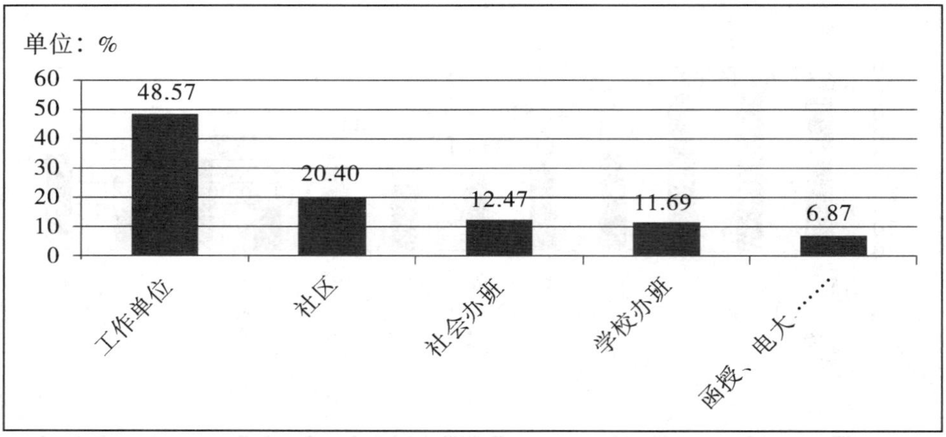

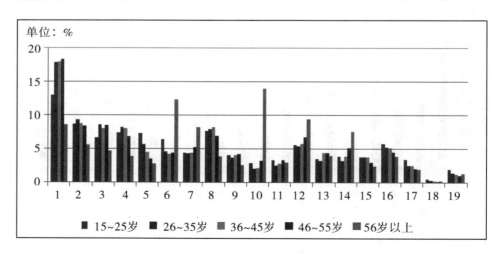

图 5 - 50　居民接受培训组织机构比率

如图 5 - 51 的数据显示，26 ~ 45 岁年轻居民主要参与岗位培训、企业文化与精神文明培训、管理培训、职业资格证书培训、烹饪知识与技巧、育儿、职业技术培训、农业科技知识培训等。56 岁以上老年居民主要参加与兴趣爱好有关的培训（如书法、美术、音乐等）和老年大学等。学历教育、经营管理、计算机知识、识字算账、外语培训随着年龄的增加参与比例减少，卫生健康、法律知识、科普知识随着年龄增加参与比例增加。

图 5 - 51　居民分年龄接受培训情况

注：1 = 岗位培训；2 = 企业文化与精神文明培训；3 = 管理培训；4 = 职业资格证书培训；5 = 学历教育；6 = 与兴趣爱好有关的培训；7 = 卫生健康、烹饪知识与技巧和育儿等；8 = 职业技术培训；9 = 再就业培训；10 = 老年大学；11 = 家政服务；12 = 法律知识；13 = 农业科技知识；14 = 科普知识；15 = 经营管理；16 = 计算机知识；17 = 识字算账；18 = 外语培训；19 = 其他

（5）各地约有一半居民有自学的良好习惯，居民文化程度越高，越有自学的良好习惯；城市居民自学比例显著高于农村居民；在职人员、单位负责人、专业技术人员、管理人员自学比例显著高于其他居民。

调查数据表明，在各地居民中，52%的居民自学过，或者说有自学的习惯和意识。整体居民随着学历的升高，自学比例越高，说明文化程度越高的居民，越有自学的意识和良好习惯，如图5－52所示。

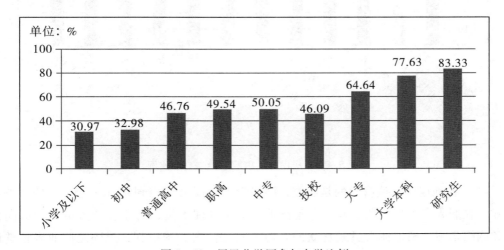

图5－52　居民分学历参与自学比例

分城乡看，城市居民自学比例高于农村居民；分从业情况看，在职人员和学生自学比例较高，如图5－53所示。

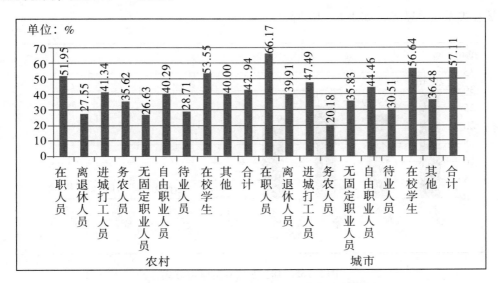

图5－53　居民分城乡、从业情况参与自学比例

单位负责人、专业技术人员、管理人员自学比例较高，无业、失业人员自学比例较低，如图5－54所示。

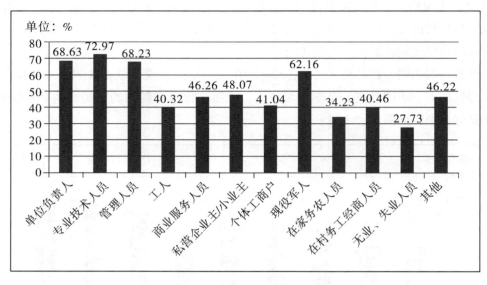

图 5-54　居民分从事职业参与自学比例

（6）各地居民普遍喜欢的是面授、网络学习、读书（报刊）和讨论交流四种学习方式；在职人员中单位负责人、专业技术人员、管理人员、商业服务人员比较倾向面授和网络学习，离退休人员最喜欢的学习方式是读书、读报刊，无固定职业者首选读书及报刊，军人首选网络学习。

如图 5-55 所示，各地居民最喜欢的学习方式以面授、上网学习、读书/报刊、讨论交流为主，而喜欢自学等学习方式的居民非常少。分地区、分城乡看，居民喜欢的学习方式无显著差异，如表 5-10 所示。

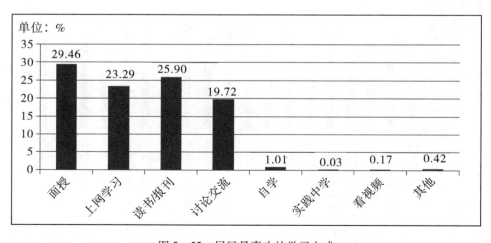

图 5-55　居民最喜欢的学习方式

表 5 – 10　居民最喜欢的学习方式差异

单位:%

省市	面授	上网学习	读书/报刊	讨论交流	自学	实践中学	看视频	其他
福建	**31.03**	29.53	21.36	17.15	0.58	0.04	0.07	0.24
甘肃	22.63	14.22	**35.25**	26.09	1.03	0.02	0.21	0.55
广东	**30.27**	27.60	22.90	16.82	1.92	0.03	0.08	0.38
河南	**29.55**	22.92	26.82	19.07	0.83	0.03	0.23	0.55
湖北	25.87	**33.23**	22.58	16.71	1.06	0.08	0.31	0.16
上海	**39.45**	22.36	21.65	15.38	0.67	0.02	0.12	0.34
四川	**31.45**	26.74	20.40	19.58	1.17	0.05	0.17	0.49

从从业状况看,在职人员最喜欢的学习方式是面授,离退休人员最喜欢的学习方式是读书、读报刊,进城打工人员、待业人员在前四种学习方式上无显著差异,务农居民则喜欢读书及报刊、面授和讨论交流,无固定职业和自由职业者均偏向于面授和读书及报刊,在校学生首选面授,其次是上网学习和读书及报刊,如表 5 – 11 所示。

表 5 – 11　居民分从业状况最喜欢的学习方式差异

单位:%

从业状况	面授	上网学习	读书/报刊	讨论交流	自学	实践中学	看视频	其他
在职人员	**32.30**	28.50	21.40	16.90	0.60	0.00	0.10	0.20
离退休人员	31.20	9.80	**40.00**	16.90	1.00	0.00	0.40	0.70
进城打工人员	22.90	23.20	**29.20**	22.70	1.30	0.00	0.10	0.60
务农人员	26.90	11.10	**31.50**	26.90	1.40	0.10	0.70	1.30
无固定职业人员	27.10	17.80	**31.70**	21.40	1.20	0.00	0.20	0.40
自由职业人员	22.60	22.90	**30.10**	22.50	1.30	0.00	0.10	0.40
待业人员	24.00	21.80	**28.80**	22.00	1.40	0.00	0.50	1.60
在校学生	**35.20**	21.80	19.50	21.70	1.60	0.00	0.00	0.20
其他	**32.30**	28.50	21.40	16.90	0.60	0.00	0.10	0.20

从调查居民从事职业看,单位负责人、专业技术人员、管理人员、商业服务人员比较倾向面授和上网学习;工人、个体工商户、在家务农人员、在村务工经商人员首选读书及报刊,其次是面授;现役军人首选上网学习,其次是读书和报刊;无业和失业人员则首选读书/报刊,其次是面授等,如表 5 – 12 所示。

表 5－12　分职业居民最喜欢的学习方式差异

单位:%

职业	面授	上网学习	读书/报刊	讨论交流	自学	实践中学	看视频	其他
单位负责人	**32.48**	30.53	20.09	15.89	0.86	0.00	0.00	0.16
专业技术人员	30.01	**31.29**	23.12	14.63	0.65	0.02	0.07	0.22
管理人员	**33.99**	27.78	21.00	16.64	0.40	0.00	0.09	0.11
工人	**29.51**	21.90	27.11	20.29	0.76	0.04	0.11	0.29
商业服务人员	**29.76**	26.63	23.69	18.84	0.64	0.00	0.13	0.32
私营企业主/小业主	25.62	**28.91**	23.00	21.16	0.66	0.00	0.13	0.66
个体工商户	20.22	23.40	**32.29**	22.57	1.22	0.00	0.15	0.15
现役军人	18.48	**40.22**	23.91	14.13	2.17	0.00	0.00	1.09
在家务农人员	27.16	10.05	**31.52**	27.94	1.26	0.13	0.68	1.26
在村务工经商人员	26.44	17.02	**33.74**	18.24	3.95	0.00	0.00	0.61
无业、失业人员	24.86	14.67	**34.14**	22.88	1.76	0.06	0.40	1.25
其他	**27.93**	24.27	25.35	17.40	4.40	0.00	0.11	0.54

三、居民学习培训满意度

在学习型社会，体现学习效果的一个重要指标就是居民对所接受的学习培训是否满意。为此，课题组针对居民个人学习感受，询问居民对学习培训的满意程度，内容包括对各类培训的整体满意程度，对培训内容、培训条件和环境满意程度等，以及学习培训是否能够满足学习需要等。

1. 居民学习满意度

（1）各地居民对所接受培训的满意度总体良好，但非常满意度比例低；城市居民满意度稍高于农村居民，但差异不显著。

如图 5－56 所示，无论是城市居民还是农村居民对参与的培训满意度都较高，但非常满意度比例约在 20％。分城乡看，城市居民满意度稍高于农村居民，但差距不显著。

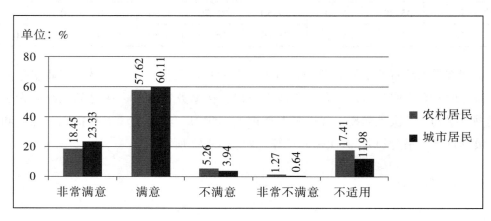

图 5－56　居民分城乡参与培训满意度

（2）居民对培训内容和条件环境总体满意度良好，但非常满意度低；城市居民满意度高于农村居民。

从培训内容看，居民对所接受培训内容的满意度总体尚可，但非常满意度比例低；分城乡看，城市居民对培训内容满意度高于农村居民，农村居民非常不满意比例稍高，如图 5 – 57 所示。

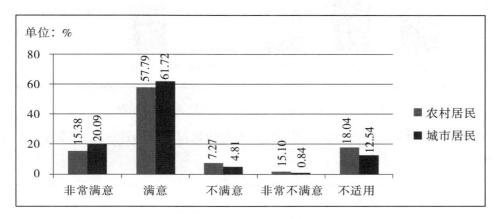

图 5 – 57　居民分城乡对培训内容满意度

如图 5 – 58 所示，无论是城市居民还是农村居民对参加培训的学习条件和环境满意度比例都比较高，非常满意度比例低。农村居民对培训条件和环境不满意，认为不符合他们的学习需求。

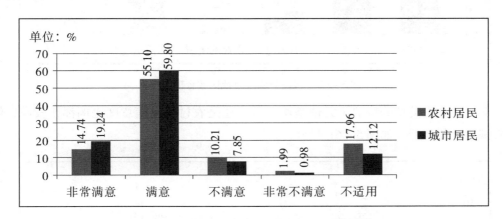

图 5 – 58　居民分城乡对培训学习条件和环境满意度

（3）从组织培训单位角度看，居民对企业培训、社区培训、学校培训和社会办班培训满意度总体一般，非常满意度比例均较低；各类培训相比较，对函授、电大和网络课程满意度总体较低。

数据表明，无论是城市居民还是农村居民对参加的企业培训满意度比例都比较高，如图 5 – 59 所示。

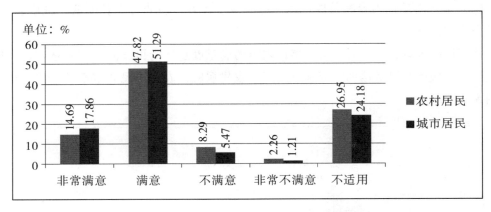

图 5-59　居民分城乡对参加的企业培训满意度情况

如图 5-60 所示，无论是城市居民还是农村居民对参加的社区教育满意度比例都比较高。

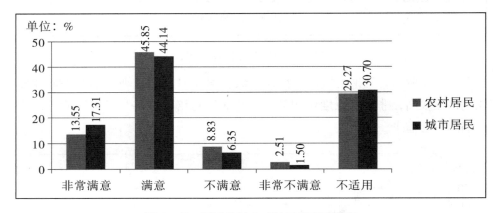

图 5-60　居民分城乡对社区教育满意度

对社会办班类型的培训，无论是城市居民还是农村居民满意度比例都比较高，但非常满意度比例低，如图 5-61 所示。

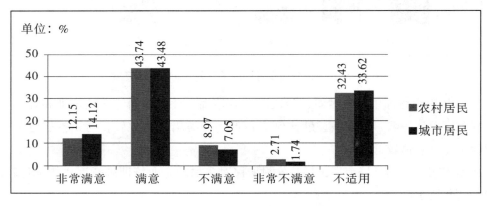

图 5-61　居民分城乡对社会办班满意度

无论是城市居民还是农村居民对在学校参加培训满意度比例都比较高，如图 5 – 62 所示。

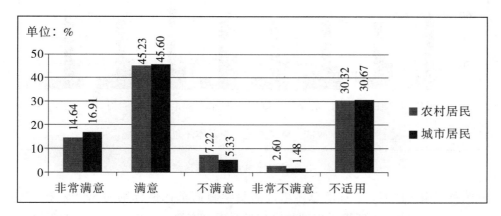

图 5 – 62　居民分城乡对在学校参加培训满意度

无论是城市居民还是农村居民对所参加的函授、电大、网络课程满意度比例都比较高。但相对于其他社区培训、企业培训、社会办班和学校培训，居民对函授、电大和网络课程类培训最不满意，如图 5 – 63 所示。

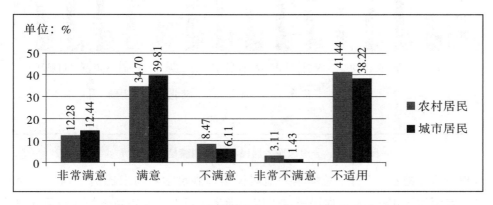

图 5 – 63　居民分城乡对函授、电大、网络课程满意度

2. 居民学习培训满足需求率

居民参加培训基本上能够满足他们的学习需求，分区域上海、福建总体满足度约高于其他地区 10%以上，其他地区差距不显著；城市居民、本地居民满足度高于农村居民，但差距不显著；在职人员、单位负责人、管理人员、专业技术人员培训满足度高于其他居民。

从整体看，调查居民所参加各种培训基本上能够满足他们的学习需求。分区域看，上海、福建居民所接受培训满足他们学习需求的比例较高，其他地区差距不大，但在调查地区中，广东满足度比例最低，如图 5 – 64 所示。

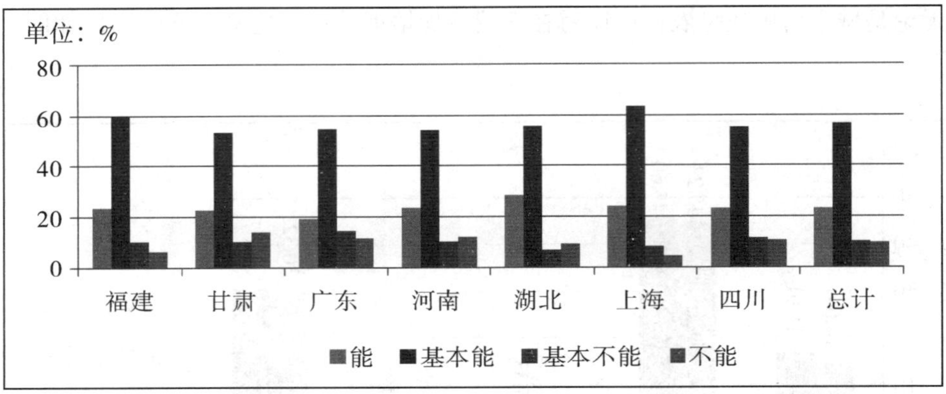

单位：%

图 5 - 64　分地区居民参加培训满足需求情况

分城乡户籍居民看，7 省市总体培训满足学习需求比例分别为 82.9% 和 74.6%，差距为 8.3%。城市居民所接受培训的满足学习需求度要高于农村居民，表明很多培训往往是针对城市居民，而适合农村居民的各种培训相对偏少，如图 5 - 65 所示。

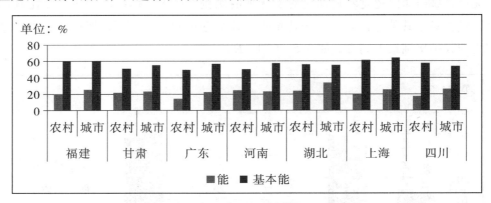

图 5 - 65　分地区城乡居民参加培训满足需求差异

分户口所在地看，7 省市总体本外地居民培训满足学习需求比例分别为 80.5% 和 73.7%，差距为 6.8%。本地居民所接受培训满足学习需求度要高于外地户籍居民，如图 5 - 66 所示。

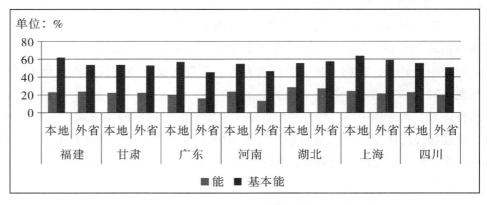

图 5 - 66　本地和外地居民参加培训满足需求差异

从居民从业状况看，总体差异不大，务农人员、无固定职业人员、待业人员的满意度较低，如图5-67所示。

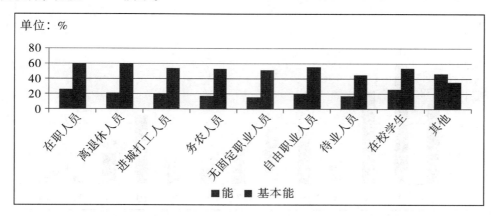

图5-67 调查省市居民分从业状况参与培训满足学习需求情况

从居民所从事职业看，总体差异不大，但现役军人，无业、失业人员满意度较低，如图5-68所示。

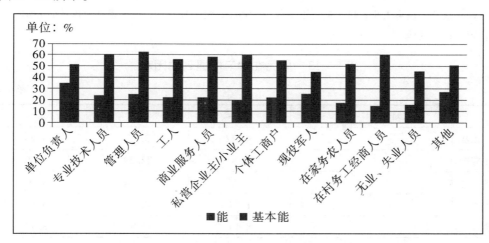

图5-68 调查省市居民分从事职业参与培训满足学习需求情况

四、居民学习困难问题

为了更好地了解各地居民在平日学习中存在的诸多困难，课题组专门设计了相关问题进行询问调查，作为今后制度设计和政策建议的重要参考依据。

（1）居民在学习中最主要的困难是缺乏时间、记忆力和文化基础差，其次是项目没特色，创新少，没兴趣参加或者不知道学什么和怎么学。按照重要程度则是文化基础、学习时间和适合的学习机会，学习困难分性别无差异。

如图5-69所示，居民在日常学习中遇到的最主要的困难是没有时间，其次是记忆力不行。从重要程度看，依次是文化底子差、没有时间和适合的学习机会太少，如

表 5 - 13 所示。男、女在学习中遇到的问题并无差异。

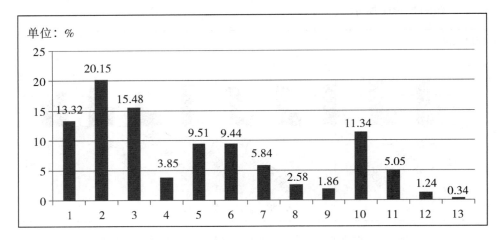

图 5 - 69 居民在学习中遇到的困难

注：1 = 文化底子差；2 = 没有时间；3 = 记忆力不行；4 = 体力不支；5 = 学习兴趣不足；6 = 不知道应该学什么和怎么学；7 = 经济困难；8 = 不想学；9 = 单位不支持；10 = 适合的机会太少；11 = 项目没特色，创新少，没兴趣参加；12 = 没必要再花时间学习；13 = 其他

表 5 - 13 居民在学习中遇到的困难

单位:%

困难	第一	第二	第三
文化底子差	**30.22**	3.65	3.24
没有时间	28.81	**22.29**	7.00
记忆力不行	12.09	18.64	16.13
体力不支	1.54	4.85	5.59
学习兴趣不足	8.14	11.71	8.74
不知道应该学什么和怎么学	4.99	12.05	12.03
经济困难	3.20	5.72	9.24
不想学	1.57	2.45	3.97
单位不支持	0.76	2.36	2.65
适合的机会太少	5.25	10.96	**19.33**
项目没特色，创新少，没兴趣参加	2.75	4.49	8.52
没必要再花时间学习	0.40	0.64	2.97
其他	0.28	0.17	0.60

（2）分文化程度看，教育程度低、非在职居民最主要的学习困难是文化底子差，而大专以上学历居民、在职人员则认为是缺乏学习时间；相当比例的居民学习意识较差，

认为自己不知道该学什么和怎么学。

从居民文化程度看，教育程度低居民感觉最主要的学习困难是文化底子差，而大专以上学历者则认为主要学习困难是缺乏学习时间。还有相当比例的居民感觉学习兴趣不足，或者自己不知道该学什么和怎么学，如表 5 - 14 所示。

表 5 - 14　居民分学历在学习中遇到的困难

单位：%

困难	小学及以下	初中	普通高中	职高	中专	技校	大专	大学本科	研究生
文化底子差	**57.76**	**52.72**	**28.82**	**30.67**	23.49	**27.21**	13.93	5.68	7.86
没有时间	9.53	17.25	26.86	28.48	**32.10**	25.50	**39.60**	**45.08**	**44.16**
记忆力不行	10.98	9.09	13.07	11.27	15.83	11.90	14.72	12.21	8.28
体力不支	2.05	0.99	1.60	1.32	1.71	1.49	1.62	1.78	3.82
学习兴趣不足	5.75	6.11	10.06	9.74	8.88	9.03	8.91	8.66	6.58
不知道学什么和怎么学	3.70	3.91	6.60	4.83	4.73	7.44	4.90	5.39	5.10
经济困难	3.82	3.69	3.33	3.59	3.02	1.91	2.98	2.55	2.34
不想学	2.21	1.43	1.76	1.68	1.40	2.98	1.47	1.12	1.27
单位不支持	0.32	0.41	0.28	0.37	0.63	1.59	1.16	1.58	1.27
适合的机会太少	1.25	2.55	5.04	6.00	5.46	7.86	6.37	9.58	8.49
项目没特色，没兴趣	1.13	1.24	1.85	1.54	2.39	2.55	3.74	5.76	10.19
没必要再花时间学习	0.60	0.41	0.46	0.44	0.32	0.21	0.39	0.29	0.42
其他	0.88	0.21	0.27	0.07	0.05	0.32	0.22	0.33	0.21

分年龄看，36 岁以上居民主要学习困难是文化底子差，而 35 岁及以下居民主要学习困难则是缺乏学习时间，但差距不是很显著，如表 5 - 15 所示。

表 5 - 15　居民分年龄在学习中遇到的困难

单位：%

困难	15～25 岁	26～35 岁	36～45 岁	46～55 岁	56 岁以上
文化底子差	**25.20**	26.01	**33.58**	**35.61**	**35.32**
没有时间	23.62	**36.06**	30.41	26.35	15.77
记忆力不行	8.50	7.44	11.57	17.29	29.44
体力不支	1.37	1.17	1.24	1.69	4.10
学习兴趣不足	15.26	8.72	5.76	5.40	3.37
不知道应该学什么和怎么学	9.65	4.73	3.72	2.95	2.42

（续表）

困难	15~25 岁	26~35 岁	36~45 岁	46~55 岁	56 岁以上
经济困难	3.39	3.19	3.73	2.69	1.37
不想学	2.22	1.35	1.24	1.17	1.46
单位不支持	0.67	1.02	0.69	0.58	0.18
适合的机会太少	5.34	6.79	5.27	3.59	3.42
项目没特色，创新少，没兴趣参加	4.14	2.99	2.30	1.64	1.87
没必要再花时间学习	0.23	0.40	0.26	0.82	0.96
其他	0.42	0.13	0.25	0.20	0.32

分从业状况看，在职人员主要是缺乏学习时间，而其他则更多地感觉是文化基础的问题，或者认为是自己记忆力的问题。同时我们可以发现，在待业和在校学生中，相当比例的居民不知道学什么和怎么学，如表5-16所示。

表5-16　居民分从业状况在学习中遇到的困难

单位:%

困难	在职人员	离退休人员	进城打工人员	务农人员	无固定职业人员	自由职业人员	待业人员	在校学生	其他
文化底子差	20.01	**32.89**	**44.75**	**54.60**	**43.86**	**35.58**	**42.53**	**23.68**	29.96
没有时间	**38.10**	15.78	24.64	17.43	21.49	29.58	17.50	12.12	**34.80**
记忆力不行	12.05	30.78	6.56	8.24	8.79	8.80	9.11	14.78	8.37
体力不支	1.60	3.94	0.43	0.95	1.13	0.89	0.85	2.18	1.76
学习兴趣不足	7.91	4.31	6.46	5.18	6.63	7.36	9.11	18.46	8.37
不知道应该学什么和怎么学	4.46	2.71	3.84	2.59	5.24	4.56	6.68	13.66	2.20
经济困难	2.42	1.33	5.30	4.60	5.40	2.95	5.95	3.19	3.08
不想学	1.33	1.65	1.19	0.91	1.34	2.09	2.07	3.00	3.52
单位不支持	1.18	0.18	0.46	0.36	0.51	0.49	0.12	0.45	0.00
适合的机会太少	6.89	3.76	4.70	3.61	3.08	5.02	3.40	2.10	2.64
项目没特色，没兴趣参加	3.58	1.56	0.99	0.73	1.54	2.09	1.46	5.29	2.64
没必要再花时间学习	0.28	0.69	0.63	0.51	0.72	0.40	0.97	0.11	0.00
其他	0.17	0.41	0.03	0.29	0.26	0.18	0.24	0.98	2.64

（3）分城乡看，农村户籍居民更多认为第一学习困难是文化底子差，而城市户籍居民则认为是没有时间，其次都认为是记忆力较差，城乡居民中都有相当比例认为对学习兴趣不足，或者不知道该学什么和怎么学。

　　分城乡看，农村户籍居民在学习中遇到文化底子差的比例最高，城市户籍居民在学习中遇到没有时间的比例最高；其次则是农村居民认为没有时间，城市居民认为文化底子差；第三位都是记忆力较差，且在城市居民中更为突出；第四、第五位都是学习兴趣不足，或者不知道该学什么和怎么学，城乡间差异不大，如图5－70所示。

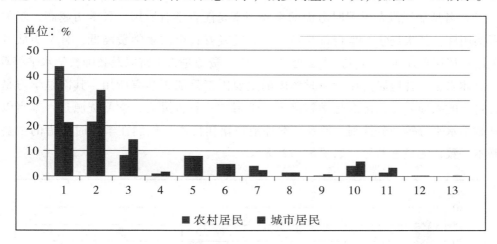

图5－70　城乡居民在学习中遇到第一重要困难因素差异

　　注：1 = 文化底子差；2 = 没有时间；3 = 记忆力不行；4 = 体力不支；5 = 学习兴趣不足；6 = 不知道应该学什么和怎么学；7 = 经济困难；8 = 不想学；9 = 单位不支持；10 = 适合的机会太少；11 = 项目没特色，创新少，没兴趣参加；12 = 没必要再花时间学习；13 = 其他

　　如图5－71所示，本地户籍居民和外地户籍居民学校困难差异不大，且学习困难位次也比较接近。

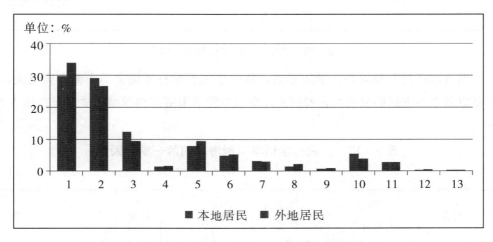

图5－71　本地和外地居民在学习中遇到第一重要困难因素差异

　　注：1 = 文化底子差；2 = 没有时间；3 = 记忆力不行；4 = 体力不支；5 = 学习兴趣不足；6 = 不知道应该学什么和怎么学；7 = 经济困难；8 = 不想学；9 = 单位不支持；10 = 适合的机会太少；11 = 项目没特色，创新少，没兴趣参加；12 = 没必要再花时间学习；13 = 其他

五、居民学习需求与期望

学习型社会的核心是居民个人，因此为了更好地了解居民的学习需求，课题组专门设计相关问题考察了解。

（1）各地居民准备学习时考虑的主要因素是能否学有所用，且学历越高，越关注学习实用性；其次是学习是否符合自己的兴趣爱好；再次是学费高低，且学历低者更为关注；居民普遍关注学习方式是否灵活、学习资源是否丰富以及教师教学水平等等。

总体来看，各地居民在学习时考虑的主要因素是能否学有所用，其次是学习是否符合自己的兴趣爱好，再次是学费高低、学习方式是否灵活、学习资源是否丰富以及教师教学水平等等。分性别、城乡、本外地户籍居民看，他们在学习时考虑的主要因素基本一致，无显著差异，如图 5－72 所示。

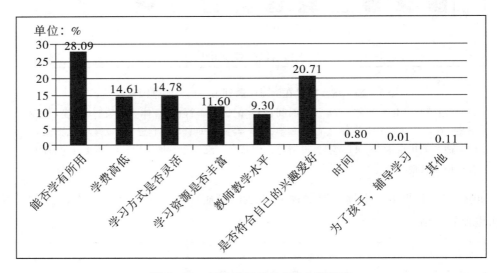

图 5－72　居民学习时考虑的主要因素

从调查居民教育程度看，学历越高，越关注能否学有所用，学历低者则更关注学费高低以及学习方式的灵活性，普遍关注学习资源的丰富性和教师教学水平，如表 5－17 所示。

表 5－17　居民分学历学习时考虑的第一重要因素

单位：%

因素	小学及以下	初中	普通高中	职高	中专	技校	大专	大学本科	研究生
能否学有所用	**51.01**	**59.34**	**62.59**	**62.88**	**61.72**	**60.39**	**62.67**	**62.95**	**59.66**
学费高低	18.49	15.46	11.45	14.25	11.47	13.67	9.76	7.61	7.56

（续表）

因素	小学及以下	初中	普通高中	职高	中专	技校	大专	大学本科	研究生
学习方式是否灵活	8.24	7.41	7.16	6.83	6.05	4.52	5.85	5.73	4.62
学习资源是否丰富	6.65	5.63	4.56	5.42	5.78	5.92	6.68	5.66	6.30
教师教学水平	5.06	2.76	3.02	2.52	3.21	2.48	3.65	4.20	5.04
符合自己的兴趣爱好	7.68	8.19	10.22	7.65	10.93	10.87	10.92	13.42	16.18
时间	2.06	1.04	0.82	0.37	0.81	1.94	0.39	0.41	0.42
为了孩子辅导学习	0.00	0.03	0.00	0.00	0.00	0.00	0.00	0.00	0.00
其他	0.82	0.14	0.18	0.07	0.05	0.22	0.08	0.02	0.21

（2）城乡户籍居民、本外地居民学习时考虑的主要因素无显著差异。

分城乡看，城市和农村居民在学习时考虑的主要因素差异不大，相对比较一致，如图5-73所示。

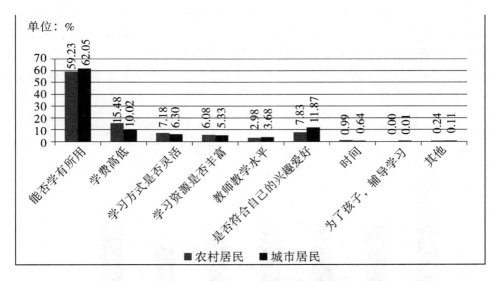

图5-73 城乡户籍居民学习时考虑的第一重要因素

分本地户籍、外地户籍居民看，本外地居民在学习时考虑的主要因素差异不大，比较一致，如图5-74所示。

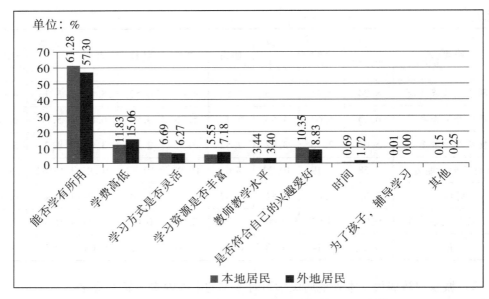

图 5 – 74　本地和外地居民学习时考虑的第一重要因素

（3）各地居民最希望政府做的主要是更多公共学习资源等向公众开放，并不断加大对企业教育经费的投入、提供相关的学习咨询服务等；城乡居民期望较为一致。

如图 5 – 75 所示，调查居民认为为满足他们的学习需求，最希望政府做的主要是更多公共学习资源等向公众开放，包括图书馆、体育馆等公共文化场所以及中小学学习资源等；其次是配备更好的学习场所和专职管理人员；再次是提供学习咨询以及开放大中学校教育资源等。

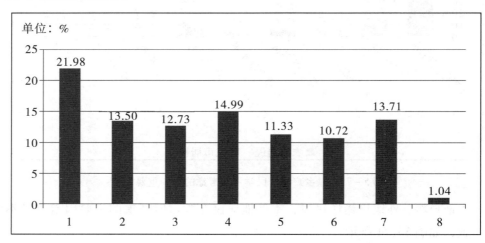

图 5 – 75　居民对改善学习条件期望

注：1 = 图书馆、体育馆等公共文化场所向公众开放；2 = 提供学习咨询服务；3 = 加大企业教育经费的投入；4 = 配备更好的学习场所和专职管理人员；5 = 引导组织各种民间社团、学习小组；6 = 增加远程网络教育学习机会；7 = 逐步向市民开放中小学和大学的教育资源；8 = 其他

分城乡看，城市居民和农村居民希望政府做的没有显著差异，需求趋向基本一致，如图 5 -76 所示。

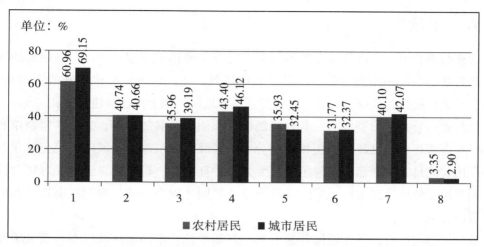

图 5 -76　调查省市城乡居民对改善学习条件期望差异

注：1 =图书馆、体育馆等公共文化场所向公众开放；2 = 提供学习咨询服务；3 = 加大企业教育经费的投入；4 = 配备更好的学习场所和专职管理人员；5 = 引导组织各种民间社团、学习小组；6 = 增加远程网络教育学习机会；7 = 逐步向市民开放中小学和大学的教育资源；8 = 其他

（4）调查居民所提出的学习型社会建设不足方面比较多元化，既包括一些基础设施资源，也包括一些软的管理和人力资源。

调查数据表明，各地居民认为所在社区学习型社会建设的不足主要体现在基础设施不够完善，其次是政府经费投入不足，其他相关因素比较突出但差异不大，比如对"学习型社会"认识比较狭隘、学习信息渠道不畅通、区域内的学习环境欠佳、教育资源不能共享、缺乏专职的管理人员等，如图 5 -77 所示。

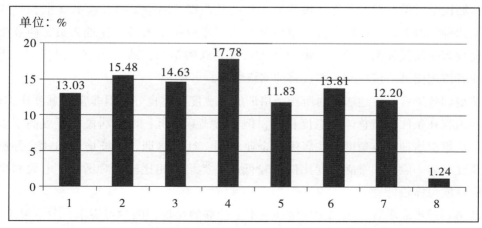

图 5 -77　居民指出的学习型社会建设中的不足

注：1 = 对"学习型社会"认识比较狭隘；2 = 政府经费投入不足；3 = 学习信息渠道不畅通；4 = 基础设施不够完善；5 = 区域内的学习环境欠佳；6 = 教育资源不能共享；7 = 缺乏专职的管理人员；8 = 其他

对于学习型社会建设中的不足，城市户籍居民和农村户籍居民的认识较为一致，没有显著差异。

六、小结

调查结果表明，我国各地已经不同程度地着手构建学习型社会，一些领先的地方不仅在公共学习资源平台建设方面已经有所进展，而且居民也有比较好的学习意识，终身学习的环境条件较好，尤其是一些发达城市地区，如上海、福建等地。

从配置的公共学习资源看，各种资源中借阅图书、参加讲座、去公共博物馆和上网学习等资源相对充足或者运用相对充分。分区域看，东部地区城市居民公共学习资源条件比较充足，中西部和农村居民较为欠缺，且本地户籍居民在公共学习资源的获取方面要优于外地户籍居民。家庭学习资源差异则体现在电脑、报刊图书资源和网络学习资源方面。

从学习参与度看，各地居民普遍参加学习频率低，东部地区居民参与度显著高于中西部地区，尤其阅读报纸、阅读杂志和上网学习方面，且居民参加各种学习活动频率，城市户籍居民、本地户籍居民显著高于农村户籍居民、外地户籍居民。就网络学习而言，居民上网多用于聊天、查询信息和看新闻，学习网络课程比例较低。城市居民、高教育程度居民、在职人员和专业技术人员更喜欢利用网络查询信息、收发邮件。

从培训参与率看，各地居民中接近一半接受过一些相关培训，分区域东部地区居民培训率较高，西部地区较低；城市户籍居民接受培训率显著高于农村户籍居民，尤其是甘肃地区；学历越高参与培训率越高；在职人员、单位负责人、专业技术人员、管理人员培训参与率显著高于其他居民。各地居民参与最多的培训为岗位培训，且主要由单位组织；年轻居民主要参加与职业发展相关的培训，而老年居民主要参加与个人兴趣爱好相关及卫生健康等培训。

从居民学习偏好看，各地居民普遍喜欢的是面授、网络学习、读书（报刊）和讨论交流四种学习方式。在职人员中单位负责人、专业技术人员、管理人员、商业服务人员比较倾向面授和网络学习，离退休人员最喜欢的学习方式是读书、读报刊，无固定职业者首选读书、读报刊，军人首选网络学习。

从培训效果看，各地居民对所接受培训的满意度总体良好，但非常满意度比例低。对培训内容和条件环境总体满意度良好，但非常满意度低；城市居民满意度高于农村居民。从组织培训单位角度看，居民对企业培训、社区培训、学校培训和社会办班培训满意度总体一般，非常满意度比例均较低；各类培训相比较，对函授、电大和网络课程满意度总体较低。

从培训满足需求看，居民参加培训基本上能够满足他们的学习需求，分区域上海、福建总体满足度约高于其他地区 10% 以上；在职人员、单位负责人、管理人员、专业技术人员培训满足度高于其他居民。

从居民学习困难看，居民在学习中感觉最主要的困难是缺乏时间、记忆力和文化基础差，其次是项目没特色，创新少，没兴趣参加或者不知道学什么和怎么学；按照重要程度则是文化基础、学习时间和适合的学习机会。相当比例的居民学习意识较差，认为自己不知道该学什么和怎么学。

从学习目标看，各地居民准备学习时考虑的主要因素是能否学有所用，且学历越高，越关注学习实用性；其次是学习是否符合自己的兴趣爱好；再次是学费高低，且学历低者更为关注；居民普遍关注学习方式是否灵活、学习资源是否丰富以及教师教学水平等等。

从居民期盼的学习型社会建设看，各地居民最希望政府做的主要是更多公共学习资源等向公众开放，并不断加大对企业教育经费的投入、提供相关的学习咨询服务等。所提出一些学习型社会建设不足方面比较多元化，既包括一些基础设施资源，也包括一些软的管理和人力资源。

从数据可以看出，虽然各地都加大了对学习型社会建设的资源投入，但要实现基本形成学习型社会的目标还要继续加大投入。本部分只简要呈现调查样本实际情况，而没有对样本数据进行相关加权，因此其中的一些分析结果仅作为调查样本地区的实际情况，不能作为最终分析研究结论或者进而将其推及全国范围内，否则可能会存在一定偏差。另外，本报告在呈现方式上以描述学习型社会基本现状为目的，而没有进行相关的因素分析，如各地居民文化程度、经济产业结构对居民学习需求和学习资源平台建设的影响等等。

第二节　居民终身学习影响因素分析

个人生活在一定的社会环境之中，社区作为学习活动的场所，其环境对居民的学习有一定影响。先前的一些研究结果显示，个人的学习动力和兴趣受个人特征、家庭环境的影响。本研究假定个人的学习及成长过程受到多种复杂因素的影响，居民的学习活动受个人特征（包括性别、年龄、时间、成长经历等）、家庭环境（家庭经济情况、家庭文化资本、家庭结构等）和社区环境（社区学习条件、学习氛围、投入等）等因素的影响。本研究通过建立二水平多层回归模型从个体（个体特征及其家庭特征）和社区两个层次来分析影响居民学习的因素。

一、数据与模型

1. 数据

在课题进行抽样调查阶段，课题组采用分层整群、随机抽样的方法进行了分层抽样。在抽样地区分别向社区居民发放个人问卷，同时对居民所在街道发放街道或乡镇问卷。分层随机抽样为本研究进行多水平分析提供了数据基础。研究通过将抽样调查获得的 3 万多份居民个人问卷与其所在的街道或乡镇进行配对，获得了 7 个省不同城市的 7789 名社区居民个人及其对应的 48 个街道办事处的配对数据和 3575 名农村居民和其对应的 31 个农村乡镇的配对数据。由于中国城乡差异很大，社区教育和居民参与培训的程度上也存在差异，研究将对城市居民和农村居民分别建立多水平回归分析模型。

在本研究中学习指有组织的正规、非正规教育和非正式（无固定形式）的学习。因变量分为两类，一类为居民在过去一年是否接受过由各种不同渠道（工作单位、社区、学校办班、社会培训、函授、电大、网络课程等）组织的各类培训；另一类将社区组织的教育培训单独进行分析，考察影响居民参与这两种培训的因素有哪些。城市社区居民中在调查前一年参与过各类培训的人数为 3118 人，参与率为 39%；参加过社区组织的培训的有 1708 人，参与率为 21.4%。农村社区居民中在调查前一年参与过各类培训的人数为 1481 人，参与率为 38.4%；参加过社区组织的培训的有 899 人，参与率为 23.3%。

表 5–18　抽样街道或乡镇的基本情况

单位:%

基本情况	街道（48 个）	乡镇（31 个）
1. 学习机构配备情况		
①社区居民学校	89.8	71.9
②一站式服务大厅	100	75
③文体教育服务站	85.7	81.3
④卫生服务站	100	93.8
⑤社区居民活动室	100	87.5
⑥图书室	100	87.5
⑦社区学习网络服务平台或专门网页	71.4	40.6
⑧卫星接收设备	未调查	81.3
2. 有专门用于居民学习的经费	67.3	25.0
3. 街道开展社区教育项目的主要依据		
①根据上级要求	67.3	62.5
②根据社区居民要求	71.4	59.4
③借鉴其他社区经验	36.7	34.4
④根据现有的教育资源	67.3	56.3
⑤随意	4.1	0
4. 没有开展社区教育项目的主要原因		

（续表）

基本情况	街道（48个）	乡镇（31个）
①没有钱	36.7	53.1
②没有人员	22.4	18.8
③没有场地	18.4	18.8
④没有教育资源	6.1	9.4
5.社区教育开展的主要内容		
①不同层次学历教育	12.2	18.8
②各类职业培训	67.3	68.8
③文化、科技类讲座	83.7	71.9
④计算机等技能培训	61.2	50.0
⑤绘画、音乐、舞蹈、棋牌、运动等休闲教育	81.6	62.5
⑥保健养生教育	71.4	50.0
⑦家政、理财、法律等教育	63.3	40.6
6.参加社区教育的主要人员		
①在职人员	30.6	40.6
②离退休人员	93.9	34.4
③在校学生	32.7	18.8
④待业	51	53.1
⑤无固定职业	46.9	62.5
⑥进城务工人员	46.9	46.9
7.社区教育的主要形式		
①以在教室集体上课为主	55.1	46.9
②以开展集体活动为主	67.3	68.8
③自学	30.6	37.5
④上网学习	44.9	25.0
8.社区教育的教师主要来源		
①专职教师	26.5	37.5
②聘请教师	61.2	65.6
③社区居民中有相关能力的人员	59.2	65.6
④有组织的宣讲团	30.6	37.5
⑤社会志愿者	61.2	31.3
9.社区教育使用的教材		
①正式出版的文字教材	32.7	43.8
②自编教材	44.9	46.9

（续表）

基本情况	街道（48 个）	乡镇（31 个）
③录像、录音等多媒体教材	59.2	59.4
④远程、网络学习资源	46.9	56.3
10. 社区教育办学存在的主要问题		
①办学条件不足	57.1	75.0
②经费不足	85.7	87.5
③缺乏适应居民需求的教育项目	24.5	21.9
④缺乏学习资源	12.2	21.9
⑤缺乏教师	46.9	53.1
⑥缺乏上级的指导和有效管理	18.4	9.4
⑦居民参加学习的热情不高	20.4	34.4
⑧需要加强学习网站的建设	16.3	12.5
⑨社会对社区教育不重视	26.5	34.4

从表 5-18 可以看出，大部分街道和乡镇层面都提供居民学习场所和一些学习课程。城市学习场所的建设要优于乡镇，专门用于居民学习的经费较为缺乏，在调查的48 个城市街道中有 67.3% 的街道有专门用于居民学习的经费，但是经费总量非常少。在调查的 31 个农村乡镇中仅有 25% 的乡镇有专门用于居民学习的经费，没有开设社区教育的主要原因也是缺乏经费，开设的社区教育主要以闲暇教育、职业培训和文化科技讲座为主。

2. 分析方法与模型

本研究使用多水平分层线性模型来分析影响居民学习的因素。把个人和社区因素分层放入不同层次分析模型中，考察不同层次自变量对居民参与培训及社区教育的影响程度，即综合分析个人和家庭与社区两个不同水平因素对居民学习状况的影响。

在第一水平，用居民个人及家庭的特征来解释（预测）居民参与各类培训和社区教育的可能性。个人水平的模型如下：

$$ln\left[\frac{P_i}{1-P_i}\right] = B_0 + \beta_i X_i + u_{ij}$$

这个公式以个人特征的变量来解释居民参与各类培训或社区教育的可能性的差异，β_i 是与个人特征对应的因变量的回归系数，说明个人层面自变量与因变量的关系。

第二水平的模型是以社区特征解释居民参与各类培训或社区教育的可能性差异，模型如下：

$$\beta_i = \gamma_j Y_{ij} + v_{ij}$$

γ_j 是与个人特征对应因变量的回归系数，v_{ij} 是与变量 Y 相对应的社区 j 的随机效应。

3．变量

根据研究问题和有关文献参阅，本研究自变量主要包括个人和家庭两个方面。个人特征包括性别、年龄、民族、婚姻状况、流动状况、户籍、文化程度、学习习惯等几个变量。

家庭的经济、社会资本和文化生活方式是支持和影响居民个人发展的一个重要因素。本研究用一组指标来测量家庭的经济文化特征，包括家庭经济状况、学习习惯（是否经常阅读报刊、去公共文化场所等），居民个人特征变量和社区特征变量的描述性统计结果分别如表5－19、表5－20所示。

表5－19　居民个人特征变量的描述性统计结果

统计项目	城市社区居民		农村社区居民	
自变量	人数/人	占比/%	人数/人	占比/%
性别				
男	3613	45.8	2111	55.1
女	4275	54.2	1719	44.9
年龄				
20 岁以下	293	3.7	100	2.6
21～25 岁	680	8.6	277	7.2
26～30 岁	1138	14.4	499	13.0
31～35 岁	1012	12.8	560	14.6
36～40 岁	1513	19.2	859	22.4
41～45 岁	903	11.4	618	16.1
46～50 岁	755	9.6	407	10.6
51～55 岁	438	5.5	137	3.6
56～60 岁	450	5.7	149	3.9
61～65 岁	295	3.7	94	2.5
66～70 岁	247	3.1	72	1.9
70 岁以上	173	2.2	56	1.5
民族				
汉族	7759	97.0	3789	98.2
少数民族	237	3.0	71	1.8
婚姻				
已婚	6457	80.8	3385	12.3
其他	1539	19.2	475	87.7
流动状况				
本地居民	7243	90.6	3641	94.3
外地居民	753	9.4	219	5.7

（续表）

统计项目	城市社区居民		农村社区居民	
自变量	人数/人	占比/%	人数/人	占比/%
户籍				
城市	6070	75.9	1207	31.3
农村	1926	24.1	2653	68.7
文化程度				
小学及以下	375	5.4	431	11.2
初中	1658	23.1	1541	37.6
普通高中	1458	20.7	541	14.0
职业高中	437	6.3	162	4.2
中专	695	10.0	238	6.2
技校	269	3.9	90	2.3
大专	1655	23.7	554	14.4
大学本科	1284	18.5	372	9.6
研究生	114	1.7	5	0.1
从业状况				
在职人员	3604	49.5	1292	33.5
离退休人员	1251	18.0	291	7.5
进城打工人员	512	7.4	349	9.0
务农人员	192	2.8	1095	28.4
无固定职业人员	651	9.4	285	7.4
自由职业人员	927	13.2	335	8.7
待业人员	378	5.5	83	2.2
在校学生	228	3.3	77	2.0
收入水平				
低于2000元	528	7.6	588	15.2
2000~5000元	590	8.5	452	11.7
5000~10000元	1334	18.6	838	21.7
1万~2万元	2024	28.3	868	22.5
2万~3万元	1533	22.1	452	11.7
3万~4万元	614	9.0	173	4.5
4万~5万元	334	4.9	107	2.8
5万~6万元	139	2.0	37	1.0
6万~8万元	107	1.6	47	1.2

（续表）

统计项目	城市社区居民		农村社区居民	
自变量	人数/人	占比/%	人数/人	占比/%
8万~10万元	100	1.5	24	0.6
10万~50万元	58	0.8	23	0.6
50万元以上	7	0.1	4	0.1
拥有手机				
是	7307	94.0	3538	93.6
手机是否上网				
是	3684	57.2	1576	48.9
上网频率（与不上网为参照）				
经常	2832	40.2	984	25.5
有时	2992	40.7	1311	34.0
不上	1589	22.2	1299	33.7
学习习惯				
经常阅读报纸	3585	44.8	1158	30.0
经常阅读杂志	2504	31.3	814	21.1
经常阅读书籍	2409	30.1	869	22.5
经常上网学习或获取信息	2807	35.1	1025	26.6
经常去图书馆学习	956	12.0	299	7.7
经常去博物馆等场所	696	8.7	201	5.2
经常听广播	1721	21.5	851	22.0
经常看电视	5097	63.7	2488	64.5
可获得的学习条件				
方便地借阅图书	3203	43.3	1303	36.3
有机会去公共文化场所	2275	30.7	841	23.4
利用中小学的学习资源	1101	14.9	856	23.9
利用大学教育资源	784	10.6	284	7.9

表5-20 社区特征变量的描述性统计结果

统计项目	城市社区（街道）		农村社区（乡镇）	
	个数/个	占比/%	个数/个	占比/%
有社区居民学校	44	89.8	22	71.0
有社区学习网络服务平台或专门网页	35	71.4	13	41.9
有卫星接收设备	—	—	25	80.6

（续表）

统计项目	城市社区（街道）		农村社区（乡镇）	
	个数/个	占比/%	个数/个	占比/%
有专门经费	33	67.3	8	25.8
街道人口规模				
2.5 万人以下	5	10.2	8	25.8
2.5 万~5 万人	17	34.7	11	35.5
5 万~7.5 万人	12	24.5	8	25.8
7.5 万~10 万人	6	12.2	1	3.2
10 万人以上	9	18.4	3	9.7
社区教育项目开设主要依据				
上级要求	33	67.3	19	61.3
社区居民要求	35	71.4	19	61.3
现有教育资源	33	67.3	19	58.1
社区教育主要形式				
教室集体授课	27	55.1	15	48.4
集体活动	33	67.3	22	71.0
上网学习	22	44.9	8	25.8

二、影响居民学习的因素

多水平分析结果显示在控制了若干个人和家庭特征后，一些个人和社区特征仍然对居民参与教育和学习有一定影响，多个自变量的回归系数通过显著性检验，对居民是否参与教育和学习存在显著影响，结果如表 5 – 21、表 5 – 22 所示。

表 5 – 21　城市社区（街道）居民参加学习的多水平分析结果

统计项目	各种培训		社区教育	
变量	系数	P 值	系数	P 值
截距	− 1.559	0.010	− 2.548	0.010
第二水平（街道层次）				
是否有社区居民学校（"1"有"0"无）	− 0.342	0.389	− 0.746	0.270
是否有社区学习网络服务平台或专门的网页（"1"有"0"无）	− 0.289	0.238	− 0.444	0.273
是否有专门经费（"1"有"0"无）	0.244	0.304	0.292	0.480
街道人口规模（相对于2.5万人以下社区）				
2.5 万~5 万人	− 0.159	0.632	0.065	0.898

（续表）

统计项目	各种培训		社区教育	
变量	系数	P 值	系数	P 值
5 万~7.5 万人	−0.264	0.446	−0.401	0.453
7.5 万~10 万人	−0.205	0.611	0.888	0.182
10 万人以上	−0.006	0.992	0.090	0.880
社区教育项目开设主要依据				
上级要求	—	—	−0.527	0.114
社区居民要求	—	—	0.922	0.050
现有教育资源	—	—	0.345	0.918
社区教育主要形式				
教室集体授课	—	—	0.176	0.593
集体活动	—	—	0.156	0.641
上网学习	—	—	1.045	0.003
第一水平：个人及家庭层次				
性别（男"1"女"0"）	−0.153	0.018	−0.152	0.050
年龄（相对于 20 岁以下）				
21~25 岁	−0.250	0.088	0.071	0.702
26~30 岁	−0.159	0.191	−0.051	0.737
31~35 岁	−0.062	0.617	−0.036	0.815
36~40 岁	0.041	0.727	0.069	0.634
41~45 岁	−0.003	0.983	0.327	0.043
46~50 岁	−0.067	0.687	0.264	0.381
51~55 岁	−0.121	0.497	0.196	0.313
56~60 岁	0.093	0.634	0.059	0.779
61~65 岁	0.159	0.505	0.398	0.116
66~70 岁	0.201	0.436	0.546	0.043
70 岁以上	−0.286	0.365	0.348	0.273
民族（汉族"1"少数民族"0"）	0.323	0.103	−0.185	0.377
婚姻（已婚"1"其他"0"）	0.071	0.493	0.084	0.506
流动（本地居民"1"外地居民"0"）	0.533	0.000	−0.017	0.899
户籍（城市"1"农村"0"）	0.056	0.530	0.038	0.724
学历（相对于小学及以下）				
初中	−0.037	0.861	0.481	0.032
普通高中	0.170	0.419	0.714	0.002

（续表）

统计项目	各种培训		社区教育	
变量	系数	P 值	系数	P 值
职业高中	0.389	0.105	1.195	0.000
中专	0.309	0.167	0.505	0.043
技校	0.633	0.012	0.857	0.003
大专	0.412	0.050	0.519	0.030
大学本科	0.740	0.001	0.025	0.921
研究生	0.848	0.022	0.389	0.368
从业状况（相对于在职人员）				
离退休人员	−0.354	0.032	0.686	0.000
进城打工人员	0.001	0.997	0.447	0.015
无固定职业人员	−0.786	0.000	0.378	0.020
自由职业人员	−0.553	0.000	0.521	0.000
待业人员	−0.579	0.002	0.641	0.001
在校学生	−0.352	0.065	−1.341	0.001
收入水平（以年纯收入低于2000元为参照）				
2000~5000元	0.187	0.254	0.003	0.987
5000~10 000元	0.228	0.082	−0.165	0.301
1万~2万元	0.250	0.034	−0.143	0.313
2万~3万元	0.234	0.050	−0.233	0.117
3万~4万元	0.048	0.743	−0.235	0.180
4万~5万元	0.349	0.041	−0.101	0.616
5万~6万元	0.407	0.054	−0.024	0.926
6万~8万元	−0.140	0.585	−0.380	0.204
8万~10万元	0.187	0.499	−0.102	0.747
10万~50万元	−0.237	0.502	0.038	0.921
50万元以上	0.220	0.806	0.960	0.290
是否拥有手机（有"1"没有"0"）	−0.106	0.568	−0.009	0.966
手机是否上网（上网"1"不上网"0"）	0.117	0.167	0.036	0.725
上网频率（以不上网为参照）				
经常	0.445	0.000	−0.005	0.970
有时	0.274	0.009	0.233	0.042
学习习惯（过去一年经常有以下活动）				
阅读报纸	0.085	0.304	0.111	0.269

（续表）

统计项目	各种培训		社区教育	
变量	系数	P 值	系数	P 值
阅读杂志	−0.085	0.366	−0.061	0.596
阅读书籍	0.325	0.001	0.214	0.053
上网学习或获取信息	0.265	0.001	0.062	0.526
去图书馆学习	0.020	0.859	−0.023	0.853
去博物馆、展览馆等场所	−0.128	0.304	0.089	0.360
听广播	0.027	0.751	−0.093	0.287
看电视	−0.003	0.970	0.353	0.003
可获得学习条件				
方便地借阅图书	0.135	0.042	0.109	0.171
有机会去公共文化场所	0.155	0.024	0.026	0.757
利用中小学的学习资源	−0.051	0.570	−0.144	0.418
利用大学教育资源	0.080	0.418	0.132	0.278

表5-22　农村社区（乡镇）居民参加学习的多水平分析结果

统计项目	各种培训		社区教育	
变量	系数	P 值	系数	P 值
截距	−2.141	0.047	−3.453	0.026
第二水平（街道层次）				
是否有社区居民学校（"1"有"0"无）	0.586	0.400	0.225	0.769
是否有社区学习网络服务平台或专门网页（"1"有"0"无）	0.176	0.828	1.694	0.055
是否有专门经费（"1"有"0"无）	−1.016	0.102	−0.575	0.402
街道人口规模				
2.5 万~5 万人	−0.189	0.799	−0.033	0.969
5 万~7.5 万人	0.040	0.955	−0.387	0.608
7.5 万~10 万人	−0.155	0.926	1.687	0.335
10 万人以上	−0.701	0.506	−0.802	0.491
社区教育项目开设主要依据				
社区居民要求	—	—	0.895	0.193
现有教育资源	—	—	−0.554	0.355
社区教育主要形式				
集体活动	—	—	−0.071	0.922

（续表）

统计项目	各种培训		社区教育	
变量	系数	P 值	系数	P 值
上网学习	—	—	− 0.284	0.681
第一水平：个人及家庭层次	—	—		
性别（男"1"女"0"）	− 0.246	0.012	− 0.151	0.167
年龄（相对于20岁以下）				
21～25 岁	− 0.280	0.193	− 0.456	0.101
26～30 岁	− 0.169	0.336	− 0.364	0.077
31～35 岁	− 0.230	0.167	− 0.233	0.188
36～40 岁	− 0.194	0.203	− 0.146	0.340
41～45 岁	0.196	0.295	− 0.488	0.014
46～50 岁	− 0.235	0.363	− 0.198	0.732
51～55 岁	− 0.488	0.098	− 0.152	0.628
56～60 岁	− 0.722	0.022	− 0.565	0.101
61～65 岁	− 0.751	0.042	− 0.955	0.034
66～70 岁	− 0.530	0.194	0.393	0.354
70 岁以上	− 0.623	0.208	0.781	0.109
民族（汉族"1"少数民族"0"）	− 0.251	0.513	0.009	0.984
婚姻（已婚"1"其他"0"）	0.068	0.685	0.672	0.003
流动（本地居民"1"外地居民"0"）	0.193	0.366	− 0.105	0.675
户籍（城市"1"农村"0"）	0.147	0.297	0.140	0.425
学历（相对于小学及以下）				
初中	0.626	0.003	0.435	0.059
普通高中	0.01	0.000	0.282	0.332
职业高中	1.165	0.000	0.621	0.080
中专	0.811	0.004	− 0.545	0.173
技校	0.152	0.666	− 0.232	0.628
大专	0.831	0.002	− 0.439	0.213
大学本科	1.128	0.000	− 0.712	0.081
从业状况（相对于在职人员）				
进城打工人员	− 0.029	0.879	0.376	0.078
务农人员	− 0.580	0.002	0.640	0.001
自由职业人员	− 0.619	0.002	0.489	0.019
待业人员	− 1.122	0.002	− 0.626	0.200

（续表）

统计项目	各种培训		社区教育	
变量	系数	P 值	系数	P 值
收入水平（以年纯收入低于 2000 元为参照）				
2000 ~ 5000 元	0.455	0.012	− 0.229	0.216
5000 ~ 10 000 元	− 0.175	0.303	− 0.439	0.010
1 万 ~ 2 万元	0.422	0.010	− 0.397	0.024
2 万 ~ 3 万元	− 0.067	0.721	− 0.641	0.005
3 万 ~ 4 万元	0.126	0.609	− 0.673	0.025
4 万 ~ 5 万元	− 0.407	0.170	− 1.300	0.002
5 万 ~ 6 万元	− 0.705	0.116	− 1.128	0.060
6 万 ~ 8 万元	− 2.094	0.000	− 2.416	0.002
8 万 ~ 10 万元	− 1.797	0.002	− 0.534	0.396
10 万元以上	− 0.746	0.202	− 0.506	0.508
是否拥有手机	0.859	0.004	0.019	0.944
手机是否上网	− 0.198	0.122	− 0.334	0.019
上网频率（以不上网为参照）				
经常	0.928	0.000	0.252	0.196
有时	0.449	0.002	0.346	0.018
学习习惯（过去一年经常有以下活动）				
阅读报纸	0.373	0.007	0.209	0.180
阅读杂志	0.529	0.001	− 0.180	0.298
阅读书籍	0.364	0.010	− 0.243	0.140
上网学习或获取信息	0.277	0.026	0.248	0.096
听广播	0.620	0.000	0.416	0.002
看电视	− 0.107	0.334	− 0.089	0.468
可获得学习条件				
方便地借阅图书	0.246	0.017	0.722	0.000
有机会去公共文化场所	0.325	0.006	− 0.113	0.407
利用中小学的学习资源	0.213	0.055	− 0.114	0.375
利用大学教育资源	− 0.152	0.372	0.594	0.002

1. 个人及家庭特征对居民参与学习可能性的影响

第一，城市社区居民中性别对参与各类培训的可能性有显著影响，男性参与培训的可能性低于女性，农村社区居民参与社区教育时性别的作用不显著。

第二，年龄对居民参与各类培训的可能性没有显著差异。对于参与社区教育而言，城市居民中 40～45 岁和 66～70 岁居民参与教育和学习的可能性明显多于 20 岁以下居民。与此相反，农村社区居民中 40～45 岁和 66～70 岁居民参与教育和学习的可能性明显少于 20 岁以下居民。

第三，居民从业状况对参与教育和学习的可能性有显著影响。无论是城市社区居民还是乡镇社区居民，离退休人员、无固定职业人员、自由职业人员、待业人员等没有固定职业、闲暇时间较多人员参与教育培训的可能性显著低于在职人员，但是参与社区教育的可能性显著高于在职人员，进城打工人员参与社区教育的可能性高于在职人员。

第四，居民文化程度对参与学习的可能性有显著影响。在城市居民中，技校、大专、本科以上学历人员参与各类教育和学习的可能性明显高于其他学历人员，而初中、高中、技校、大专学历人员参与社区教育的可能性明显高于小学或大学及以上学历人员。在农村居民中，随着学历水平的提高，参与各类教育和学习的可能性也随之增加，但是不同学历农村居民参与社区教育的可能性没有明显差异。

第五，居民家庭收入状况对参与各类教育和学习的可能性有显著影响。城市社区居民家庭年收入在 1 万～6 万元的家庭相对于最低收入家庭参与学习的可能性显著增大。年收入在 6 万元以上的家庭居民参与学习的可能性与最低收入家庭居民相比不存在显著差异。一个非常有趣的现象是对于农村居民，家庭收入在 6 万元以上的居民参与学习的可能性显著低于低收入家庭，家庭收入在 1 万～2 万元的居民参与各类学习的可能性明显高于最低收入家庭。对城市居民而言家庭收入与居民参与社区教育的可能性没有显著相关性，而农村居民家庭收入增加，参与社区教育的可能性均低于最低收入家庭。

第六，城市社区的本地居民参与各类教育和学习的可能性显著高于非本地居民。农村社区居民中无显著影响。

第七，家庭拥有一定的文化资源的居民参与教育和学习的可能性会显著增加。例如，有经常阅读书籍习惯的居民参与各类培训的可能性显著高于不经常阅读的居民。对于农村居民，经常听广播的居民可能会参与更多的社区教育。从一个侧面反映了具有一定的学习动力和需求的居民参与学习的可能性就大。

第八，居民可获得的学习条件更加多元，参与各类教育和学习的可能性会增加。无论城市居民还是农村居民，如果能够方便地借阅图书、有机会去公共文化场所，参与各类学习的可能性就会增加。

第九，网络对于居民参与各类教育和学习活动也有正向影响。能够上网的居民参与各类学习的可能性就大，有时上网的居民参与社区教育的可能性也显著增大。

第十，民族、婚姻状况、户籍状况对居民参与各类学习及社区教育没有显著影响。

2. 社区特征对居民参与学习可能性的影响

第一，总体而言社区特征对居民参与各类学习和社区教育的影响不大。尤其是对于参与各类教育和学习而言，不同特征的社区居民参与的可能性没有显著差异。

第二，对于社区教育，如果街道的社区教育是根据居民学习需求而办的，社区教育采取上网学习的城市社区居民参与社区教育的可能性会有所增加，但是农村乡镇层面的指标对居民参与社区教育没有显著影响。这从一个侧面说明农村社区在社区教育方面还没有发挥出作用，造成各个不同特征的农村社区居民参与社区教育没有显著差别。但是对农村社区而言，居民所在社区有社区学习网络服务平台或专门的网页，居民参与各类教育和学习的可能性增加。

三、主要结论

第一，居民是否参与教育和学习主要受个人及家庭特征的影响。目前选取的一些反映社区特征的指标与居民参与教育和学习没有显著的影响。但是对于社区教育，如果社区围绕居民需求开办，采取恰当的授课形式，居民参与社区教育的可能性会显著增加。几种可能的解释有：①反映社区层面的指标还有待丰富；②由于各类教育培训是包含了工作单位组织的培训、社区教育、社会办班、学校办班和函授网络课程等类型，因此本身与社区的关系不大；③对于社区教育虽然有些指标显著，但是大部分指标不显著，说明目前的街道和乡镇的社区教育还不到位，确实没有产生显著性作用，还有待进一步提高；④目前分析中用的是乡镇或街道层面的指标，还需要更贴近居民的社区层面的数据来反映。

第二，居民的从业状况对参与教育和学习有显著影响，在职人员参与各类教育和学习的可能性显著高于务农、无固定职业、自由职业、待业人员。而离退休人员、自由职业等人员参与社区教育的可能性显著高于在职人员，这类人员有更多的闲暇和可自由支配的时间。

第三，居民的学历状况对居民参与各类学习活动有显著影响，学历高的居民参与教育或学习的可能性大。但是，对于参与社区教育有不同的影响，学历高的人员参与社区教育的可能性反而会降低。

第四，居民家庭的经济、社会文化资源和学习习惯是支持和影响居民学习参与的重要因素，居民家庭的收入状况也是影响居民参与教育和学习较为显著的指标。家庭年收入6万元是一个参与教育和学习活动的临界点，但是对于城市居民有正向的影响，对农村居民有负向影响。个人学习动力、周围学习资源获得状况对居民参与教育和学习有显著影响。家庭文化资源丰富、有主动学习的动力、方便获取公共学习资源的居民参与教育和学习的可能性会显著增加。经常收听广播的农村居民参与教育和学习的可能性增加。

第五，网络对于居民参与学习有积极的作用。能够连接互联网的家庭参与培训的可能性就增加。

第六，个人的年龄、性别、户籍、流动等因素对居民学习参与率的影响有限。

第六章　学习型社会发展指数实测结果

第一节　学习型社会发展指数测算结果

为了验证前述指标体系及学习型社会发展指数计算方法的合理性及可行性，本课题组根据搜集到的数据对七个样本地区学习型社会发展指标进行了梳理和计算，得出了七个样本地区学习型社会发展指数的结果，如表6-1所示。

表6-1　七省市学习型社会建设进展指数测算表

一级指标	二级指标	三级指标	权重	目标值	总体	样本省市						
						A	B	C	D	E	F	G
学习保障（40%）	制度（10%）	终身学习立法	2.50%	100	1.70	2.00	1.25	1.75	1.50	1.70	2.25	1.50
		终身学习管理体制	2.50%	100	1.50	1.63	1.13	1.50	1.38	1.45	2.18	1.25
		终身学习制度机制	2.50%	100	1.43	1.50	1.00	1.63	1.25	1.25	2.08	1.25
		继续教育规划	2.50%	100	1.53	1.58	1.13	1.75	1.30	1.63	2.00	1.33
	投入（15%）	财政性教育经费/GDP	3%	6.73	1.60	1.24	3.00	1.05	1.32	1.32	1.45	1.90
		非财政性教育经费/GDP	3%	1.61	2.27	1.96	2.35	2.11	1.86	3.00	2.01	2.83
		人均财政性教育经费/元	3%	2426.4	1.33	1.37	1.34	1.28	0.90	1.02	3.00	1.13
		人均非财政教育经费/元	3%	806.09	1.36	1.56	0.76	1.85	0.92	1.67	3.00	1.21
		文教支出占家庭消费支出比重	3%	13.63	2.26	2.32	2.06	2.32	1.83	2.01	3.00	1.65
	资源（15%）	拥有社区学校（学院）的社区比例	5%	100	4.11	4.47	2.73	3.47	4.24	3.80	5.00	4.37
		每万人公共文化设施数	3%	9.55	1.21	1.53	3.00	0.88	1.04	1.28	0.82	1.22
		网络普及率	3%	68.4	1.99	2.57	1.37	2.69	1.25	1.82	3.00	1.76
		职业技术培训机构人力资源	4%	8.84	2.10	1.63	3.20	1.53	1.93	1.24	4.00	1.54

（续表）

一级指标	二级指标	三级指标	权重	目标值	总体	样本省市						
						A	B	C	D	E	F	G
学习参与（30%）	正规教育（10%）	学前教育毛入学率	2.50%	70	1.82	2.50	1.54	2.50	1.82	1.88	2.50	2.21
		义务教育完成率	2.50%	95	2.39	2.50	2.37	2.50	2.40	2.47	2.50	2.38
		高中教育毛入学率	2.50%	90	2.20	2.23	1.94	2.36	2.47	2.33	2.50	2.11
		高等教育毛入学率	2.50%	40	1.51	1.53	1.31	1.88	1.38	1.90	2.50	1.50
	非正规教育（10%）	继续教育参与率	10%	51.45	7.87	7.62	5.39	7.47	9.80	8.89	10.00	8.87
	非正式学习（10%）	上网学习的比例	5%	48.4	3.73	5.00	2.67	4.05	4.43	3.44	4.38	4.63
		公民阅读率	5%	57.2	4.04	4.38	3.51	4.24	3.96	3.79	5.00	4.09
学习贡献（30%）	人口素质（10%）	15岁及以上人口平均受教育年限	2.50%	10.55	1.25	1.25	1.14	1.31	1.23	1.28	1.50	1.16
		成人识字率	2.50%	100	1.43	1.46	1.34	1.46	1.42	1.42	1.43	1.40
		人均受教育年限性别指数	2.50%	1	1.38	1.35	1.31	1.40	1.40	1.35	1.35	1.38
		预期寿命	2.50%	74.75	1.45	1.47	1.45	1.48	1.44	1.46	1.50	1.50
	经社发展（10%）	发展与民生指数	10%	100	66.04	68.54	52.40	72.85	59.04	62.41	85.53	61.54
	学习满意度（10%）	公众终身学习满意度	5%	100	2.43	2.77	1.94	2.41	2.43	2.49	3.22	2.35
"学习型社会"发展指数				100	68.92	73.79	59.94	71.67	66.95	67.62	88.96	68.12

注："总体"一栏中的数据有全国统计的采用其统计数据，没有全国数据的用7个样本地区的平均值替代。

一、指标体系的合理性与可行性

关于指标体系的合理性与可行性，课题组根据数据计算结果得出以下判断：

第一，课题组确定的指标体系、指标数据获得方法、指标权重及数据指数化的方法是可行的。

第二，课题组提出的学习型社会发展指数能够直观地反映一个地区学习型社会建设与发展的总体状况，其计算方法也是可行的。

第三，七个样本地区的学习型社会发展指数得分情况及其差距与人们对这些地区学习型社会发展状况的经验判断是相符合的。

二、学习型社会发展指数得分的分析与解释

本指标体系及学习型社会发展指数主要以评价"基本形成学习型社会"的实现程度为主要目标（学习型社会的初级阶段或创建阶段），因此，指数得分的意义拟按以下标准判断：

（1）指数得分 60 分及以下，可认为其学习型社会建设尚未真正起步，或者尚处于起步准备阶段。

（2）指数得分 61～70 分，可认为其已进入学习型社会建设的早期阶段。

（3）指数得分在 71～80 分，可认为其已进入学习型社会建设的中期阶段。

（4）指数得分 81～90 分，可认为该地区已进入学习型社会建设的后期阶段。

（5）得分超过 90 分，可认为其已实现基本形成学习型社会的目标，其学习型社会发展将进入后创建发展阶段。

参照这一判断标准进行分析，七个样本地区学习型社会建设和发展水平大致可划分为以下四个层级：

第一层级是 F 地区，学习型社会发展指数得分接近 90 分，超过所有样本地区平均得分约 20 分，表明该地区已经进入学习型社会建设（或称为创建）的后期阶段，已接近实现"基本形成学习型社会"的目标。

第二层级是指数得分超过 70 分 A 地区和 C 地区，可认为它们已进入学习型社会建设的中期阶段。

第三层级是得分在 60～70 分之间的三个地区，这三个地区尚处于学习型社会建设的早期阶段，或者说处于从早期阶段向中期阶段发展的进程中。

第四层次是得分在 60 分上下的 B 地区，该地区尚处于学习型社会创建刚起步阶段。

以上测算结果和分析结论得到本课题多数咨询和评审专家的赞同，认为上述七个样本地区的分析结果客观反映了这些地区学习型社会发展的实际状况。

综合以上分析，课题组认为样本地区学习型社会发展状况可以从一个侧面反映出我国学习型社会建设及进展的总体状况，即虽然有少数先进地区已接近"基本形成学习型社会"的目标，但不同地区的学习型社会建设和发展水平尚存在较大差距，在总体上我国尚处于学习型社会建设的初级阶段，距离 2020 年"基本形成学习型社会"的战略目标尚有很大差距，必须加快建设步伐。

第二节　评价指标体系实测结果的启示

一、增加投入和加强制度保障至关重要

对于创建阶段的学习型社会建设来说，加大政府对学习型社会建设的投入，包括物质资源和制度资源的投入，对促进学习型社会建设至关重要。政府在学习型社会建设有关资源的配置中发挥着不可替代的主导作用。这不仅是基于对学习型社会指标和指数分析得出的结论，课题组进行的田野调查的结果和实践研究等也充分说明了这一点。

学习型社会建设后进地区要加快建设步伐，必须加强投入与保障。

一是充分发挥政府的主导作用，做好规划和顶层设计，提出清晰的学习型社会建设愿景。凡是学习型社会建设领先的省市，大都将学习型社会建设纳入当地经济社会总体规划或教育发展规划，有的还制定了学习型社会（城市）的专题规划。例如，上海市 2006 年颁发《关于推进学习型社会建设的指导意见》，在国内率先提出了建设"人人皆学、时时可学、处处能学"的学习型城市的目标；2011 年实施了"学习型社会与终身教育推进三年行动计划（2011—2013）"。北京市 2007 年颁布了《关于大力推进首都学习型城市建设的决定》，确立了学习型城市建设的总体目标、指导思想、基本框架和政策措施，2012 年发布了《北京市学习型城市建设工作十二五规划》，提出了十二五期间学习型城市建设的战略目标、主要任务、保障措施和实验项目等。上海和北京在学习型社会建设中的优势很大程度上得益于学习型社会建设专项规划的制订和实施。

二是构建强有力的学习型社会建设推进体制。学习型社会建设是复杂的系统工程，涉及政府众多部门和社会的方方面面，建立政府主导、部门协作、社会参与的推进和领导管理体制是学习型社会建设的重要保障。如上海市成立了由精神文明委、市委宣传部、组织部、市精神文明办、市教委等 13 个部门组成的"上海市学习型社会建设与终身教育促进委员会"，由市委分管副书记任主任，下设由上海市教委和市精神文明办共同主管的"推进办公室"，挂靠上海市教委，从而形成了市委市政府各部门共同参与，决策、指导、协调、管理与监督各环节有机结合，市、区、街道、社区多层次推动的工作格局。北京市 2007 年成立了建设学习型城市领导工作小组，领导小组成员包括 29 个委办局，办公室设在市教委，同时明确了各部门在学习型城市建设中的职责分工。各区县也成立了相应机构，形成了市、区（县）、街道（乡镇）三级推进体制。成立跨部门的领导统筹体制，不仅有助于促进政策协调与合作共建，也有利于促进学

习资源共享。

三是为学习型社会建设提供有效的法制保障。2011 年上海市颁布实施了《上海终身教育促进条例》，不仅把"推进学习型社会建设"纳入法律条文，还明确了建设学习型社会、促进终身教育的工作方针、经费保障、职责分工、管理体制，明确了政府、企事业单位、社会各方及学习者个人的权利、义务和责任，明确了机构设立、师资队伍及学习成果认定制度等重大举措。该条例实施两年来的实践证明，立法措施对促进上海的学习型社会和终身教育体系建设起到了很好的作用。

四是完善经费投入保障机制，加大终身学习投入，健全终身学习成本分担机制。全民学习、终身学习要求完善教育投入体制。首先要加大对终身教育特别是继续教育的公共支出。近年，一些地区大幅度增加了对继续教育的财政投入。北京市每年投入专项经费 8000 多万元，用于奖励和资助与学习型城市建设相关的各种学习活动、文教设施建设、人员培训和先进典型的表彰奖励等。北京市西城区自 2001 年起，设立社区教育专项经费人均拨付标准，开创了政府根据标准拨付社区教育经费的先河。上海市建立了终身教育预算制度，2011 年全市终身教育市级预算约 1 亿元，区县、街道对终身教育投入超过 2 亿元，全市终身教育经费已达人均 15 元。同时，上海还调整了地方教育附加的支出结构，将其大部分用于返还给按规定安排职工教育经费的企业支持职工培训。

五是积极探索制度创新，构建终身教育体系和体制机制。如上海市努力构建终身教育体系，建立了由各类学校、社区教育、职工培训以及社会培训构成的继续教育服务体系。还探索建立专兼结合的终身教育人员队伍建设机制，形成了由专职教师、兼职教师、志愿者和终身学习推进员的社区教育从业者队伍，建立了专门编制和社区教育专职工作者的职称晋升通道等，为社区教育人员队伍的专业化奠定了基础。国家开放大学、上海开放大学等开放教育机构积极探索建立"学分银行"等学习成果认定转换制度。越来越多的专业技术岗位把继续教育作为从业人员的权利和义务，或者是作为延续职业资格、晋升专业技术职务的条件，公务员在职继续教育也日趋制度化。

六是广泛动员社会力量参与学习型社会建设，充分调动基层主动性和积极性，持续开展学习型组织创建活动。一些地区把学习型社会建设与地域、乡土文化传承相结合，把群众喜闻乐见的乡土文化作为终身学习的重要载体，有效地促进了对终身学习的参与。一些地区把创建学习型组织作为学习型社会建设的重要抓手，以有组织的学习带动组织成员个人的学习，取得了很好的促进效果。比如，上海市将创建学习型组织列入学习型社会建设目标，还建立了专门的评估标准，有效推动了学习型组织创建工作。

二、制约学习型社会建设的问题与对策

如前面所分析的，目前我国在整体上还处于学习型社会创建的初级阶段，不同地

区的建设和发展水平尚存在很大差距，从测算和田野调查的情况看，我国多数地区在学习型社会建设上还存在一些问题。当前的主要问题在于以下几个方面：

第一，认识不到位，目标任务不具体，政府主导作用发挥不够，有效推进学习型社会建设的体制不健全。学习型社会建设离不开政府的主导和推动。就全国多数地区而言，学习型社会建设还停留在口号上，中央、地方政府的一些领导的认识不深，宏观指导和政策支持不够。建设学习型社会涉及众多政府部门和社会领域，超出了教育部门的职能范围，要求建立像上海、北京那样的政府主导、统筹协调、分工明确、广泛参与的领导体制，但在国家层面以及多数地区尚未建立这样的领导体制，在推进学习型社会建设上难以形成合力。比如，在继续教育领域目前存在多头管理，各自为政，缺乏统筹协调，资源难以共享等问题。

第二，发展不平衡，学习型社会建设上还存在着较大的区域、城乡、人群差距。东、中西部省份学习型社会建设的总体水平存在着很大差距，外部差距很大程度上是由一些地区内部的区域、城乡和人群差距造成的。课题组的田野调查和抽样调查结果显示，不同地区、不同人群的终身学习参与率存在较大差距，比如农村居民参与各种终身学习的机会明显低于城市居民。这反映了我国学习型城市建设取得较大进展，而农村学习型社会建设严重滞后的现状。

第三，法制保障薄弱，促进终身学习的制度建设滞后。教育规划纲要中提出要制定终身教育法，但迄今只有福建和上海等个别省市颁布实施了相关条例，其他地区的立法工作进展缓慢，多数地区以及国家层面甚至还未列入立法计划。非正规教育、无固定形式学习成果的认定转换制度等终身教育相关制度建设也相对滞后。与学校教育的教师相比，终身学习工作者的制度化、专业化程度比较低。

第四，支撑学习型社会的投入保障机制不完善。建设学习型社会，实现全体人民学有所教的目标，需要加大教育投入，特别是继续教育投入。但目前我国的继续教育投入无论政府投入还是社会投入都处于较低水平，继续教育经费保障和成本合理分担的机制不健全，政策体系不完善，有限的财政投入因体制障碍等缺乏有效利用，社会投入动力不足。

针对以上问题，建议从以下几个方面入手加快学习型社会建设步伐：

一是切实转变观念、加深认识、制定规划、真抓实干。要敦促各级党政部门加深对建设学习型社会的重要性和紧迫性的认识，将其从口号转化为行动，切实加强党政对学习型社会建设的领导。为加强国家层面的宏观指导，建议尽快出台关于学习型社会建设的专门规划或指导意见，进一步细化学习型社会建设的目标，明确、分解和落实推荐学习型社会建设的任务和步骤。

二是加强学习型社会推进体制机制建设。建议以国务院科教领导小组或国家教育体制改革领导小组为基础，成立国家学习型社会建设领导小组，统筹协调学习型社会建设的政策和资源配置，作为其执行机构可在教育部设领导小组办公室，负责日常工作，或者借鉴日本文部科学省内设立终身学习政策局①的做法，在教育部内成立终身教育（学习）司，宏观管理推进全民学习、终身学习的各项事务，统筹协调构建终身教育体系的相关制度和政策。

三是加快终身教育（学习）法制建设。鉴于有关终身教育立法的共识初步形成，条件已基本具备，建议尽快把国家终身教育立法工作列入全国人大立法计划，启动立法相关调研和法律草案研制文本。将来的法律应就学习型社会、构建终身教育体系的目标、利益相关方的权利、责任和义务、管理体制、经费投入、激励机制、师资队伍、学习与成果认定制度等做出明确规定，为建设全民学习、终身学习的学习型社会提供有力的法制保障。

四是加快终身教育体系和制度建设。教育规划纲要提出的搭建终身学习立交桥，建立宽进严出的学习制度，办好开放大学，改革和完善自学考试制度，建立学习成果认证、积累和转换制度等，都是构建终身教育体系的重要内容，是学习型社会的重要基石，要进一步加强研究，加大试点工作力度，争取尽快在一些重大制度建设上有所突破。

五是尽快开展学习型社会建设和发展状况的监测评估。监测评估对社会建设和发展具有重要的引导和推动作用。国家教育发展研究中心研制的"基本形成学习型社会评价指标体系"为开展学习型社会建设监测评估做了有益尝试，建议以此为基础，进一步完善指标体系，适时开展由第三方专业机构实施的监测评估，以评促建。

对学习型社会指标和指数试测结果的分析表明，课题组提出的学习型社会评价指标体系发展指数不仅是可行的，而且是有效的。试测结果对分析样本地区以及我国学习型社会建设水平的整体状况具有较大的参考价值，对于明确加快学习型社会建设的努力方向也具有积极作用。

---

① 日本文部科学省的终身学习政策局的主要职能是制定推进教育改革政策、从事国内外教育调研、推进教育信息化、扶持管理社会教育、家庭教育、远程教育等.

第七章 学习型社会建设的成效与经验

第一节 地方政府的政策实践

地方政府在构建终身教育体系和推进学习型社会方面发挥着不可替代的重要作用，包括学习型社会的规划、政策和资源的统筹协调、公共资源的投入保障、法制保障等都离不开政府。近年来，各级地方政府在推进终身学习和学习型社会建设方面采取了一系列政策措施，积累了一些重要的经验。

一、统筹规划做好顶层设计

规划对于学习型社会建设具有十分重要的意义。在我国建设学习型社会的过程中，除中央政府层面之外，一些对学习型社会建设比较重视的地区或城市的政府也将其纳入经济社会发展计划、教育发展计划，一些地区或城市还发布了学习型社会建设的专项规划或者指导意见，对学习型社会建设起了重要的引领和推动作用。

上海市于1999年在全国率先提出"完善终身教育体系，努力把上海建成适应新时代的学习型城市"。2001年，上海市教委在"十五"教育规划中明确提出，"要建设与现代化国际大都市相匹配的学习型城市"。2006年，《中共上海市委、上海市人民政府关于推进学习型社会建设的指导意见》指出：到2010年初步建成"人人皆学、时时能学、处处可学"的学习型社会的框架，基本形成终身学习的社会共识，基本形成完善开放的终身教育体系，基本形成多模式、广覆盖的学习型组织创建格局，基本形成个人、社会和政府共同建设学习型社会的合力。为实现这个目标，市委领导号召：要发动全社会共同投入学习型社会创建工作，坚持政府主导与社会参与相结合，坚持终身教育体系与国民教育体系相结合，分阶段、分人群、按需求、按规律、有重点地推进。政府要大力提供公共物品和服务，发挥区县和社区作用，充分运用远程教育网络，建好办好城市开放大学，形成终身教育平台。要充分利用现有教育资源，通过整合发挥其最大效率，广泛提供优质的公共教育服务，积极发挥民间资源作用，使广大群众真正做到"处处可学"。要动员社会力量积极发展各种教育培训机构，只要对市民学习有帮助、有利于促进学习型社会进程的各种教育培训机构，都要积极鼓励、大力支持他们发展壮大。全体市民都要积极投入学习型社会建设，主动适应社会发展需要，树立终身学习理念，不断更新知识、提高自身素质、追求自身发展。2012 年，上海市学习型社会建设与终身教育推进大会提出争取到 2020 年率先实现教育现代化，率先基本建成学习型社会，终身教育服务水平达到国际先进。2016 年，上海市教育委员会等七部门公布《关于进一步推进本市学习型社会建设的若干意见》，提出在全国率先建成全民学习、终身学习的学习型社会。

上海市学习型社会建设目标、任务（2020）

建设目标：到 2020 年，在全国率先建成全民学习、终身学习的学习型社会。终身教育体系更加完备，教育资源分布更加均衡，学习支持服务更加智能，终身学习通道更加通畅，市民终身学习更加普及。每年有超过 50% 以上的城市常住人口参与各种形式的学习，所获学习成果得到各种形式的有效认定，学习团队和学习型组织蓬勃发展，终身学习成为市民普遍的精神追求和重要的生活方式。到 2025 年，建成具有国际影响力的学习型城市，使学习型社会建设成为支撑人和城市可持续发展的基础设施和动力引擎。

主要任务和保障举措：

进一步完善终身教育体系，夯实学习型社会建设基础。构建开放融合的终身教育体系；搭建融通衔接的终身学习立交桥；大力发展工作场所教育、社区教育和老年教育；推进区域间终身教育均衡发展。

进一步加强学习平台建设，优化学习型社会的载体。提升学习型组织建设成效；实现上海开放大学战略转型；运用信息技术推动学习服务模式创新；发挥好社会培训机构的作用；推进终身学习体验基地建设。

进一步创新学习制度，形成学习型社会建设的长效机制。建立面向全体市民的学分银行制度；建立终身教育质量保障制度；建立监测与评价制度；建立激励表彰制度。

进一步完善体制机制，加强学习型社会建设的保障。完善法制建设；加强统筹协调；促进开放共享；拓宽经费渠道；营造学习文化。

——《上海市教育委员会等七部门关于进一步推进本市学习型社会建设的若干意见》

北京也是国内推进学习型城市建设起步较早的城市之一，在多年实践探索过程中形成了"做好战略规划，进行科学设计"的特色。2002 年，北京市提出努力构建学习化社会，进一步提高首都市民素质和城市文明程度。2007 年，北京市委、市政府颁布《关于大力推进首都学习型城市建设的决定》，对北京学习型城市建设进行了整体设计，提出了推进学习型城市建设的指导思想、基本要求、战略目标、主要任务和举措。2012 年，北京市建设学习型城市领导小组发布了《北京市学习型城市建设工作"十二五"规划》，对未来五年的工作进行了系统设计和全面部署。

北京市推进学习型城市建设的目标（2007）

到 2010 年北京初步建成学习之都，成为以现代终身教育体系和学习型组织为基础，以广大市民的良好素质为支撑，教育事业最发达、学习资源最丰厚、学习氛围最浓厚、学习条件最优越、优势人才最集中、能够通过学习带动各项工作创造一流业绩、充满创新精神和发展活力的知识化、国际化大都市，为实现"新北京、新奥运"战略构想，为构建社会主义和谐社会首善之区奠定坚实的基础。

具体目标如下：

（1）构建各类教育相互沟通和相互衔接的终身教育体系。首都市民受教育程度进一步提高，基本满足人民群众对接受 0～6 岁儿童学前教育的不同需求；6 岁以上人口平均受教育年限达到 12 年，从业人员平均受教育年限 12 年，新增劳动力平均受教育年限达到 15 年；全市从业人员职前培训率达到 90% 以上，每年有 50% 以上的从业人员接受更新知识、提高技能的继续教育，有 30% 以上的居民接受社会文化生活教育。市民的现代文明素质和创新能力得到较大幅度的提升，各类人才数量有较大幅度增长。

（2）学习和创新成为首都发展的重要理念和市民的普遍行为。基本形成人人、时时、处处学习的社会氛围，多数市民把学习作为一种生活方式。市民学习的基本权利得到保障，终身学习的要求得到基本满足。各类组织重视履行学习和教育职能，并将其摆在优先发展的战略地位。创新成为多数组织和市民发展的内在需求，公众科学素质明显提高，全市形成浓厚的创新氛围，首都成为全国重要的创新基地。

（3）各类学习型组织的创建活动覆盖全市，各类学习型组织的创建率达 80% 以上，全市 30% 的社区（街道、乡镇）、机关、企事业单位等初步成为学习型组织。

（4）把和谐文化建设放在突出位置，以学习型城市建设促进和保证首都成为社会主义和谐社会首善之区。引导和组织广大干部和市民努力学习马克思主义中国化的最新成果，倡导爱国主义、集体主义、社会主义核心价值观，践行社会主义荣辱观。坚持以社会主义核心价值体系引领社会思潮，最大限度地在全体市民中形成思想共识。

（5）把落实人文奥运行动计划与创建学习型城市活动紧密结合起来。广泛开展奥林匹克知识学习教育活动，大力开展市民文明教育活动。围绕奥林匹克运动，开展专项学习活动，确保奥运会顺利进行。

——《中共北京市委、北京市人民政府发布关于大力推进首都学习型城市建设的决定（2007）》

2011 年，北京市教委颁布《北京市中长期教育改革和发展规划纲要（2010—2020 年）》。规划提出"大力倡导全民学习、终身学习的理念，建立灵活开放的终身教育体系，积极开展继续教育，加快学习型组织建设，使学习成为促进个人、组织和城市发展的核心动力。充分发挥首都人才、智力和资源等方面的优势，进一步完善学习型城市建设的领导体制、运行机制，健全工作制度。建设充满创新精神和发展活力的知识化、国际化大都市"。为践行首届国际学习型城市大会上签署的《建设学习型城市：北京宣言》《教育部等七部门关于推进学习型城市建设的意见》及《北京市中长期教育改革和发展规划纲要（2010—2020年)》，2016年，《北京市学习型城市建设行动计划(2016—2020年)》提出了非常具体的学习型城市建设目标，并从目标与任务、功能与作用、运行与管理及责任单位四个方面设计了"十大工程"来推进学习型城市建设：学习型示范城区建设推进工程、市民终身学习示范基地建设工程、终身学习数字化网络平台建设工程、学分银行建设工程、学习型组织培育工程、创新职工素质提升工程、新型职业农民培训工程、老年教育"夕阳圆梦"工程、家庭教育和家风建设工程、社区教育指导服务系统建设工程。"十大工程"成为北京推动学习型城市建设的重要抓手。

北京市推出加快建设学习型城市"十大工程"

1. 学习型示范城区建设推进工程。通过示范区创建，大力推进学习型街道、乡镇、社区和学习型家庭等持续建设，充分发挥教育服务区域发展，服务社会治理的功能，促进教育更加开放。北京市建设学习型城市工作领导小组办公室组织专家，对示范区建设过程进行加强指导，教育、文化、社会、民政、科技、宣传、组织、人力社保、总工会、妇联等不同部门协同创新。将在已有4个示范区的基础上，分阶段培育建成一批学习型示范城区，使得示范区比例达到70%以上。

2. 实施市民终身学习示范基地建设工程。计划在教育、文化、科技、体育等现有资源基础上，建成终身学习重要载体和场所，为市民提供学习、体验、创新、交流的平台，注重为老年群体、残疾人员及就业困难人员等特殊群体提供学习服务。发挥政府主导、社会参与的作用，通过购买服务等方式调动社会组织参与社区教育服务，分阶段建成100个市级及一大批区级"市民终身学习示范基地"，并给予每个基地一定的专项经费支持。

3. 终身学习数字化网络平台建设工程。通过"京学网"向市民提供更加便捷和内容丰富的开放式在线学习服务，汇聚高等学校、职业院校、数字学校的精品课程，以及社区教育、农村远程教育等优质教育资源，开发特色微课程，建设终身学习课程超市。通过移动终端提供智能化、基于位置的学习服务，形成具备信息检索、资源推荐、查询、评价等功能的学习信息综合服务地图。推动各区数字化网络学习平台的建设，实现市区两级用户统一、资源共享、数据互通、联动运行，打造全市互联的智能化终身学习公共服务平台，支撑500万级用户服务，提供大规模、个性化定制学习服务。

4. 学分银行建设工程。依托北京开放大学，组建市级学分银行管理中心、学分银行网上服务中心。拓宽终身学习通道，开展终身学习成果积累与转换工作。建立市民终身学习档案，为普通高校、职业院校、成人高校之间学分积累与转换提供平台。通过个人学习账号和学分累计制度，畅通继续教育与终身学习的通道。实现个人学习信息存储、学习成果认证、学分积累与转换，激励市民终身学习。分阶段为500万市民建立终身学习账户，发放"京学卡"。

5. 学习型组织培育工程。建设北京市学习型组织案例库，举办学习型组织论坛，开展国内外宣传和推广。培育示范性学习型组织，推动各类组织转变思维方式、改进学习模式、塑造组织文化、实现管理变革，社会治理创新发展。推动机关、事业单位、企业、社团等各类组织提高管理效能和创新活力，分阶段培育和认定100个示范性学习型组织。

6. 创新职工素质提升工程。坚持市场性与公益性相结合，鼓励各种社会力量开展各类职业培训，支持工会、共青团、妇联、科协等群众团体以及各类社会组织参与职工素质工程，逐步建立和完善政府主导、面向就业市场、依托企业、社会化、多层次的职工教育体系。完善一批首席技师工作室和职工创新工作室，加强校企结合，促进跨行业、专业化、社会化示范性的公共实训基地建设，建设50个职工继续教育基地，每年参与素质工程的职工达到100万人次。

7. 新型职业农民培训工程。依托北京市农业广播电视学校，筹建新型职业农民终身学习"讲师团"，指导新型职业农民开展学习与培训。逐年提高新型职业农民的受教育年限和学历层次，加强现代农业技术技能培训，增强新型职业农民增收致富的能力及自主创新能力。依托现有大中型企业、职业院校、成人教育中心及各类培训机构，分阶段建设100所示范性成人学校，重点支持50个新型职业农民培训基地建设，推动京津冀新型职业农民培训。

8. 老年教育"夕阳圆梦"工程。教委统筹，民政、人力社保、财政等相关部门密切配合、明确职责、齐抓共管、共同推进老年教育事业和涉老养老服务人才培养的管理、运行、监督、投入等工作机制。学历教育及文化生活培训并举、线上与线下教育学习并重，整合社会教育培训资源，逐步形成满足老年人对文化生活和社会对涉老养老服务业人才培养的需求。到2020年支持现有培训学校加大涉老养老服务人才培训力度，加大北京市劳动保障职业学院等职业院校养老服务专业建设和招生工作。

9. 家庭教育和家风建设工程。依托首都丰富的专家资源，建立"家庭教育与家风建设推广中心"，开发家庭教育和家风建设服务网上平台和移动终端平台。立足丰富的教育和传统文化资源，组建专家和志愿者团队，研究发掘古今优秀的家庭教育和家风建设案例，开发建设家庭教育和家风建设的资源库，充分利用网络平台和新媒体手段，面向社区、学校、企事业单位宣传报道优秀家教家风案例。

10. 社区教育指导服务系统建设工程。实施"互联网＋社会教育＋社工培养"系统工程，由北京开放大学与市委社会工委、市社会办共同建立北京开放大学社会学院。依托北京开放大学，成立北京市社区教育指导中心，各区成立社区教育指导分中心，在街道设立专职社区教育指导工作岗位，形成市、区、街、社区四级社区教育组织网络。加强社区教育工作者和学习指导师队伍建设，分阶段选拔和培训 100 名市级高水平、专业化学习指导师。各区培养一大批专兼职结合的社区学习指导师和志愿者队伍。

——《北京市推出加快建设学习型城市"十大工程"》

2002 年 12 月，杭州市政府正式下发了《关于杭州市构建终身教育体系建设学习型城市的实施意见》，明确了杭州市社区教育和创建学习型城市的指导思想、目标任务及保障措施。勾画了处处有学习场所，实施有些机会，人人有学习愿望的美好蓝图，开启了杭州市建设学习型城市的序幕。①

福建省依据《福建省终身教育促进条例》及《福建省国民经济和社会发展第十二个五年规划纲要》等，于 2011 年 2 月发布了《福建省中长期教育改革和发展规划纲要（2010—2020 年）》，进一步明确提出发展终身教育体系、建设学习型社会的战略目标和举措。2011 年 5 月发布的《福建省"十二五"教育发展专项规划》提出了基本形成终身教育体系的发展目标和主要任务，强调：完善终身教育管理体制和运行机制，增强政府、社会和公民个人共同推进终身教育的合力。积极发展社区教育，推进各类学习型组织建设。充分发挥广播电视大学、自学考试等学习平台的作用，发展继续教育和远程教育。建设开放大学。重视发展老年教育，完善管理服务体制，全面建立省、市、县（市、区）、乡（街道）、村（居）五级老年学校。2016 年，福建省人民政府发出《关于印发福建省"十三五"教育发展专项规划的通知》，提出了"率先基本形成学习型社会"的发展目标，"基本满足学习型社会多样化教育需求"。为此，该规划将"大力发展终身教育"作为"促进教育包容发展与机会公平"的重要战略举措，明确"积极发展继续教育""拓宽社会成员终身学习通道""完善终身教育网络"为工作重点，推进福建终身教育体系和学习型社会建设。②

2013 年，郑州市印发了《郑州市人民政府办公厅关于大力发展社区教育加快推进学习型城市建设的意见》，提出了发展社区教育、建设学习型城市的指导思想、基本原则、总体目标、主要工作、保障机制等。2014 年，河南省也就加强新形势下城市社区建设印发了《中共河南省委办公厅 河南省人民政府办公厅关于加强新形势下城市社区建设的意见》（豫办〔2014〕33 号），从新形势下加强社区建设指导思想、创新社区治理体制和推进多元主体参与、完善社区服务体系和提高社区服务能力、健全社区组织体系、加强社区工作队伍建设、强化责任和完善保障机制五个方面予以规定。

也有的地区对学习型社会建设中的主要战略领域，如社区教育等进行了专题规划。为加快实现"基本形成学习型社会"的目标和服务全面建成小康社会的战略要求，根

---

① 杭州市推进学习型城市建设工作指导委员会. 全球学习型城市：杭州样本［M］. 杭州：杭州出版社，2016：23.

② "基本建成学习型社会的指标体系和实践途径研究"课题组 2012 年 8—9 月以有关地区的调研报告为基础，并对数据进行了更新。

据《教育部等七部门关于推进学习型城市建设的意见》（2014）和《教育部等九部门关于进一步推进社区教育发展的意见》（2016），海南省教育厅等十部门2017年联合发出《关于进一步推进社区教育发展　加快学习型社会建设的实施意见》，提出了海南省大力发展社区教育的总体要求，从基础能力、队伍建设、社区发展、构建体系等方面进一步明确了推进社区教育发展的主要任务。

二、建立领导协调体制

学习型城市建设涉及众多政府部门和社会各界，是涉及城市发展与管理的综合性、系统性工程，必须建立跨部门、跨行业和跨区域的领导体制。为统筹协调推动学习型社会建设，一些地区建立了新型领导管理体制。

2002年1月，常州成立了由市委书记担任主任的"建设学习型城市工作指导委员会"。在实践中，常州把"行政推动、政策拉动、领导带动、舆论鼓动、社会促动"有机整合并贯彻其中，通过推进机制、示范机制、动力机制、投入机制，激发学习者内在活力。

2006年，上海市政府成立了市委宣传部、市委组织部和市教委等13个单位组成的"上海市学习型社会建设与终身教育促进委员会"，形成了以政府为主导、多方参与、统筹协调、合力推动的学习型社会建设领导管理体制。各区（县）与街道（乡镇）也相应建立了终身学习促进委员会，从而形成了市、区（县）、街道（乡镇）三级管理体制。

2007年，北京市成立了市委、市政府29个委办局和部门组成的建设学习型城市工作领导小组。

2010年，深圳成立学习型城市建设服务指导中心。决策者高度重视，从政策制度和投入上给予大力支持。2010—2013年，除基本建设投资外，市、区两级财政逐年加大对公共文化服务日常经费的专项投入，年均超过6亿元。

2006年成立"上海市推进学习型社会建设指导委员会"，2010年，在此基础上，组建"上海市学习型社会建设与终身教育促进委员会"。市委分管副书记任委员会主任，市委常委、市委宣传部部长和市政府分管副市长任委员会副主任，20多位市委、市政府相关委办局负责人为委员会委员。委员会下设办公室，设在上海市教委，市教委有一名分管副主任兼办公室主任。此外，2007年还由市编办正式批准，在市教委内增设了一个终身教育处，具体承担办公室的日常工作。委员会成立后，通过建立定期例会制度和议定事项落实制度等，形成共同支持终身教育事业发展的改革合力，对建立终身教育体系，搭建终身学习平台等工作进行宏观规划决策和统筹指导协调，发挥全市各有关单位和部门的行政职能和工作优势。

依据《福建省终身教育促进条例》，福建省人民政府于2006年设立了"福建省终身教育促进委员会"，由一名副省长担任该委员会主任，政府各主要部门负责人、相关专家代表参加。全省9个区市和80个县（市、区）也成立了终身教育促进委员会，占总数的95.6%。各级终身教育促进委员会发挥了协调、指导、推动当地终身教育和学习型社会建设的职能作用。

四川成都为了加强学习型社会的领导与管理体制建设，于2009年创建了市级社区教育联席会、各区（市）县社区教育联席会，以及街办（乡镇）社区教育指导委员会及居民街道社区教育工作组（站），全市初步建立了市、区、街、居四级组织管理制度。成都市武侯区是全国社区教育示范区、实验区，该区成立了以副区长为组长的"社区教育领导小组"。2014年12月，成都市设置了市终身教育促进办公室（为非常设机构），该机构与成都社区大学社区教育办公室合署办公。通过设置，成都市落实了推进终身教育的工作机构、工作职责、人员编制、工作经费。

武汉市成立了推进学习型社会建设工作领导小组，由市委分管副书记任组长，市政府分管副市长任副组长。领导小组下设办公室，在市教育局办公，负责日常工作。孝感市成立了孝感市终身教育学习中心，全面承接全市继续教育工作。孝南区各社区都成立了由社区居委会为主体、辖区各单位负责人和居民代表参加的创建学习型社区工作领导小组。

三、强化法制保障

在我国国家层面，除在《中华人民共和国宪法》和《中华人民共和国教育法》等法律中有少数条文提及终身教育之外，有关终身学习的专门法律一直是个空白，有关学习型社会建设更是缺乏法律依据和保障。2010年出台的《国家中长期教育改革和发展规划纲要（2010—2020）》促进了地方层面的终身学习立法的进展，上海市率先出台了《上海市终身教育促进条例》（以下简称《条例》）（2011），《条例》强调，制定条例的目的是"满足市民终身学习的需求，发展终身教育事业，推进学习型社会建设，促进人的全面发展"。《条例》确定了推进终身教育要坚持"政府主导、多方参与、资源共享、促进学习"的工作方针；明确了推进终身教育工作的责任主体和各部门的分工；明确了区县政府对推进终身教育体系建设的责任；明确了建立开放大学、建立学分银行的原则；明确了老年人、下岗人员、农民、私营企业的职工等参与学习的权利和提供教育的责任主体；明确了对经营性培训机构管理的办法；明确了工作实施、师资队伍、终身学习成果认定与转换等举措。为了统筹推进终身教育和学习型社会建设，《条例》第四条规定"市学习型社会建设与终身教育促进委员会负责统筹、协调、指导全市终身教育和学习型社会建设。市学习型社会建设与终身教育促进委员会的办事机构设在市教育行政部门"。上海市的《条例》发布以后，为终身教育和学习型社会的相关政策提供了明确的法律依据，有效支持并推动了上海市的学习型社会建设。可以说上海市在学习型社会建设方面的重要特色就是注重法制保障。

在上海市之后，太原市（2012）、河北省（2014）和宁波市（2015）也陆续出台了本地区的终身教育促进条例。这些地方的终身教育条例明确了促进终身教育和学习型社会的方针政策，确立了跨部门领导协调体制，明确了政府相关部门及各类终身教育机构的责任义务，提出了投入保障、激励机制、学习成果认证、专兼职教师队伍建设、弱势人群学习资助等政策举措，[①] 有的还将学习型社会、学习型城市、学习型组织、学习型社区建设等内容纳入其中，为学习型社会建设提供了法律依据和保障，有力促进了当地终身学习和学习型社会推进体制的建立，明确了政府的责任，调动了各利益攸关方和广大民众参与终身学习体系和学习型社会构建的积极性。

四、健全投入保障机制

建设学习型社会是一项庞大的社会工程，需要动员全社会的学习资源，需要有力而多元的投入保障。除了政府投入外，还需要建立多元化的成本分担机制，各地积极进行投入保障机制的实践探索。

2014 年，《教育部等七部门关于推进学习型城市建设的意见》中提出，加大多渠道投入力度，拓宽学习型城市建设经费投入渠道。企业应依法履行足额提取教育培训经费的责任并履行为教职工教育培训的义务。鼓励社会资金积极投入社区教育建设，努力形成国家政府、企业等用人单位和学习者本身共担学习成本、多渠道筹措经费的投入机制。2016 年，《教育部等九部门关于进一步推进社区教育发展的意见》中提出，全国各地区要不断完善各地政府投入、社会企业捐赠、学习者本人合理分担等多种渠道筹措经费的社区教育投入机制，不断拓宽社区教育经费来源渠道，加大对社区教育的支持力度。同时，要积极探索政府购买、项目外包、委托管理等形式，逐步形成行业、专业性社会组织和民办社会工作服务机构参与社区教育服务的局面。近年在建设学习型社会的过程中，各地积极探索建立终身学习和学习型社会投入保障机制，积累了有益的经验。

比如，上海市为了支持用人单位为从业人员提供继续教育，2011 年出台了《关于支持和鼓励本市企业组织开展职工职业培训实施意见》（以下简称《意见》）的通知，提出统筹运用地方教育附加专项资金，对符合补贴条件的本市内外资各类企业给予企业职工职业培训补贴。重点支持现代服务业、先进制造业、高新技术产业和战略性新兴产业等重点产业领域企业。《意见》规定了企业申请职工职业培训补贴的条件：一是根据本市企业职工职业培训规划，组织开展符合实际需求的职工职业培训；二是按照规定足额提取并使用企业职工教育经费，职工教育经费的 60% 以上应用于一线职工的职业培训；三是职工职业培训计划和职工教育经费使用情况经职工代表大会审议通过。

---

① 韩民. 中国教育改革大系·终身教育卷［M］. 湖北：湖北教育出版社，2016：32－33.

上海市还是较早建立社区教育经费政府拨款制度的地区。上海市各级政府都正式发文设立社区教育专项经费，将其列入政府经常性财政开支，按社区常住人口落实人均教育经费，并保证逐年增加社区教育经费投入。

北京市也不断加强学习型社会建设的经费保障，除了对社区教育给予经费支持外，每年投入专项经费 8000 多万元，用于奖励资助区县、机关、企业和学校创建学习型组织。①

关于社区教育经费，2010 年，教育部出台的《社区教育示范区评估标准（试行）》中曾提出：区（县、市）财政按常住人口每年人均不低于 2 元标准设立社区教育专项培训经费，并落实到位；建立多渠道筹措经费的机制。经济发达地区，在此基础上进一步增加社区教育经费的投入。以此为依据，一些地区建立了按一定标准和居民人口数拨款的社区教育拨款制度。

在上海，社区教育经费来源渠道有了保障。市级层面经费从 3000 万元增加到近一个亿，区县的专项经费大部分区可达到人均 2 元，少部分区已超过人均 10 元。② 徐汇区作为全国社区教育示范区，在制度、体制、机制、经费、物质和学习资源等方面为社区居民的学习提供保障。徐汇区设立了区和街镇两级社区教育专项经费，区政府按照全区常住人口人均每年 2 元的标准设立社区教育专项经费，列入预算；各街镇按常住人口人均每年不少于 5 元的标准设立社区教育经费，有的街道社区教育投入已达到人均 10 元。此外，徐家汇街道向"徐汇区教育基金会"捐赠供给人民币 100 万元，设立徐汇区社区教育"奉献奖"专项奖励基金。徐汇区居民参与社区教育课程班学习所支付的学费为 10~80 元不等，基本集中在 10~30 元的区间，据徐家汇街道 2009 年的统计数据，居民参与社区教育所分担的成本仅为教育成本的 3.31%，学习者对成本分担机制表示认同。随着社区教育课程质量的提高，越来越多的居民愿意参与社区学习。徐汇区还大力发展社区教育信息化，2009 年，区政府、各街镇额外投入 188.25 万元建设远程学习平台，学习资源免费向全体居民开放，并采用物质奖励的政策激励居民进行网络学习。在成人学历教育方面，成人学历教育的参与主体为在职人员，通过继续教育，能完善知识结构，扩展专业技能，提升学历等级。徐汇区政府大力支持机关干部的文化学习，并以相关政策扶持，文化学习的费用，个人负担 1/3，其余部分由所在单位报销。出于对政府公务员高一层次学历培训的支持，以每人 20 000 元学费报销的形式，进行奖励。徐汇区教育局为鼓励中小学、幼儿园教师完成高一层次学历培训，出台相关的奖励措施，教师参加对口的专业学习，所需学费按"3、3、4"原则分担，即区教育局奖励 30%，所在学校奖励 30%（学校也可自行酌定），个人承担 40%。

---

① 学习型城市建设再提速［N］. 中国教育报，2013 – 10 – 17. http：//www. tymbjy. com/news/view. asp？ id = 11639.

② 周秀芬. 探索终身学习成本分担，推进学习型城区建设. 在 2010 年"上海国际终身学习论坛"分论坛的发言.

广东省为解决社区教育的投入问题，多数社区采取"政府拨一点、社区筹一点、个人出一点"的办法筹集社区教育发展所需资金。如，深圳市宝安区于 2004 年正式成立社区教育中心，区政府批给该中心 8 个编制，有专职工作人员从事社区教育，社区教育经费有保障，主要由区政府投入。广州市越秀区社区教育有编制的专职工作人员 40 多人，在社区教育学院还设有社区教育科。区财政还给社区教育学院拨款 110 万元作为开办费，此外，区财政每年按人均 1.5 元教育经费划拨给社区教育学院。佛山市政府拨款 40 万元用于建设社区教育网络平台，建设一支由农业科技人员、工程技术人员、教育卫生部门人员、行业协会高级专业人员，以及乐于奉献的离退休老干部等兼职教师为骨干的专兼职教师和工作人员队伍，保证了社区群众需要的多样课程的开办。东莞市以改善镇街成人学校办学条件为重点，不断加大对社区教育建设的投入；如该市凤岗镇政府投入 1300 万元，建成了占地 20 亩，建筑面积达 10 568 平方米的镇成人文化技术学校新校区，作为该镇社区教育的阵地。

四川省成都市也在积极完善终身学习的经费保障机制。成都市大部分区（市）县社区教育专项经费已经超过人均 1 元的标准，有的区（市）县社区教育专项经费已经超过人均 2 元的标准，达到人均 3 元；有的区（市）还规定社区专项工作经费的 10% 要用于教育文化投入。

湖北省武汉市积极拓宽学习型社会建设投入渠道，形成了政府、企事业单位、社会团体和学习者共同承担的投入机制，明确要求把建设学习型社会所需经费纳入财政预算，安排创建活动专项经费。一般企业要严格按照不低于职工工资总额 1.5% 的比例，技术要求高、培训任务重、经济效益较好的企业要按照不低于职工工资总额 2.5% 的比例，足额提取教育培训经费。武汉市武昌区财政将社区教育经费纳入专项财政预算，专门用于社区教育活动的开展和社区教育软硬条件的改善，并保证按一定比例逐年递增。街道和委办局安排专项资金用于学习型社区创建。在加大政府投入的同时，积极拓宽资金的筹措渠道，鼓励和吸引社会力量以多种形式投资社区教育设施建设。

福建省台江市社区学院经费筹措同样采取"政府拨一点、社会筹一点、单位出一点、个人缴一点"的办法，政府对社区学院的社区干部培训、残疾人电脑培训全额拨款，其他各类培训按规定标准适当收费，不以营利为目的，以满足社区居民学习需求为出发点，做到有偿培训和公益性培训有机结合、合理运作。

学习型社会建设需要巨大、持久的资源投入，这是学习型社会建设的基本前提。实践经验表明：进一步加大投入，健全政府主导、社会投入、个人分担的多元投入机制，运用财政、金融、税收等政策杠杆，拓宽资金渠道，鼓励社会力量支持终身学习的发展是建立和完善学习型社会建设投入机制的必要条件。

五、开展评估，以评促建

国际和国内的实践表明，制定科学的指标、开展评估对学习型社会建设具有重要的引导和激励作用。

2010 年，教育部为在全国范围内推进开展全国社区教育实验区工作，发布了《全国社区教育实验区评估标准（试行）》，并以此为依据开展了社区教育试验区认定工作。一些地方也出台了本地区的社区教育试验区的标准。山东省于 2012 年制定《山东省乡镇社区教育中心设置与评估标准》；黑龙江省印发了《社区教育学院建设标准（试行）》《黑龙江省社区教育省级实验（示范）区建设指标体系（试行）》，并以此为指导启动了省级社区教育示范区、实验区申报认定工作，推进"职业教育进社区"，完善了三级培训网络；浙江省印制《浙江省社区教育实验区、示范区建设标准（试行）》，努力发挥社区教育在构建终身教育体系和学习型社会中的基础载体作用。

北京市将创建学习型组织的评估作为推进学习型社会的重要抓手。截至 2013 年，北京市已评选出市级创建学习型组织先进单位 150 个，各区县评选出创建学习型组织先进单位 1200 个。全市 140 个街道 2633 个社区积极开展社区教育，建立市民学习基地 2000 多个。为了以评促建，北京市制定了中国第一个"创建学习型城市先进区县指标体系"，对各区学习型城区建设水平进行评定和判断。各区根据指标开展创建工作，经自愿申请通过北京市级的外部评估后，可以获得北京市政府颁发的"创建学习型城市先进区"称号和奖金。此后，北京市又启动了创建学习型城市示范区评估工作。该评估由市评估组实施，评估包括评阅资料、查阅档案、进行座谈、典型项目答辩等环节。目前，北京全市各区均已完成了学习型城市示范区评估工作，评估工作有效推动了学习型城市创建工作。

常州市制定了学习型机关、学习型系统、学习型企业、学习型村镇、学习型社区、学习型家庭的六大学习型组织的实施意见和考评办法。

我国各地学习型社会建设的实践表明，学习型社会建设需要全社会的参与和支持，需要政府各部门和社会各界形成合力。在建设学习型社会过程中地方政府要发挥重要的领导作用，尤其是在学习型社会的建设规划、统筹协调、资源动员、法制保障、监测评估等方面，政府的作用是不可替代的。

第二节　终身学习体系的形成与发展

终身学习（终身教育）体系是学习型社会的重要基础，没有终身学习体系作为支撑，学习型社会就是空中楼阁，"全员、全程、全方位"和"人人、时时、处处"学习就无从谈起。所以，在我国教育政策文本中通常把构建终身学习体系与建设学习型社会作为密切相关的战略目标和任务来表述。1998 年，教育部在《面向 21 世纪教育振兴行动计划》中提出："到 2010 年，基本建立起终身学习体系，为国家知识创新体系以及现代化建设提供充足的人才支持和知识贡献。"这是我国的教育政策文本中首次提出"建立终身学习体系"。此后 20 年间我国的终身教育体系建设取得重要进展，不仅学历教育有了很大发展，职业培训、社会教育、社区教育等非学历教育也有了很大发展，我国的终身学习机会大大增加、终身学习资源逐渐丰富、终身学习保障逐步增强、终身学习文化渐成风气。

各地不断完善终身教育体系和终身学习服务体系建设，一是建立和完善各种学习网络，大力发展各类成人教育、继续教育，如深圳市着力构建社会教育网络。截至 2012 年年底，深圳已建立市一级社区（培训）学院 21 所、区一级社区学院 5 所、街道一级社区学院（教育中心）38 所。拥有公共图书馆 643 个，并设立 200 台城市街区自助图书馆。深圳市还开通了"深圳市民终身学习网""深圳干部在线学习"平台；推出"全民终身学习活动周""市民文化大讲堂"，等等。二是利用现代信息技术建设社会化、数字化、开放化的学习平台，如"上海学习网"的学习超市可以为广大市民提供丰富的学习资源和八类学习服务。三是完善学习成果评价机制，构建人才成长立交桥，着力促进学校教育与社会教育、学历教育与非学历教育、正规教育与非正规教育的融通。

一、社区教育的发展

社区教育是运用社区教育学习资源、面向社区全体居民、以改善社区居民的生活质量和促进社区发展为目标的教育与学习活动。社区教育是继续教育三大领域之一，是终身学习体系的重要组成部分，同学历继续教育和职业培训一样，是学习型社会、学习型城市或学习型社区建设的重要抓手。

我国社区教育发端于 20 世纪 80 年代中后期，最初主要是以德育为重点的社区青少年校外教育。随着改革开放后社会的发展变化，特别是大量新的居民小区的出现，社区居民的学习需求日益增长，社区教育的服务面向逐渐拓展到社区全体居民。[①] 1999 年，国务院批转的《面向 21 世纪教育振兴行动计划》明确提出要"开展社区教育实验工作，逐步建立和完善终身教育体系，努力提高全民素质"。可以说，推进社区教育的政策从一开始就与建设学习型社会和终身教育体系密切相关。2001 年，教育部召开了全国社区教育实验工作经验交流会议，明确了我国社区教育实验工作的目标任务和政策措施，并确定了 28 个全国社区教育实验区。此后，国家级社区教育实验区持续增加，2003 年扩大到 61 个，基本覆盖了各省（自治区、直辖市）和计划单列市。近年来，随着构建终身教育体系和建设学习型社会的深入，社区教育取得了长足发展，成为终身学习体系的重要基石。2016 年，教育部等九部门联合发布了《关于进一步推进社区教育发展的意见》，明确提出了发展社区教育的指导思想、基本原则、总体目标、

---

① 韩民. 中国教育改革大系·终身教育卷［M］. 湖北：湖北教育出版社，2016：21 – 22.

主要任务和保障措施，一些地区出台了本地推进社区教育发展的指导意见，把社区教育推向新的发展阶段。

1. 完善社区教育设施和办学网络

为满足社区居民的学习需求，很多地区建立了社区教育办学网络，形成了市、区、街道和社区等不同层级社区教育机构组成的社区教育网络。如上海市已在18个区建立了由社区教育学院—街道或镇社区学校—居（村）委会学习点组成的三级社区教育网络。

社区教育办学体系及学习网络的形成

为了增加社区学习场所，为居民提供便捷的终身学习服务，上海努力建设和完善社区教育三级办学网络。在区级层面设立了社区学院。在街镇层面设立社区学校。2006年，为推进街道、乡镇社区学校从挂牌转向实体化，上海市推出了社区学校和乡镇成人学校建设计划，经市政府批准将其列入《上海市教育事业发展第十一个五年规划》。通过资源整合，依托乡镇成人学校、社区文化活动中心等资源，使全市的社区学校全覆盖。在居（村）委会层面建立学习点。上海市已有80%的居村委有学习点，即有场地、有人员、有一定的学习设施，能开展正常教学活动的场所。在此基础上，正在着手开展学习点的标准化建设，以此形成"教育进社区，学习到家门"的终身学习服务网络。社区教育三级网络的建设，改善了市民终身学习的环境，方便了市民参与多层次、多内容、多形式的教育活动，做到"学者有其校，教育有渠道"。2007年，市教委下发了《关于推进本市社区学院建设的指导意见》，到2008年年底，全市18个区都建立了社区学院。

在福建省福州市，为了推动社区教育，各社区教育实验区、示范区结合实际，创造性地构建了区、街道、居委会三级社区教育发展模式；同时，共建共享的社区教育网络体系初步形成。各地本着"教育面向社区，资源来自社区"的原则，充分利用社区内现有各类教育、科技、文化等资源，横向联合，纵向沟通，努力拓宽教育渠道，推动社区教育资源的共建共享，建立了以区（县）社区教育学校（学院）为龙头、以街道（镇）社区教育培训中心为骨干、以社区（居委会）等为依托、以社区学习型组织为基础的社区教育网络。

四川省成都市主要依托成都电视大学成立成都社区大学，建立健全市、区（市）县、街道（乡镇）、社区（村）四级社区教育办学网络，已形成以成都社区大学和20所社区教育学院为主体，以398所乡镇社区教育学校和1175个社区教育工作站为骨干的四级社区教育培训网络。同时制订了《成都市规范化社区教育学校设置标准（试行）》和《成都市示范社区（村）教育工作站设置标准（试行）》，要求社区全部设立社区教育工作站，确保"满覆盖"。全市已建成示范性工作站100个，规范化社区教育学校33所，年培训率达到区域常住人口的40%以上。

北京市各区县建立了以社区学院或区级成人教育中心为龙头的社区教育基地网络，90%以上的街道都建立了社区教育中心；所有乡镇都建立了成人文化技术学校；80%的企业都建有自己的培训基地；3000多所社会力量办学机构遍布京城，每年参加各类教育培训的市民超过850万人次。

2. 开展多样的社区教育活动

各地根据社区居民的多样化学习需求，努力增强社区教育的针对性和有效性，着力拓展教育内容，开发了内容丰富的社区教育课程，开展形式多样的教育和学习活动。161个全国社区教育实验区和示范区的统计显示，参与社区教育最多的是老年人，以下依次为外来务工人员、青少年、下岗失业人员等。

针对多样的学习需求提供丰富的学习资源

福建省福州市台江区针对不同人群的不同学习需求，开展各种教育、培训、学习活动。先后开设学前教育、会计电算化、计算机应用、电子商务、市场营销、人物形象设计、建筑工程施工等7个专业的学历教育；举办"台江区社区居委会干部岗位培训班"，对社区干部分批进行岗位培训，持证上岗；社区学院还针对弱势群体（下岗人员、残疾人）进行电脑培训；此外，社区学院还开展计算机办公自动化、财会电算化、营养师、成考考前辅导等多门类的岗前培训、在岗培训、行业职业资格教育及基础文化补习等。

北京市建立学习网站联盟，形成课程互换、资源共享、优势互补和有效服务的机制。先后开发了老年教育、农民培训、新市民教育等社区教育系列课程和教材；开发了面向婴幼儿学前教育、中小学生教育、开放大学教育等不同层次的网络课程；建立了面向市民、农民、企业职工、机关干部、老年人等不同群体的学习网站和课程，为学习者提供方便、灵活、个性化的学习服务。

河南省加强培训课程和教材的建设工作，拓展和丰富教育培训内容，增强培训的针对性和有效性，积极创新培训形式，开展各种量大面广，受到社区居民普遍欢迎的短期培训活动，主要有在职人员的岗位培训、下岗失业人员再就业培训、老年人群社会文化活动、弱势人群提高生存技能培训、外来人群适应城区社会生活培训，以及社区内的婴幼儿教育、青少年学生的校外素质教育、未成年人的德育等工作。建立了河南省社区教育网，依托各级广播电视大学的远程教育网络，开发了社区教育优质公共数字资源库，拓展了百姓学习的新渠道。

3. 建立健全社区教育治理与保障体系

社区教育的发展需要有效的治理和保障，包括强有力的领导、充分的经费保障、持续的资源建设以及高素质的工作者队伍。很多地区在建立社区教育保障体系方面进行了有益探索并取得了积极成效。考虑到社区教育的公共性，各地积极探索政府财政对社区教育进行补贴的办法，一些地区建立了社区教育专项经费制度，按一定人均标准和居民人数拨付社区教育经费。

建立健全社区教育管理运行体制

福建省福州市台江区在推进社区教育的进程中，逐步形成以街道为牵头，以社区为依托，驻区单位共建，工、青、妇、"关工委""老体协"等组织共同参与，全体社区居民参加的多层次、全方位的社区教育工作新格局，从政策层面和制度层面建立有效的社区教育管理运行体制。2008年1月，台江区成立终身教育促进委员会，由分管区长担任主任委员，区直17个部门的主要领导分别担任副主任委员、委员，协调相关部门共同推进该区社区教育工作。至2012年全区共有1所社区型学院，10所社区学校和73个社区教育学习点，已有15名具有社区教育专长的专兼职社区教育干部，以及92名社区教育兼职人员和3497名社区教育志愿者。台江区以福州职业技术教育学院为依托于2004年成立台江社区学院，作为龙头推动社区教育可持续发展。社区学院由区政府主要领导担任学院领导小组组长，教育局局长担任学院院长，台江社区学院以服务社区广大成员、推进学习型社会建设为宗旨，整合辖区内教育资源，积极开展多层次、多形式的各种教育、培训、学习活动。

青岛市市南区在坚持政府主导的基础上，尝试以居民自治管理的方式增强社区居民参与学习型城市建设的自主性、积极性。目前，市南区共培育社区民间组织418家，覆盖10个街道65个社区。其中，综合服务类22家；就业指导类36家；文化、教体类265家；医疗、卫生类47家；法律服务类23家；养老、助残和青少年活动类25家。这些社区民间组织在沟通民意、协调关系、服务社区和自我教育方面发挥了重要作用。[①]

加强社区教育经费保障

浙江省宁波市对市、县（市）区、乡镇（街道）三级财政投入不断加大，为创建学习型城市提供了有力保障。全市各地普遍建立了社区教育专项经费制度，全市户籍人口的年人均社区教育经费最高标准达到10元，最低则在2元以上。全市社区教育的政府拨款经费达5000多万元。[②]

江苏省宜兴市各级财政坚决落实每年人均2元的农村社区教育专项经费，以地区总人口（含外来人口）为计算基数，并把市民教育培训工作的骨干——乡镇成人学校

①　中国教育发展战略学会终身教育工作委员会及全国学习型城市建设咨询指导小组．中国学习型城市建设案例（第二辑），北京：高等教育出版社，2015：298.

②　中国教育发展战略学会终身教育工作委员会及全国学习型城市建设咨询指导小组．中国学习型城市建设案例（第一辑），北京：高等教育出版社，2013：158－159.

的教师工资、专项建设经费、校舍维修经费、教师培训经费等列入地方年度财政预算，社区教育各项经费逐年提高，2011 年度、2012 年度、2013 年度分别达到 8891 万元、12 340.37 万元、19 170.6 万元。同时，把公用经费拨付制度的执行情况列入对镇（园区、街道）政府年度教育实绩考核的指标体系之中。

4. 建立社区教育资源服务平台

很多地区利用新媒体，建立了面向市民的终身学习网，提供与终身学习相关的信息和资源，有效地促进了学习资源共享。

北京市海淀区创建了"海淀终身学习网"和面向全区市民开放的"学习型超市"，为广大市民发放"海淀终身学习平台学习卡"，市民们通过它可以登陆免费在线共享或自由下载各种知识资源。由中关村学院创建并投入运行的"学习型海淀"网络学习平台，以区—街道（乡镇）—社区（村）为纵向结构主干，突破了网络的整体性和政府的主导性，其覆盖区域涉及政府机关、企事业单位、社团组织、学校等，体现出了很好的文化延展性，其横向结构，则建有市民学习者博客、市民学习留言 BBS、市民学习社团小组、市民学习课程资源库、市民学习的跨媒体图书馆等多个功能模块作为支撑，市民学习者可以在其中找到自己想用的学习方式、学习资源，实现学习分享和知识共享。①

5. 探索建立高素质社区教育服务工作者队伍

社区教育的质量很大程度上取决于从事社区教育管理、教学与服务工作者的素质。由于社区教育自身内容丰富等特点，加上事业编制的紧缺，社区教育工作者队伍的建设面临诸多困难。为了解决社区教育工作者编制短缺、能力不足的问题，很多地区采取了专兼职结合的办法。

加强社区教育专业队伍建设

武汉以队伍建设为重点推动社区教育发展。例如，武汉市武昌区通过招聘社区教育专职干部、引进大学毕业生和中小学富裕教师充实等措施，建立专职为核心、社区干部为骨干、兼职为主体、志愿者为补充、社区居民全员参与的社区教育建设队伍。武汉市青山区组建了青山社区教育名师团、社区教育管理干部、专兼职教师、志愿者等四支队伍，建立社区教育电子人才库，充分掌握人才分布和需求信息，及时做好师资队伍的组织、培训和对口投入使用。目前该区有社区教育管理干部 364 人，专职教

---

① 张亚斌，韩瑞婷. 学习型城市建设中的开放大学体系创新发展品牌：基于首都北京的探索经验［J］. 江西广播电视大学学报，2016，18（4）：6.

师 32 人，兼职教师 527 人，志愿者 6256 人。

　　广州市积极探索通过政府购买服务的方式完善社区教育服务者的队伍建设。2009年以来，广州市由试点探索到推广应用"政府出资购买、社会组织承办、全程跟踪评估"的政府购买服务机制。截至 2014 年 3 月，全市在较短时间内集聚了 100 余个民办专业社工机构承办 169 个家庭综合服务中心，开展长者、儿童青少年、残障人士、外来务工人员、义工等人群的教育服务。①

6. 创建社区教育实验区和示范区

　　进入 21 世纪以来，我国一些地区积极参与社区教育实验区和示范区的创建，以此为抓手大胆探索社区教育发展路径。社区教育实验区、示范区的创建工作有力推动了社区教育机构、网络和资源建设，促进社区教育的发展。有的省份还借鉴参照国家社区教育实验区、示范区建设标准，建立了省级社区教育实验区和示范区。社区教育实验区、示范区以点带面，对各地的社区教育发展起到了引领和示范作用。截至 2016年，全国得到批准的社区教育实验区 122 个，社区教育示范区 127 个。各地建立的省级社区教育实验区和示范区超过了 500 个。这些实验区和示范区积极探索社区教育的办学网络、资源共享、师资队伍、学习方式等方面建设和改革，使社区教育的服务能力得到显著提升。②

7. 老年教育的发展

　　为了应对人口老龄化的严峻挑战，更好地满足老年群体对终身学习的需求，各地在社区积极开展老年教育服务，突出表现在老年大学建设数量不断增加，累计毕业学员也呈逐年上升趋势。

大力推进老年教育发展

　　上海社区老年教育实践是较为突出的案例。在大力推进老年教育发展的同时，力求实现老年教育公共教育机构均衡布局。2012 年，上海市政府实施项目"东、西、南、北"均衡布局计划，在浦东新区、普陀区、徐汇区、宝山区等四区建设四所上海老年大学分校，截至 2014 年，在校生人数已达 19 503 名，比建设前翻了一番。实施街镇老年学校能力提高计划（2013—2015 年市政府实事项目），截至 2014 年，全市共扶持126 所老年学校开展标准化建设。共有各类老年教育机构 291 个，接受教育的老年人总数 112 万余人次。

---

　　① 中国教育发展战略学会，全国学习型城市建设咨询指导小组. 中国学习型城市建设案例. 第 2 辑 ［M］. 2015：12.

　　② 教育部职业教育与成人教育司. 2016－07－29.《教育部等九部门关于进一步推进社区教育发展的意见》有关情况. http://www.moe.gov.cn/jyb_xwfb/xw_fbh/moe_2069/xwfbh_2016n/xwfb_160729/160729_sfcl/201607/t20160729_273303.html.

辽宁省建设老年大学（老干部大学）155 所，基层老年学校 621 所，学员人数不断增加，累计毕业学员 16 万人次。推进职业能力培训，年均 30 余万人参加劳动者就业技能培训，30 万人次专业技术人员参加继续教育。

社区教育在学习型社会建设中发挥着无可替代的基础性作用。各地通过建立社区教育网络、开发整合社区教育资源、拓展社区教育参与、组建社区教育队伍等，有力推动了社区教育的发展。教育部委托国家开放大学实施的社区教育满意度调查报告显示：77% 的受访学习者有兴趣参加社区的学习活动，约 72% 的受访学习者对参与过的社区学习活动表示满意，认为参与社区教育活动丰富了生活，提高了技能，提升了幸福指数。

我国社区教育尽管有了很大发展，但总的来看，还不能适应全面建成小康社会特别是学习型社会建设的要求，还不能充分满足社区治理和民生保障的需要，仍处于发展的初级阶段。社区教育还存在一些问题，如制度体系还不健全，各地发展还很不平衡，社区教育工作者的专业化水平也不高，资源配置有待优化，政策和制度保障不够健全，内容和形式还不能充分适应居民的多样化学习需求，民间力量参与社区教育的程度不够，等等。

二、职业继续教育与培训的发展

职业继续教育与培训包括岗位技能培训、适应性培训、资格培训、技术等级培训、安全技术培训等多种类型，是终身学习体系的重要组成部分，对学习型社会建设具有重要意义。随着我国改革开放和经济体制改革向纵深发展，随着经济结构调整、产业升级特别是创新型国家建设步伐的加快，社会对从业者的知识和能力水平提出了更高要求。与此相适应，近年行业企业开展的继续教育取得了新的发展，政策体系逐步完善，培训规模不断扩大，为我国学习型社会建设做出了积极贡献。

1. 行业企业继续教育规模扩大

随着我国经济持续增长和加速转型、企业规模不断增长以及企业提升竞争力的需要，行业企业继续教育呈现高速增长态势。在需求和供给的双方面推动下，企业培训市场规模不断扩大。

职工继续教育参与率[①]

全国职工参加继续教育的比例保持高位且逐年增长。近三年，全国职工参加培训的比例逐年上升，2014 年、2015 年和 2016 年全国职工培训率分别为 64.48%、

---

① "职工继续教育参与率"出自教育部职业教育与成人教育司"全国职工教育培训统计报告"（内部资料），该统计数据是根据抽样企业（多为大中型企业）提供的当年职工教育培训数据汇总而成.

65.98%和66.27%。行业内职工接受学历教育和各类培训的占比逐年提升。各行业积极开展继续教育，继续教育规模持续扩大。2014年、2015年、2016年行业企业职工接受学历教育人数占职工总人数的比值分别为6.08%、8.26%、11.19%；各行业（民航、电力、铁路、纺织、有色金属等）积极开展教育培训，2015年、2016年接受各类培训的人数占职工总人数的比例分别为78.50%、81.70%，行业内职工培训率保持高位，其中民航、钢铁、电力、物流、纺织等行业在职工培训中的指导、评价和服务作用不断加强。

近年来，行业企业继续教育在实践中呈现形式多样、内容丰富、注重切合实际需求等特点。2014年，人力资源和社会保障部全年共组织各类职业培训1935万人次，其中：就业技能培训1108万人次，岗位技能提升培训574万人次，创业培训217万人次，其他培训36万人次。全年各类职业培训中农民工培训1069万人次，城镇登记失业人员培训337万人次，城乡未继续升学的应届初高中毕业生培训84万人次。

建设学习型企业促进跨越式发展

上海航天汽车机电股份有限公司把建设学习型企业作为跨越式发展的重要基础。在培训方式和内容方面采取分层次、分类别、分条线为模式，实现了培训模式由"以培训为中心"向"以学习者为中心"的转变。领导干部带头开展学习，开展"每人一讲、每人一课"管理学系列课程。组织领导干部参加了清华MBA核心课程班和集团公司、八院组织的董监事培训和颁布轮训等系列培训课程。组织技术管理人员参加英语口语培训班、千人技能大提升培训、个性化培训等；组织党群干部参加专题研讨、教育培训、书记讲坛；组织班组长培训，班组学习、岗位培训打擂台；公司还注重青年职工的成长、成才，引导青年职工参加岗位培训和青年职业生涯导航，为新进员工开展入职培训，确保学习的全覆盖。

此外，公司利用现代信息技术于2010年创办了网络学院，搭建了网上学习的新平台，满足了员工学习需求，并发挥网络优势，把学习平台延伸到上海、内蒙古、江苏三个产研基地以及海外公司，实现分散学习，分层培训，集中管理。为规范航天机电网络学院及网络在线学习的管理，制定网络学院学习管理办法，实现"教、学、管、考"的功能，建立学习考核激励机制。落实人才队伍建设，培训费用按工资总额的2.5%足额提取，2010年，航天机电一级培训经费为498 997元；2010年，854人次参加了68项培训，人均培训18课时。培训覆盖面80%。[①]

---

① 上海市学习型社会建设与终身教育促进委员会办公室编. 上海学习型社会建设［M］. 上海：上海人民出版社，2011：111-112.

2. 行业企业继续教育与培训方式的积极变化

企业从应对生存和发展、提升竞争力的挑战出发，往往注重通过创新培训方式来提升培训效果。第一，随着现代信息技术手段的不断运用，网络培训（也称电子化培训或远程培训等）成为行业企业继续教育的一种全新的培训模式。网络培训主要是利用计算机和互联网来实现学习和教学，这种教学方式能够充分利用现代信息技术所提供的能够互相沟通和交流的学习环境，达到改变传统的教学模式，通过加强学生与教师之间的沟通和交流来促进学生的学习效果。"电子化培训的提出对于企业员工的培训而言提供了极大的便利，并逐渐成为当前时期中国企业进行员工培训的主要方式。"①第二，注重探索其他灵活的培训方式。企业培训与企业业务发展紧密相连，有些企业以业务发展为本，根据业务发展需求创新优质高效的培训方式。

很多行业企业从自身发展需要出发，注重学习型组织建设，从而成为学习型社会建设的重要阵地，提供终身学习服务的实践取得明显进展，培训目标逐步明确，培训内容针对性增强，培训方式进一步优化。有的行业企业在开展继续教育时敢于大胆创新，探索新模式、新的体制和机制，成为创造性推动学习型社会建设的重要领域。但行业企业开展的继续教育也面临不少问题和挑战，表现在：培训需求与行业企业需求如何匹配；内训师如何培养与管理；培训成果如何转化；培训效果如何评估与测量。此外，部分行业企业存在员工学习动力不足，学习主动性不强；工学矛盾仍然比较突出，缺乏时间和精力参加培训；企业间经验交流偏少，缺乏交流互动平台；此外，中小微企业因企业规模较小，其终身学习往往面临的挑战更大。为了进一步推动行业企业在学习型社会中发挥更为有效的作用，政府需要在政策设计方面注重发挥企业的积极性，通过税收政策、资金投入政策等予以引导，在制度设计方面鼓励行业企业进行大胆创新，为学习型企业建设提供助力和动力。

三、高等继续教育的发展

我国的高等继续教育从证书性质看可分为学历教育和非学历教育，从层次上可分为专科、本科和研究生层次，从教学方式上可分为全日制面授教育、业余学习、远程教育等几种类型，此外还有高等教育自学考试等类型。

1. 高等教育自学考试的发展变化

高等教育自学考试是个人自学、社会助学和国家考试相结合的高等教育形式，是通过考试对成人学习者的学习成果（尤其是自学）予以认定的制度。自1981年开始试点以来，它为广大社会成员提供了获得高等教育学历的机会。目前，全国有500余所普通高等学校承担自学考试专业主考学校和助学的任务，还有900多个成人高校、民办高校、部门培训机构以及其他形式的培训机构参与了自考助学体系。几十年来为我

---

① 刘静华. 基于电子化培训的电力企业员工培训实践［J］. 人力资源管理，2017（9）：155－156.

国经济建设和社会发展培养了大批专门人才，赢得了良好的社会信誉，发挥了高等院校不可替代的作用。据统计，到目前为止，参加自学考试的人数累计达到 6400 多万，其中 1600 余万人获得本专科毕业证书，为各行各业培养了数以千万计的专门人才，为社会发展和国家进步做出了重要贡献。2017 年，全国高等教育自学考试学历教育报考 470.94 万人次，取得毕业证书 55.27 万人。专业设置门类齐全，覆盖管理学、经济学、法学、教育学、文学、理学、工学、农学、医学、哲学、历史学和军事学等多个学科门类，共开设专业 796 个。①

自 2001 年以来，随着高等教育大众化进程的推进，尤其是高等教育从大众化向普及化的发展，高等教育自学考试制度面临严峻挑战，主要体现在：第一，报考学历教育自学考试人数呈下降趋势，但参加职业资格和技能证书考试人数明显上升，岗位资格、职业资格、技能资格培训等各类非学历教育的需求逐渐增大。2017 年首次报考人数不到 100 万人，与 2012 年相比缩减了 31.2%，自学考试的规模优势正在逐步丧失。②第二，近年开考的部分专业有逐年增加的趋势，但报考居前十位的专业均为文科专业，显示其局限性。因此，面对高等教育的大众化以及终身学习需求日益增长和多元化的形势，特别是远程开放教育的发展，高等教育自学考试面临如何转型和发展的问题，特别是如何进一步发挥其自学导向的制度优势，如何创新内容、手段和服务形式，加强与其他教育形式的沟通合作与衔接，搭建继续教育考试和公共服务平台等。

2. 广播电视大学的转型

近四十年，广播电视大学系统伴随着我国改革开放的历史进程不断发展壮大，逐渐形成了由中央电视大学、44 所省级电大、956 所地市级电大、1875 所县级电大工作站和 5 万多个教学班组成的，覆盖全国城乡的现代远程教育系统，形成了"面向基层、面向农村、面向行业、面向边远民族地区"的办学方向，成为终身教育体系中一个重要组成部分，对推进全民学习、终身学习的学习型社会建设发挥了重要作用。但同时，随着社会的发展变化，随着学习需求、学习途径、学习资源、学习技术等的多样化，原来广播电视大学在办学、教学和管理模式等方面也面临着诸多的不适应。为了促进广播电视大学的转型，电大积极探索多种形式办学，如"注册视听生"、计划内"专升本"教育试点等。1999 年，中央广播电视大学开始实施人才培养模式改革和开放教育试点项目。2010 年，国家中长期教育改革和发展规划纲要颁布实施以后，作为教育体制机制改革试点，开始开放大学建设试点项目。③

2010 年，上海、云南、江苏、广东、北京广播电视大学以及中央广播电视大学被批准启动开放大学试点项目工作，2012 年，教育部批准建立国家开放大学和上述 5 所

---

① 姜钢. 新时代下的高等教育自学考试转型发展 [J]. 中国考试，2018 (8).
② 同上.
③ 数据来源于国家开放大学的内部报告.

地方开放大学。自启动试点以来，开放大学试点积极探索在学校功能定位、教学模式、发展机制等方面的改革，取得初步成效。一是教育的"开放性"得到增强，学生入学、教学人员、学习环境、学习手段与方法、教学模式、课程选择、教学理念等方面都更加开放；二是建设开放、灵活的公共学习服务平台，使全过程和全方位的学习支持服务体系得到完善，使提供的学习服务更加多样化、个性化，面向广大社会成员特别是生产第一线劳动者、农民工，老龄人口、残疾人和缺乏就业能力的弱势群体提供学习支持服务；三是通过建设"学分银行"等制度，在搭建终身学习"立交桥"，多元评价学习成果方面进行了大胆探索并初见成效；四是资源共享，使全社会共享开放大学的学习平台、课程和学习资源。

开放大学试点的实践探索

上海开放大学的探索。2010年，上海广播电视大学启动开放大学试点工作。为了满足市民多样化的终身学习需求，上海开放大学从整合各类教育资源，建立终身学习服务平台入手，开展了五个方面的工作：

一是管理体制创新。设立由市政府分管副市长担任主任的校务委员会，完成学校章程、建设方案、内部架构、设置标准等制度安排。

二是运行机制创新。以上海电视大学开放教育为基础，以融通联合区县业余大学、企业职工大学、普通高校继续教育与网络教育学院、自学考试等成人教育资源为目标进行体制机制创新。

三是创新学科建设。成立了学科专业建设领导小组，制定了具有开放教育特色的各类专业培养方案和实验、实训中心的建设规划。

四是办学模式创新。整合各区县社区学院、业余大学、电大分校等继续教育资源，努力形成覆盖全市，面向所有市民的市、区（县）、街道（乡镇）三级终身教育开放服务体系。

五是制度创新。为了方便市民灵活地参与学习，探索"宽进严出"学习制度，实行注册入学制度、完全学分修学和弹性学习年限制度；构建各级各类成人和继续教育培训相互衔接融通的终身教育"立交桥"，2010年，受市教委委托，承担上海市终身教育学分银行的构建与运行工作。

江苏开放大学的实践探索。江苏开放大学自2012年正式挂牌成立以来，积极探索，为江苏完善终身教育体系、推进学习型社会建设积累了经验，取得阶段性成果。

一是与市、县（市、区）开放大学共同构建终身教育公共服务体系。2014年9月，省政府批准全省73所市县开放大学的建设方案。地方政府支持力度明显加强，苏州市投入1.2亿元，无锡市投入1.3亿元，淮安市投入8000万元，用于开放大学基本设施建设。常州市投资2.43亿元、昆山市投资8.5亿元、丰县投资4亿余元、海门市投资7个亿异地新建开放大学。

二是探索办学新路径。2015 年 12 月，江苏开放大学京东电商学院在宿迁揭牌，该学院作为政校企共建试点，共同服务江苏电商发展与新农村建设。

三是打造服务全民的特色教育。开设了三所残疾人教育学院，为残疾人提供学历教育机会；针对老年群体的学习特点，开创了"远程化、社区化、人本化"三化融合的涉老专业教育新模式。

四是搭建了终身教育研究高地。发起成立了江苏省终身教育研究会，会员单位 74 家，涵盖了全省部分普通本科高校和省、市、县级开放大学，有效整合了省内终身教育研究力量，为开放大学发展奠定了良好的研究基础。[1]

四、学习型组织建设的进展

学习型组织是学习型社会的基本单元，我国一些地区在学习型社会建设过程中非常重视推进类型多样的学习型组织建设，包括学习型企业、学习型机关、学习型乡镇、学习型社区等。

上海市制订了《学习型组织创建管理办法》，在机关、社区、企事业单位、家庭中开展学习型组织创建活动，其中学习型机关创建由市学习促进办会同市级机关工委组织实施；市学习型社区创建由市学习促进办会同各区县学习委组织实施；市学习型企事业单位创建由市学习促进办会同市总工会组织实施；市学习型家庭创建由市学习促进办会同市妇联组织实施。市学习促进办委托上述各主管部门、区县学习委分别负责各类学习型组织的日常管理。2013—2014 年度上海市评选产生学习型机关 207 个、学习型社区 92 个、学习型企事业单位 207 家。[2]

多年来，上海市级机关工委把学习型机关建设作为机关党建的重要任务，在丰富载体、成果转化、完善机制等方面进行积极的探索与实践，形成了多层次、多模式、广覆盖的学习型机关建设的工作格局，探索和建立了大批有效的组织学习模式，开展了"贴近党员学习需求，符合事业发展方向"的学习活动。

一是搭建新平台。定期举办学习论坛、学习沙龙、青年讲坛等，请机关干部围绕工作中的重点、难点问题开展学习交流，提出工作建议，交流和展示学习成果。

二是打造新团队。注重围绕机关工作确定学习内容，促进干部共同参与和互动交流，成功打造了一大批研究型团队、社团性团队、兴趣性团队等各类学习团队。

三是运用新技术。构建"数字图书馆"、网上论坛、干部学习在线、微博等，鼓励和引导党员干部积极参与各类新知识的学习，使创建工作更具有时代感和吸引力。

---

① 上海开放大学、江苏开放大学提交的调研报告.
② 学习型社会建设研究课题组. 学习型社会建设的理论与实践 [M]. 北京：高等教育出版社，2010：132.

四是树立典型。机关工委编辑出版了《团队学习导航》，推荐了 90 多个创建学习型机关优秀工作项目；开展网上展评活动，表彰了"十佳学习型党支部"和"十佳学习型党员"；积极培育 10 个学习型党组织示范点，充分发挥典型的示范引领效应。

我国各地在创建学习型组织过程中积累了一些值得借鉴的经验，如注重共同愿景的确立，注重信息技术的应用，注重团队学习，注重途径、方式的创新，注重建立健全相应制度和工作机制，等等。但也存在一些问题：学习内容针对性有待加强，学习的组织、政策、投入、时间等方面保障不足，以人为本的理念和可持续发展的理念还没有落实到位。需要进一步研究学习型组织参与学习型社会建设的基本规律和特点，需要进一步加强政策的引导和部门协调，为各类学习型组织建设提供研究、政策和制度支持。

总体来说，我国已初步形成了学历教育与非学历教育并行、全日制教育与业余学习并存、远程教育与面授教育互为补充、正规学校与其他社会培训机构共同参与的多样化终身教育体系，为我国构建终身学习体系奠定了重要的基础。

第三节 终身学习制度与机制建设

一、建立健全学习成果的认定、积累与转换制度

建立健全学习成果的认定、积累与转换制度是搭建终身学习"立交桥"的重要举措，其实质是对多渠道获得的学习成果，特别是非正规教育和非正式学习成果进行确认，通过创新制度供给为学习型社会建设提供制度保障，该制度在实践中的主要表现形式是"学分银行"和"资历框架"。

国家开放大学学习成果认定与转换制度试点。国家开放大学从 2013 年 7 月启动了学习成果认证服务体系建设试点工作，在全国建立了 47 个学习成果认证分中心（认证点），覆盖了 30 个省市地区、17 个行业。国家开放大学研制了《学习成果认证、积累与转换操作规程》等一系列操作性管理规程，并指导试点建设单位结合实际开展学习成果调研，建立学习账户和终身学习档案，建立信息服务平台等基础建设，积极探索建立学习成果认证服务体系、运行机制和管理体制。目前学习成果认证中心已完成了电大开放教育 350 多万在校生的基础信息入库工作，为近 3 万名非学历学生创建了学习账户。甘肃分中心为 9529 名非学历证书的培训学员建立了学习账户，并就医护人员继续教育学习成果、英特尔未来教育培训项目、普通话水平测试等级证书和教师资格证

书等四类非学历证书进行学分认定与转换的实践探索。国家开放大学空军学院分中心为推进军队干部继续教育培训和士官职业教育人才培养，将"学分银行"机制植入学习型军营建设体系，目前已完成40万官兵的学习账户建立工作。①

上海市终身教育学分银行的实践。2010年9月，上海开放大学受上海市教委委托开始探索建立具备学分认证、转换、存取等功能的"学分银行"制度，为各类教育培训机构之间的学分互认与转换提供支持，鼓励社会成员通过各种形式的学习累积学分，实现学历教育与非学历教育之间的沟通和衔接。上海市学分银行在上海市学习型社会建设与终身教育促进委员会指导下，由上海市教育委员会主办和管理，委托上海开放大学负责具体运行。上海市学分银行按行政区划设置了20个学分银行分部。上海市学分银行在本市各高等学校等院校（单位）内，设置学分银行院校（单位）网点。目前已建立了68个高校网点，覆盖了全市所有高校。②

上海市学分银行研制了学习成果转换标准体系，包括学历教育课程学分转换标准（21个本专科专业）、非学历证书认定为学历教育课程学分的标准（423个非学历证书对应50个本专科专业的部分课程）、学历教育课程学分替换国家职业资格证书考证的标准（29个本专科专业对应33个考证项目）等。上海学分银行的学习成果转换通道有普通高校、高职院校、成人高校之间的学分转换；自学考试与高校之间的学分互认；中职与大专、高职与专升本衔接的学分转换；非学历证书认定为学历教育学分；非学历培训项目认定为学历教育学分；学历教育学分替换国家职业资格证书考核项目；学历教育与国家职业资格培训的"双证融通"。上海学分银行的信息化服务平台可为学习者提供学习账户开户、学习成果存入、学习档案查询、成绩证明生成等服务。

上海开放大学积极开展各种教育培训机构的合作。一是与市人社局开展合作推进职业培训与学历教育的衔接贯通，已完成了112个职业资格证书可转换为学历教育课程学分的认定工作。二是与各类高校合作开展学习成果认证、积累与转换，如将学习者在学分银行积累的学分转换为合作高校的学分。目前各类高校间课程学分转换人数达2.27万人，自考成绩转换高校课程学分人数0.2万人，非学历证书转换高校课程学分人数5.6万人。三是与行业企业开展合作，包括"双证融通"试点、资格框架研制等项目。"双证融通"试点旨在将职业技能证书与学历证书打通，促进人才培养方面的产教融合。

上海的学分银行建设虽然存在立法与政策保障不足、缺乏国家层面的资历框架支持、与学分制改革脱节、各类教育间学分转换存在壁垒等问题，但上海市学分银行建设已初见成效：为321.6万学习者建立了个人学习档案，积累学习成果超过6004.4万

---

① 根据国家开放大学"国家继续教育学习成果认证、积累与转换制度的研究与实践"项目研究组提供的内部材料整理.

② 教育部职业教育与成人教育司（2018年5月）关于国内学分银行和资历框架建设进展情况的调研报告.

条，实现了全市高校、自学考试、国家职业资格培训等学习成果的存入；开展各类教育之间的学分转换，转换学分的人数7.3万余人，转换学分的课程15.6万门次，认定非学历证书10.7万张次，转换学分数57.9万分、1042万个学时，实现了各类教育的沟通衔接，促进了优质教学资源的共享，推动了人才培养模式的改革。上海市学分银行学历教育板块试运行方式示意图如图7－1所示。

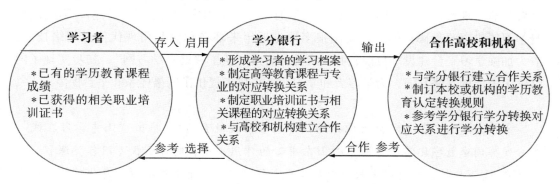

图7－1 上海市学分银行学历教育板块试运行方式示意图

二、探索建立资历框架

资历框架是终身学习成果认定的标准和依据，完善的资历框架是多样化学习成果认定的重要前提。自20世纪末、21世纪初以来，很多国家都把建立资历框架作为推进终身学习体系和学习型社会建设的重要举措来大力推动。在我国，虽然一些专家学者对资历框架进行过研究，但国家资历框架的建设与国际上相比严重滞后。近几年，一些地方的资历框架建设取得了进展。广东省于2017年推出了我国首个省级资历框架，为国家资历框架的研制提供了参考和借鉴，受到社会的广泛关注。

2017年，广东省质监局发布了国内第一个省级资历框架等级标准——《广东终身教育资历框架等级标准》，为广东省的学习成果认定和各级各类教育沟通衔接提供了依据。目前广东省正在努力落实该框架，一是启动了汽车业、机械制造业等行业资历等级标准研制工作试点；二是着手推进粤港两地资历框架对接工作，以推动两地教育资源和人力资源实现跨界流动，服务粤港澳大湾区人才建设；三是建立学分认定与转换规则，包括总则、实施细则和工作规程等27个；四是构建信息管理平台，建立终身学习账户56万个，存入资历成果1256万个，涵盖中职、专科、本科、培训成果及业绩成果，涉及开放教育、职业教育、成人教育等多个教育类型，涉及学历课程、技能大赛、职业资格证书、培训证书等多个资历成果，涉及500多门学历教育课程、190种职业资格证书，以及210项培训课程、技能竞赛、业绩等学习成果。[①]

---

① 广东终身教育学分银行提供的广东终身教育学分银行建设有关情况.

三、构建学习资源开放共享平台

随着学习的多样化、泛在化、流动化和信息化，需要构建一个开放共享的学习资源平台，这样的平台有助于打破学校教育与社会教育、学历教育与非学历教育、正规教育与非正规教育之间的障碍，有助于各类教育和学习资源的整合与共享，为全民终身学习提供资源保障。因此，我国很多地方近年来都在积极利用现代信息网络技术，着力加强学习平台建设。目前，我国大部分省市开通了"终身学习网"，初步实现了网络学习资源的互联互通，为学习者和学习服务提供者提供了网络体系和平台保障。

山东省建立"山东社区大学网站"（山东社区教育网），推出"山东学习在线"。充分发挥国家数字化学习资源中心山东中心的作用，整合制作 2.5 万门各类课程、视频资源 35 万分钟，现有网上教学资源容量达 56.6 T。推进继续教育信息化建设，研发建设了"山东省成人高等教育、网络教育阳光教学管理服务平台"，涵盖了在省内举办成人高等教育、网络教育的高校及教学站（点）的基本情况、在校学生、教学计划、授课考试安排、师资队伍等信息，实时对教学全过程进行动态监控，实现了新增教学站和新增成人高等教育专业网上报送，提高了学历继续教育年报年检效率和质量。55 所高校建设了成人高等教育专业网和精品资源课程共享网站，26 所高校建成了成人高等教育在线教学平台和管理服务平台。[①]

北京终身学习平台建设和学习资源整合的实践。北京市依托北京开放大学积极推进终身学习平台建设和学习资源整合，取得成效。根据《国家中长期教育改革和发展规划纲要（2010—2020 年)》，2011 年 3 月发布的《北京市中长期教育改革和发展规划纲要（2010—2020)》明确提出"建设北京开放大学，形成开放的继续教育平台，提供方便、灵活、个性化的学习服务"。在上述两份纲要出台后，北京开放大学聚焦重点、持续试验、探索规律，确立了"培养有持续职业发展能力、有追求更高生活品质能力的现代公民"的人才培养目标。通过信息技术与教育教学的深度融合，探索形成"创新网络教学模式，开展高质量、高水平的远程学历教育"的办学路径和基本方法，在学习平台构建、学习资源整合、终身学习服务拓展方面初见成效。第一，数字化学习平台持续优化。基于 Moodle 的北京开放大学在线学习平台实现了可供 10 万用户在线学习、2 万用户同时在线、1000 用户可并发流畅播放视频课件的性能要求。承载数字化学习环境功能，目前具有在线学习与辅导、多主体交互、在线行为全过程记录等 65 项功能。平台功能可随时扩展，2015 年升级到 2.7 版，实现移动学习支持。数字化学习平台的持续优化，为网络教学的高效进行提供了支撑和保障。截至 2017 年，平台已具

---

① 教育部教育发展研究中心. 国家中长期教育改革和发展规划纲要继续教育中期评估报告.

备课程内容、交流和协作、行政和管理、教学评估、学生学习、质量保证等六大功能，形成了具有远程开放教育特色的在线教学环境。第二，社会服务成果颇丰。学校利用人才培养模式改革创新的成果服务于市民终身学习和学习型社会建设，为社会提供了内容丰富、形式灵活、实用有效的终身学习资源。截至 2017 年，开发制作各类市民教育课程资源近万集。编制出版"北京开放大学经典读本"系列丛书两辑 24 本、"北京开放大学东方智慧丛书"8 本、"北京开放大学人文教育丛书"6 本、"北京开放大学科学教育丛书"6 本；合作举办《中国语言生活》电子期刊，开展中小学生阅读、市民推荐阅读等活动。作为中国内地首批加入 iTunes U 的两所大学之一，北京开放大学在 iTunes U 已提供 300 多节视频课程资源，平均周下载量超过 16 万次。北京学习网开通并实现一站式登录，首批注册人数达 37 万人，已制订百万人注册访问技术方案；开发适用于各类终端的超级课堂，实现资源到课程的转换；开发北京开放大学翻译平台，加速国际开放资源的利用与共享；实现基于云计算的视频资源分布式部署和大数据资源存储等。①

四、探索建立评估机制

地区为了以评估促进建设，探索建立学习型社会建设相关评估机制，聚焦机构、管理、投入、参与等方面对学习型社会建设的进展进行评估。

山东省结合以往开展城乡社区教育实际情况，在 2012 年制定《山东省乡镇社区教育中心设置与评估标准》（以下简称《标准》），《标准》中含 A 级指标 5 个，B 级指标 13 个，C 级指标 36 个，其中 C 级指标中有 3 个核心指标：一是社区教育中心占地面积 10 亩以上，建筑面积 1000 平方米以上，其中条件好的乡镇要有不低于 5 亩的实验示范基地，有足够的文体广场；二是有满足社区教育管理及服务的场所，其中数字化学习中心面积不少于 80 平方米、图书阅览室面积不少于 60 平方米、文体活动室面积不少于 120 平方米、培训教室不少于 3 个（其中 2 个不少于 60 平方米，1 个能容纳 150 人以上的多媒体教室）、档案资料室面积不少于 20 平方米等；三是有一支专职队伍，按乡镇人口不低于万分之一点五的比例配备，最低不少于 5 人。《标准》实施以来，山东省社区教育取得了一些成绩：创建了一批国家级社区教育实验区、示范区、示范街道（乡镇）；建立并完善了社区教育管理体制和运行机制；社区教育资源得到了有效整合，社区教育培训网络初步形成；较好地满足了社区居民不断增长的多样化学习需求。②

---

① 根据以下资料整理：北京开放大学（内部资料）."探索开放大学建设模式"试点项目中期报告，2015；其中 2017 年数据来源于内部报告：开放大学建设进展与成效汇报（北京开放大学），2017.

② 教育部教育发展中心课题组. 国家中长期教育改革和发展规划纲要继续教育中期评估报告.

1. 评估标准的设计与改进

2010 年，教育部办公厅印发《社区教育示范区评估标准（试行）》的通知。在此基础上一些省市出台了地方评估标准，如上海、北京、常州、昆山、山东等省市颁布了各类学习型组织建设的指导意见和评估实施细则。

经过多年建设实践经验总结和深入调研，2007 年，上海市推进学习型社会建设指导委员会办公室（以下简称"市学习办"）制定了学习型机关、社区（镇乡）、企事业单位、家庭四类组织的具有引导达标性、可操作性的学习型组织创建评估指标体系。该指标体系主要围绕四个方面进行：一是导入学习型组织的核心理念；二是建立多样化的学习共享平台；三是形成完善的学习系统；四是拥有整个学习资源支持系统。在总结评估实践经验的基础上，市学习办对评估指标进行了多次修改，形成了目前最新版本。这套评估指标体系强调街镇在终身学习、终身教育中的管理职能，有近 50% 的分值直接测评街镇党政班子组织居民开展学习的实践能力和管理能力，主要包括统筹规划和综合协调的能力、学习资源的整合能力、发动居民参与社区学习的组织能力[1]。居民的学习参与率是直接评判学习型社区创建效果的重要指标。上海市评估指标体系中细分了五类人员的参与度，即青少年校外素质教育活动、老年人休闲娱乐学习活动、失业人员技能培训、外来人员法制和健康卫生教育、残障人员健康生活辅导等。江苏昆山的指标体系与上海基本类似，如表 7-1 所示[2]。

表 7-1　学习型社区评估指标体系比较

北京		上海		昆山	
一级指标	分值/分	一级指标	分值/分	一级指标	分值/分
学习与宣传	10	组织管理	30	组织建设	20
组织与管理	10	载体建设	20	基础建设	20
条件与保障	35	创建活动	40	队伍建设	15
实施与成效	45	创建特色	10	保障措施	15
特色与创新	10			工作成效	30
总分	110	总分	100	总分	100
合格分	80	合格分	80	合格分	80

① 郝克明. 让学习伴随终生：上海国际终身学习论坛文集［C］. //北京：高等教育出版社，2011：354－364.

② 北京市评估标准参见《北京市创建学习型社区先进街道评估指标体系》，上海市评估指标参见《上海市学习型社区创建评估标准（2012）》，上海市学习型社会建设与终身教育促进委员会办公室关于组织开展 2011—2012 年度上海市创建学习型社区评估工作的通知，昆山市指标体系是内部调研资料。

2．评估机制的落实与效果

以评估指标体系为参照进行学习型社会的评估是评估机制落实和取得实际影响力的过程。数十年来，北京、上海等地积极探索通过有效评估推进学习型社会的实践。

北京把推进各级各类学习型组织创建作为建设学习型社会的重要的基础性工作，形成党委领导、政府推动、教育主导、条块结合以及专家指导、自愿参与、以评促建的创建工作推动机制，制定了中国第一个"创建学习型社会先进区县指标体系"并开展评估工作，对各区学习型城区建设管理、实施系统、终身学习公共服务水平进行评定和判断，成为北京市学习型社会建设实践的一个鲜明特色。自2001年至今，北京市先后研究、制定、修订了创建学习型城区、学习型街道和乡镇、学习型社区（新村）以及学习型企业、机关、学校等系列评估指标体系，为各类组织创建提供了指导。北京制定指标、开展评估对各区创建工作具有重要的引导和激励作用，推动了各区从无到有地建立了学习型城区建设的领导结构和管理体制。目前，北京全市各区均已完成了学习型社会示范区评估工作，基本完善了学习型城区建设的制度和架构。

北京学习型社会的评估，主要采取以下方式进行：各类组织自愿申报，有关区县、专家组两次筛选确定参评单位。评估前，经过专家讲座、培训，加深参评单位对学习型组织本质的理解，经过组织自查、自评、视导等环节确定申报参评单位是否基本达到了指标体系的要求，是否可以进入正式评估。正式评估时，专家组通过听汇报、召开座谈会、问卷调查、实地考察、查阅档案等方式收集资料，形成评估意见。在整个评估过程中，评估指标是每个环节依据和参照的标准。各指标体系在评估过程中主要是起到对创建的引领作用。通过指标引导、专家帮助、培养队伍和迎评期间的进一步深化创建，充分发挥以评促建、以评促发展的目的和作用。评估取得了积极效果：一是确认了一批创建学习型组织的先进单位，带动和促进了创建单位的可持续发展和成员的全面发展；二是评估指标体系的颁布和使用，给各级各类组织的创建工作提供了思路、框架、方法、步骤以及工具，各区县结合本地实际情况制定了学习型党组织、社团、医院、科研单位等组织以及学习型家庭建设的评估指标体系，丰富了指标体系的类型；三是促进了市、区（县）两级创建专家和指导教师队伍的形成及其建设，提升了服务水平；四是推动了社会教育活动的蓬勃开展，也带动了各区县、市政府各主管部门和各行业参与的积极性。据统计，目前北京已评选出市级创建学习型组织先进单位150个，各区评选出创建学习型组织先进单位1200余个。[①]

综上可知，我国不少地方在创建和完善评估机制为学习型社会提供保障方面积累

---

① 张翠珠. 追寻学习型社会建设路径：北京模式的探索［J］. 开放学习研究，2017（2）：41–46. 桂敏. 后示范区评估时期学习型社会建设的实践探索：以北京市为例［J］. 高等继续教育学报，2017，30（1）：8–13.

了一定的经验，各地的评估针对自身经济发展、文化底蕴、教育需求等方面的特点因地制宜推动了学习型社会建设的实践，并呈现出一定的共性，即注重评估指标体系（标准）的细化与完善，并注重评估指标体系（标准）对实践的指导和引导作用，但是，总体而言，各地的评估大都需要增强操作性和引导性。

第四节　构建终身学习文化

终身学习文化主要指影响、制约或引导人们从事终身学习活动的价值观念、思维方式、信念信仰等的总称。终身学习文化是学习型社会建设的基本特征之一，也是学习型社会的内在孕育力。终身学习文化的形成，既是学习型社会的根本性标志，也是学习型社会的功能体现。[①] 终身学习文化与前述法律、规划等正式规则相比，属于非正式规则，非正式规则往往"在正式制度无法定义的场合起着规范人们行为的作用"，[②] 因此终身学习文化是法律、规划等正式制度的补充。自 20 世纪 90 年代以来，随着终身学习理念的逐步渗透，我国终身学习文化已经初步形成，与终身学习实践活动相互促进、相得益彰，在学习型社会建设中起到"以文化人，以文育人"的精神熏陶、氛围营造的重要作用。然而，终身学习文化的形成并非一朝之功，同样需要通过系列活动形式来推动。在实践中，终身学习文化主要通过全国范围及各地"终身学习活动周""全民阅读活动"等形式推行。

一、终身学习活动周

在联合国教科文组织举办的"联合国成人学习周"等活动及相应理念影响下，2005 年，在联合国教科文组织全国委员会、教育部职业教育与成人教育司以及中国成人教育协会等部门和组织协同倡议发起下，我国第一届"全民终身学习活动周"在北京召开。自此，我国"全民终身学习活动周"已连续开展 14 年，内容丰富、形式多样、主题鲜明的活动周既是基于中国基本国情而采取的学习实践活动，更是贯彻落实终身学习理念、促进学习型社会建设的重要品牌活动之一，如表 7 - 2 所示。14 年来，全民终身学习活动周的参与范围持续增加，影响力日渐扩大，从最初 10 个城市扩展到目前 31 个省、自治区、直辖市的 232 个地级城市和 1733 个县（区）；参与活动的群众

---

① 学习型社会建设研究课题组. 学习型社会建设的理论与实践［M］. 北京：高等教育出版社，2010：70 - 80.

② 卢现祥. 西方新制度经济学［M］. 北京：中国发展出版社，1996：24.

近5年来超过1.3亿人次。① 举办活动周的城市已经遍布了全国东西南北各个地区。每一届活动周评选出的终身学习优秀个人、群体和优秀成果为建设学习型社会提供了良好的典范，为提升国民整体文化水平提供了学习的榜样。全民终身学习活动周已成为我国大力推进终身学习，建设学习型社会的重要载体和特色品牌。

表7-2 2005—2018年我国"全民终身学习活动周"的基本情况

年份	开幕式地点	主　题	城市个数
2005	北京市西城区	全民学习、终身学习、造就人生、振兴中华	10
2006	北京市南宫广场	为每个成人学习者服务	20
2007	上海市科技馆	全民共同学习，推进教育公平，关爱困难群体，提高生活质量	25
2008	浙江省杭州市	学习、奉献、快乐	30
2009	山西省太原市	人人学习，促进发展	33
2010	辽宁省沈阳市	推动全民学习，让生活更美好	65
2011	湖北省武汉市	永远跟党走：人人终身学习，创建学习型城市	303
2012	四川省成都市	加快发展继续教育，努力建设学习化社会：迎接党的十八大顺利召开	572
2013	天津市滨南新区	为实现中国梦：终身学习，人人成才	697
2014	重庆市渝中区	全民终身学习，创造出彩人生	约1000
2015	江苏省苏州市	发展全民终身学习，推进法治社会建设	1274
2016	广东省深圳市	推进全民继续教育，建设学习化社会	约1500
2017	安徽省合肥市	推动全民终身学习，加快建设学习型社会	约1800
2018	浙江省宁波市	服务国家重大战略，推动全民终身学习	1965

2018年在浙江省宁波市举办的第14次活动周以"服务国家重大战略，推动全民终身学习"为主题。本届活动周围绕推动社区广泛开展全民学习活动、各类学校和教育培训机构资源向社区开放、进行全民阅读、开展"百姓学习之星"和"终身学习品牌项目"遴选认定和宣传展示活动等，更加强调教育资源向社会特别是向社区开放共享，更加注重推进发展学历继续教育、非学历继续教育、老年教育、社区教育和学习型城市建设，更加关注人民群众的参与度和获得感。总开幕式回顾了全民终身学习活动周13年举办历程，推出了2018年各地遴选的154位"百姓学习之星"，其中11人为"事迹特别感人的百姓学习之星"；256家单位获"终身学习品牌项目"称号，其中12家单位为"特别受百姓喜爱的终身学习品牌项目"。同时，中国成人教育协会还认定了147家单位为"优秀成人继续教育院校（培训机构）"。举办了"2018年全民终身学习

---

① 宁波晚报. 2018年10月26日，引自宁波网 http://daily. cnnb. com. cn/nbwb/html/2018 - 10/26/content_1133084. htm? div = -1.

成果展"，全面展示改革开放继续教育 40 年发展成就。启动了社区教育大讲堂，并发布了 50 个社区教育大讲堂课程目录；启动了社区教育和老年教育资源共享行动、校企合作开展高铁和轨道交通人才培训工作联合行动；公布了第六批学习型城市名单并发布了学习型城市建设联盟宁波宣言。27 个东西部地区社区学院结对子。①

宁波市江北区全民终身学习活动周开幕式隆重举行。2018 年全民终身学习活动周全国总开幕式江北分会场、"最美的时光"江北区全民终身学习活动周开幕式暨老年教育专题交流与成果展示活动在江北区外国语学校举行，为老年人送上"重重大礼"，共同见证"最美的时光"，这也是江北区连续第三年开展老年教育成果展示活动。全区 2 所区级老年大学、8 所街道（镇）老年大学分校和 65 个社区（村）教学点的教师和学员代表近 600 人参加本次活动。在活动周开幕式现场，江北区重磅推出三项新举措，打造老年教育"江北模式"，进一步完善老年教育服务体系。第一，挂牌成立"长青研修院"，老年人可以报考"研究生"，将于 2019 年春季正式在全区老年大学内选拔招收学员，开设书法、器乐、舞蹈、棋艺、国学等 10 类课程，设立导师工作室，以"师带徒"的形式开展教学。第二，启动"空中课堂"，老年人在家可以收看"公开课"，在区终身教育网和"学习地图"APP 提供网络课程的基础上，江北老年大学联合宁波江北华数广电网络，通过"资源 + 平台"结合，全新打造专门的老年教育电视频道——"长青空中课堂"，提供以数字电视为平台的老年教育优质课程视频点播服务，并在互动电视首页醒目位置设置入口。老年人只要一个遥控器，就能不出门选择自己喜欢看的课程内容。第三，首批老年大学"流动课堂"挂牌。老年人实现体验"游学"，在政府、社区、企事业单位的支持下，充分挖掘社会资源，半浦园教育基地、洛奇音乐图书馆、庄永大年糕厂、8 号公园科技文化创意产业园、好味当餐饮公司共 5 家挂牌成为首批"流动课堂"单位，打造老年大学课外实践基地，丰富老年教育教学方式。江北区率先探索"政府统筹、市场运作、智慧管理"的"开放普惠"老年教育办学模式——"江北模式"。②

随着我国"全民终身学习活动周"参与地区和群众的持续增加，活动周的影响力也越来越大，有力促进了终身学习理念的普及，对营造终身学习文化发挥了积极作用。

二、全民阅读活动

阅读是终身学习的重要方式和环节。"全民阅读"活动是中央宣传部、中央文明办和新闻出版总署等部门贯彻落实党的十六大关于建设学习型社会要求的一项重要举措。

---

① 2018 年全民终身学习活动周全国总开幕式在宁波成功举行. 搜狐网，2018 年 10 月 26 日. http://www.sohu.com/a/271637428_229991.

② 宁波江北给老年学习送上"大红包"：读研，在家上课，出门游学. http://wemedia.ifeng.com/84218322/wemedia.shtml.

自 2006 年活动开展以来，在中宣部、中央文明办、新闻出版总署、文化部、国家广电总局、教育部、解放军总政宣传部、共青团中央、全国总工会、全国妇联等部门的共同倡导下，全民阅读活动在全国各地蓬勃发展，活动规模不断扩大，内容不断充实，方式不断创新，影响日益扩大，取得较为显著的效果。据统计，从 2010 年到 2014 年，成年人图书阅读率由 52.3% 增长到 58%，提高了 5.7 个百分点；成年人数字化阅读率由 32.8% 增长到 58.1%，提高了 25.3 个百分点；成年人人均纸质图书阅读量由 4.25 本增长到 4.56 本。①

为巩固扩大已有成果，中宣部、新闻出版总署在已有工作基础上，继续会同中央文明办、教育部、民政部、文化部、全国总工会、共青团中央、全国妇联、解放军总政治部等部门，进一步加强对全民阅读活动的组织领导和协调，进一步丰富活动的内容和手段，进一步在全社会形成"多读书，读好书"的良好舆论氛围和文明风尚，更好地为提高全民族思想道德和文化素质服务。

2014 青岛全民阅读工程启动。2014 年 5 月 3 日，青岛全民阅读工程启动仪式在青岛市级机关会议中心举行，开展一系列活动，构建更加完善的全民阅读体系，包括以市区两级图书馆和新华书店为基础，在机场、车站、机关、学校、部队、企事业单位等建设千家阅读窗口；以政府购买方式向不同群体发放万册免费读物；开展城市阅读指数测评调查，将阅读行为量化，服务于全民阅读活动；积极搭建数字阅读平台，开通全民阅读官方微博、微信，向市民推荐新书、好书等。

为进一步浓厚书香氛围，保障每一个人的阅读权利，江苏、深圳等地已将全民阅读纳入立法进程，江苏省将每年 4 月 23 日定为"江苏全民阅读日"，这也是全国首个由省人大立法确定的地方阅读日。自 2013 年以来，江苏省把居民综合阅读率纳入《江苏基本实现现代化指标体系》和《苏南现代化建设示范区监测评价指标体系》，加快书香江苏建设写入省委常委会工作要点和省政府百项重点工作任务；为促进全民阅读，保障市民阅读权利，提高市民文明素质，《深圳经济特区全民阅读促进条例》于 2015 年 12 月 24 日通过并公布，自 2016 年 4 月 1 日起施行。

2014 年 4 月，国家新闻出版广电总局组织推荐的 996 户首届全国"书香之家"，充分展现了基层群众的读书风采和我国各地区、各民族的优秀读书传统。其中，少年儿童、特殊群体、困难群体是推广阅读的重要目标。"少儿阅读是国民阅读的基础"已经成为全社会的共识。书香伴成长的家庭亲子阅读推广活动受到了广泛欢迎，各地纷纷举办童书展，打造少儿阅读嘉年华，社会力量也积极参与少儿阅读推广工作。据统计，全国目前已经有上万家绘本馆和民间少儿阅读推广机构参与。针对进城务工人员，国家新闻出版广电总局启动"书香中国 e 阅读"工程试点工作，通过政府购买公共文化

---

① 全民阅读十年成效显著 影响日益深远. https://gx.chazidian.com/mip/guoxuezixun/41148/.

服务的方式，由三大移动通信运营商手机阅读平台向北京、上海、广州、深圳等地1000万进城务工人员全年免费推送优质电子图书和期刊。针对残疾人等特殊群体，国家新闻出版广电总局与中国残联开展"文化助残公益行动"累计捐赠5000多万元的优秀出版物，河北开展"我为盲童读经典"全民阅读志愿公益活动，积极帮助残疾人读书。

自党的十八大以来，"开展全民阅读活动"已经成为党中央的一项重要战略部署，此后在政府工作报告和《国家"十二五"时期文化改革发展规划纲要》《国家基本公共服务体系"十二五"规划》等系列报告和规划中也多次对倡导和开展全民阅读活动、建设"书香"社会提出了明确要求。2016年国家新闻出版广电总局根据国务院立法工作计划起草了《全民阅读促进条例（征求意见稿）》，并向社会公开征求意见。《全民阅读促进条例》共6章37条，旨在用法律保障对全民阅读的服务，促进全民阅读。2017年6月，国务院法制办办务会议审议并原则通过了《全民阅读促进条例（草案）》，自2017年6月起实施。这一系列举措，代表着"全民阅读"已经由民间自愿行为上升为国家发展战略。为此在第22个世界读书日即将到来之际，经民政部、文化部等相关主管主办单位报备批复，4月18日，长安街读书会和中国社会经济文化交流协会在京共同组建"全民阅读促进委员会"。①

阅读不仅是人民群众最基本的文化权利，也是最为普遍、持久的学习途径。全民阅读活动作为我国一项重要的社会活动，对于满足人民终身学习需求，对于培育和践行社会主义核心价值观，提高国民思想道德素质和科学文化素质，对建设社会主义文化强国，加快建设学习型社会具有重要意义。

综上所述，终身学习植根于社会的文化风土中，文化具有同化、辐射和扩散功能，终身学习文化对社会成员的学习行为具有重要激励作用，对学习型社会具有重要的推动作用。近年我国一些地区政府在营造终身学习文化方面付出很多努力，也取得很大成效。但总体而言，相对于政府的强力推动，全民参与性不够，形式也比较单一，影响力还有待提高。因此，需要在实践中推动终身学习文化创新，吸引更多人、更多社会资源参与其中，以便更好地发挥终身学习文化在学习型社会建设中的积极作用。

---

① "全民阅读促进委员会"在京成立. http://politics. gmw. cn/2017 - 04/23/content_24276610. htm.

第八章 学习型社会建设的主要 问题与发展路径

第一节 学习型社会建设的主要问题

我国终身学习体系、学习型社会建设取得了重大进展。但时至今日，随着工业化、信息化、城镇化、市场化、国际化深入发展，我国产业结构和工作组织结构正在发生巨大变化，与此相应，终身学习需求也在向多元化方向转变。然而，我国现有的终身学习供给的规模、质量和效益等方面还不能满足学习型社会建设的要求，充分利用现有的各种教育资源特别是发挥各类学校的作用不够，各类学校面向社会成员的开放性不足，各类教育机构在终身学习资源配置上存在着自成体系、封闭和重复建设的现象，适应广大学习者对各类学习需求的终身学习公共服务平台亟待建设和发展，在学习的内容、方法、形式、管理体制和运行机制等方面，还很不适应广大社会成员的特点和需求，同时，尚未建立起科学的终身学习质量评价标准，投入保障体系也没有到位，另外，学习型社会建设存在地区发展不平衡、弱势群体参与机会不充分等短板。这些方面是学习型社会与终身教育体系建设面临的主要问题。

一、终身学习内涵和作用的认识不足

（一）对终身学习内涵理解不够清晰

目前，社会各界对终身学习的内涵和外延理解不一，尚未形成共识。在终身学习（终身教育）概念理解上的分歧等因素，对实践产生了很大影响[1]。在实践中，不少人认为终身教育仅仅包括成人教育或继续教育[2]，而把国民教育体系中的各级各类教育排除在外。这"既有理论研究发展阶段的原因，也有研究者和实践者沟通与交流的问题"[3]。潘懋元等指出了"终身教育"概念分歧的几个源头。一是有关终身教育的相关

---

① 张翠珠. 关于终身教育体系建设中两个基本问题的讨论［J］. 开放学习研究，2012（5）：49－53.

② 郝克明，季明明. 建设学习型社会是全面小康的重大战略决策［N］. 中国教育报，2013－01－11（6）.

③ 潘懋元，汤晓蒙. 中国终身教育研究的基本问题与未来趋向［J］. 终身教育，2011（6）：56－61.

概念比较多，且多有重叠，例如，终身学习、终身教育体系、学习型社会、回归教育、成人教育、继续教育、社会教育等，这些概念"不断被创造或被赋予新的内涵"，并与终身教育联系到一起，容易造成混乱；二是终身教育概念自身发展出多个层面和多个角度，终身教育概念产生之初主要是从理念层面探讨教育理想，但终身教育实践的发展，增加了它在"形式、制度、体系和效果"等方面的内涵，不同主体出于"自身对终身教育的理解或利益诉求，从不同角度去理解和践行终身教育，使终身教育在实践层面被混淆"。①

（二）对终身学习作用认识不足

21 世纪以来，我国全民学习、终身学习思想逐步深入人心，但是终身学习在教育体系中的定位和地位还不明晰，对终身学习的作用认识不够，国家和地方各级政府还没有完全把终身学习纳入整个教育体系中，有些"部门、地区和组织尚未将这件大事提上重要议事日程"②，社会各界也没有从建设学习型社会、构建终身学习体系的高度来认识建立和完善终身学习制度的重要性和迫切性，弱势群体和相当部分的社会成员缺乏参与终身学习的内驱力和主动性。建设学习型社会是实现全面小康社会的重大战略决策③，各地政府和其他相关组织、个体如何加强对终身学习重要性的认识，共同促进学习型社会的建设是必须应对的时代需求。

虽然市民终身学习意识和社区参与度明显有所提升，但在部分中小城市中，社区居民的继续教育意识仍然较为淡薄，社区教育更多地被人们视为边缘教育，一种临时性、应急性和应用性的教育手段。加之城市生活压力的与日俱增，居民在谋求职业发展的同时，往往认为社区教育在提高他们综合素质、知识技能和生活质量方面不具有实际价值。因此，导致其缺乏主动参与社区学习和终身教育的意识，以致市民参与社区教育的积极性不高，使得大部分社区教育的基础设施和资源处于闲置状态。如此一来，社区教育在诸多情况下只是流于形式，无法发挥促进城市居民全面发展的作用，更无法服务于学习型城市的建设。④

调研发现，部分农村基层党组织和党员干部对终身学习认识不足，主要表现在：①对学习的重要性认识不足，重经济工作、轻学习教育工作的现象仍然存在。少数农村基层干部片面认为，发展经济是党的中心工作，只要经济发展了，其他工作就会自然而然地发展，读书学习可有可无。有的认为，抓经济工作看得见，摸得着，能及时出成绩，而抓学习则见效慢，短期内很难出成绩。少数农村基层干部错误认为建设学习型党组织只是一种口号和形式，如果组织上没有具体要求，就搁置一边。②认识模糊。许多农村党员干部不清楚什么是学习型政党、学习型党组织建设的内涵和意义；

① 潘懋元，汤晓蒙. 中国终身教育研究的基本问题与未来趋向 [J]. 终身教育，2011（6）：56-61.
② 郝克明，季明明. 建设学习型社会是全面小康的重大战略决策 [N]. 中国教育报，2013-01-11（6）.
③ 同上.
④ 张文铳. 学习型城市视野下社区教育现实问题分析 [J]. 中国成人教育，2017（4）：153.

部分农村基层党组织按照上级要求学什么就学什么，上级检查什么就安排学习什么。问卷调查显示，有11%的被调查党员没有听说过学习型政党这一提法。③学习氛围不浓。多数农村党员认为，学习就是在学校上课，学习是学生的事情，与自己无关。有的认为，学习是领导干部的事，而作为一名普通党员的自己与学习无关。有的认为，自己的知识和能力能够应付就行了，学不学无关紧要。①

二、终身学习的制度供给尚不充分

推进学习型社会建设，必须从构建科学规范、运行有效的制度体系（尤其是国家层面的制度）入手，不断优化创新顶层制度设计。加快构建和完善从国家到地方层面的制度供给，这不是制度的小修小补而是整体谋划。目前国家层面急需构建和优化针对广大人民终身学习需求的制度安排，地方层面则需要在利用国家层面的制度支撑的基础上寻求制度自主创新，目的在于从地方到国家层面满足人民个性化、多样化的终身学习和发展需要，加快夯实全民学习、终身学习的学习型社会的制度基础。

（一）统筹管理体制不完善

终身学习管理缺乏全局性统筹、协调、监管机构以及有效的推进机制，负责终身学习的政府部委有教育部、中组部、人力资源和社会保障部等，各部委对终身学习的管理职能分工存在交叉和空白，工商、教育、民政等部门都可以批准终身学习与培训机构的设立，致使终身学习在机构审批、资质认证、经费投入、质量监管、管理和评估等方面缺乏整体设计和标准，亟待进一步建立和完善。由于跨部门统筹协调机制不健全，部门之间往往难以形成合力，各类教育培训资源还不能有效地统筹使用②，各部门原有的学习资源尚未形成系统和整体，更谈不上系统有效地发挥整体性功能，导致重复建设、资源闲置和浪费现象严重，资源利用效率低下。

我国在相关管理体制方面虽然进行了积极改革，有些地市或省级层面建立了终身学习或者终身教育的跨部门协调机制或机构，但学习型社会建设仍然面临条块分割，信息沟通渠道不畅，政府相关部门之间、政府部门和其他社会部门间缺乏长效合作和协调机制的体制性障碍，仍然在很大程度上缺乏系统性、统筹性和计划性，在管理方面带来诸多阻碍学习型社会发展的瓶颈性问题，各地方学习型社会的推进迫切需要从国家层面到地方层面的制度设计做支撑，以便进一步明确和完善协调机构和机制的性质、定位、管理方式以及有效发挥其职能。

广州市通过先行先试，在建设学习型城市过程中进行了有效的探索，积累了一定

---

① 万舰航，李昆裕，魏芸. 农村基层学习型党组织建设：实践·问题·路径：以云南省玉溪市为例［J］. 中共云南省委党校学报，2017，18（2）：85.
② 中国教育发展战略学会终身教育工作委员会. 中国终身教育蓝皮书. 2011卷［M］. //张昭文. 中国终身教育发展的政策与展望，北京：现代出版社，2012：118–136.

经验，但仍然存在一定的问题，例如缺少系统的统筹协调和联动机制，支持服务资源整合有待加强。对于学习型城市服务体系建设，需要政府及公共部门从宏观公共管理的角度制定系统化的政策，尤其是对于社会公共教育资源及不同主体间的协调与联动、统筹与分工，需要明确的政策引导。现阶段，广州市在社会教育服务支持建设中，仍存在不同主体条块分割、分头负责的现象，教育服务建设的投入缺乏明确的政策引导，制约了学习型社会支持服务体系建设的整体推进。①

（二）终身学习激励制度不健全

在社会各个领域已经建立的劳动准入制度、职业资格证书制度还需要进一步发展和完善。特别值得注意的是在我国的许多专业领域和行业企业等部门，尚未建立规范的终身学习激励制度，这些都在相当程度上影响了我国劳动者和专门人才的继续学习和提高。例如，有的行业虽然对专业技术人员参加终身学习的义务和权利做了规定，但缺乏必要的考核和奖惩制度；再如，很多用人单位虽然有鼓励员工参加终身学习的规定，但还没有将员工的终身学习成果与人事政策、劳动政策、工资待遇、职务聘用或晋升等挂钩。如何构建行之有效的终身学习支持和激励机制，是终身学习制度建设面临的挑战。

国有企业人力资源培训工作存在的问题之一在于缺乏合理的培训考核制度。国企人力资源管理工作中需要制定明确的评估与考核制度，进而为国企各项培训活动的有序开展，培训内容的进一步完善奠定良好基础，切实发挥培训管理的作用价值。但是当前很多企业缺乏全面的人力资源考核制度，考核期间存在着评价体系内容比较单一、评价方式比较固定，评价后信息未能够得到反馈利用等问题。一些国企人力资源培训考核多停留在课程期间员工满意度调查与知识掌握情况评价方面，但是对员工的工作态度改善情况、工作效率提升情况等关注程度不足，没有对评估的方法、学员的完成情况以及测试的结果进行有效记录，不利于评价活动的持续开展。②国有企业激励制度不完善是培训的突出问题。在国有企业员工培训结束后，大多会不了了之，员工培训的过程以及培训的结果没有得到关注，激励制度上的不完善导致员工在物质以及精神方面都没有得到满足，这在很大程度上影响了员工的积极性。没有及时关注员工培训后的心理变化以及精神需求，使员工觉得自身没有得到重视，这不仅影响了员工的培训效果，更阻碍了员工的工作热情和企业的发展。③

（三）法律法规不健全

通过立法推进学习型社会建设是一项基本经验。随着我国学习型社会建设的逐步

① 崔珍珍. 满足终身学习者学习需求的支持服务体系构建研究：以广州学习型城市建设为例 ［J］. 广州广播电视大学学报，2017，17（2）：29.

② 张黎明. 国有企业人力资源培训工作面临的挑战与对策 ［J］. 中国集体经济，2018（26）：104.

③ 毛晨新. 国有企业员工培训创新机制研究 ［J］. 才智，2017（7）：262.

发展，上海、福建等地已经出台了专门立法，许多城市相继出台了专门或相关规划、文件，在探索通过法规促进学习型社会建设方面积累了初步经验，在促进实践变革方面发挥了重要作用。但总体而言，我国关于终身学习的法规及制度建设落后于实践和发展需要。已经出台的终身学习相关法规不同程度存在缺乏整体协调、权责不够明晰、操作性不强、落实不力等问题。如何综合使用法律、政策等手段形成促进终身学习发展的合力，是推进学习型社会建设必须解决的问题。

此外，缺乏国家层面的终身教育立法是比较突出的问题。当前我国终身教育立法方面存在的主要问题是"政策文件多，法律法规少；相关法律多，直接立法少；现有终身教育的相关法律法规不完善"①。国家层面的终身教育立法是教育立法中最富有挑战性的任务，其法律定位的难点和关键点主要在于：第一，要在法理上解决终身学习立法与现有教育法律体系及其他相关法律的关系；第二，终身学习法要清晰规范终身学习参与者之间的关系，要明确各参与方承担的法律责任、权利与义务，从而为理顺政府、行业、企业、终身学习机构以及学习者等的责权关系提供法律依据。

（四）终身教育质量保障制度不健全

终身教育涉及各级政府、各行业企业、教育机构、市场培训机构等多个部门多个主体，参与人群也非常广泛，终身学习质量难以得到有效监管和客观评价，例如很多院校把继续教育当作创收渠道，为了降低成本、提高创收，有些机构一味扩大招生，甚至不顾政策规定打"擦边球"，违规办学，影响了办学质量和信誉②。造成上述问题的原因很多，但缺乏国家层面的终身教育质量保障、监督和评估制度是重要原因，表现在：第一，办学机构在资格准入和资格认证、目标确立、专业设置、课程安排、教学方式、管理考核、质量评估、证书登记等方面缺乏规范管理，急需国家层面完善规范管理办学机构的科学可靠的标准和制度；第二，与终身教育相关的统计工作非常薄弱，对各类终身学习的标准、规范等散落在不同部门，缺乏全国统一规范的统计制度，导致难以科学、有效地掌握终身教育的相应数据，终身教育质量保障、监督和评估缺乏必要的数据基础。

（五）各级各类学习缺乏沟通衔接

随着我国终身学习的发展，终身学习机会大大增加，各类终身学习形式呈现日益多样化的特点，与此矛盾的是能够实现认定的终身学习学习成果比较有限，主要局限于已经取得的学历证书、部分公信力较强的证书以及部分在单位或培训机构完成的课程；各类学习成果之间的沟通与转换也多停留于个别部门之间的相互协议。不仅学习者通过非正规教育获得的学习成果难以得到承认，而且学习者大量个性化的、零散的

---

① 潘懋元，汤晓蒙. 中国终身教育研究的基本问题与未来趋向［J］. 终身教育，2011（6）：56－61.

② 郝克明. 跨进学习型社会的重要支柱：中国终身学习的发展［M］. 北京：高等教育出版社，2011：658－659.

非正规、无定式的终身学习学习成果（个人的经验、技能、能力）更难实现认定；此外，各类正规学习、非正规学习、非正式学习之间缺乏必要和有效沟通，不同教育机构间获得的学习成果也难以互认，各种学习成果缺乏转换渠道，学习者很难进行不同学习路径之间的调整和转换。上述问题在很大程度上限制了学习者对多种学习机会和学习方式的选择，简言之，即我国终身学习立交桥的建设还不能满足学习型社会发展的需要。

尽管我国在构建和完善终身学习立交桥方面的探索从未停滞，也满足了大批终身学习学习成果予以认定和转换的需求，但我国终身学习的学习成果的认定和转换还处在小范围局部探索阶段，学习成果认定与转换制度的推行仅局限于部分地区、部分行业、少数领域和少数机构，制度壁垒森严。现有的制度供给无法有效满足"人人渴望成才、人人努力成才、人人皆可成才、人人尽展其才"的内在要求，也无法有效满足建设学习型社会对灵活、开放、多样的终身学习的要求。突出问题在于缺少国家层面的政策法规、权威公认的标准和平台等，这就迫切需要破除思想和体制障碍，着力增加国家制度的红利，从构建和完善终身学习的学习成果认定与转换的国家制度出发，纵深推进国家层面终身学习立交桥的构建。

根据国家开放大学的一项研究学习成果认证转换制度在推进过程中面临的主要问题和困难有：①缺少国家层面的统筹规划。学习成果认证、积累与转换制度的建立是一项复杂、长期的系统工程，涉及多行业、多领域的不同利益主体和资格管理机构，如果没有国家层面的统筹规划和组织推进，制度的建立和实施将会面临极大的困难和挑战。②缺乏政策法规的保障。我国目前仅有福建、上海、太原等地通过颁布地方性终身教育促进条例在局部进行探索，并没有在国家的层面颁布相应的政策法规。③缺乏权威公认的标准。由于缺乏统一的、规范的、具有公信力的标准体系的引领，只能是局部、零散地进行小范围的实验和运用，很难突破自身地域或领域的限制，形成全国范围内跨类型、跨地区、跨行业的学习成果的认证、积累与转换，因此无法上升到国家制度的层面。④缺乏制度落地的载体。国家层面推进学习成果的认证、积累与转换，亟须一个有效的抓手、平台和载体。[①]

（六）终身学习经费投入保障机制不完善

目前，虽然一些地方出台的相关法律和政策文件对支撑终身教育的经费保障条件做出规定，一些地方还设置了终身教育（或社区教育等）专项经费，但总体而言，我国在终身学习方面的投入保障滞后于终身学习发展的需要，难以确保终身学习的可持续发展以及终身学习的质量和水平，已成为制约我国学习型社会健康、持续发展的重要因素。主要表现在：①整体投入严重不足。长期以来，国家对各类终身学习很少投

---

① 国家开放大学"国家继续教育学习成果认证、积累与转换制度的研究与实践"项目研究组提供的内部材料.

入。近年各级财政部门对终身学习的投入虽有所加大，但缺口还很大，而且不同地区和部门之间存在较大差距。大量的非学历终身学习没有政府投入，办学院校或培训机构主要靠招生收费来维持运行。②经费投入渠道过于单一，多渠道筹措经费、合理分担成本机制不健全。只有少量终身学习（培训）项目由企业或政府提供部分资助。据调查，全国大部分地区发展终身学习主要依靠专业技术人员和企事业单位的自我投入，有些企业，特别是中小企业没有或无法落实企业职工培训经费按企业工资总额1.5%的政策，能达到2002年国务院提出的到2.5%要求的企业更是凤毛麟角①。③经费使用不合理，效益不高，终身学习资源向欠发达地区和社会弱势群体倾斜力度不够。

投入不足，管理与服务有待强化是农村学习型基层党组织存在的问题之一。主要表现在：①远程教育还没有实现村民小组全覆盖。村民小组比较分散，有些距离村委会较远，开会、学习非常不方便。因此，实现远程教育全覆盖是必要的。已有设施的运转需专业人员定期维护，缺乏维护修理专项经费。②学习设施利用率不高。目前，玉溪市已基本实现远程教育村（社区）全覆盖，但调研发现，农村远程教育系统的利用并不充分。有的农村党员说其不实用，经常出现数据连接不畅，无法播放的问题。有的表示远程教育设备只是一种摆设，虽说都有播放记录，但只是有播放形式，没有实际学习。农家书屋"重建轻管"，没有发挥应有作用。玉溪市虽已实现行政村农家书屋全覆盖，并向大的自然村发展延伸。但农家书屋存在图书配置不尽合理、管理与服务相对滞后、资金投入严重不足的问题，过半数书屋处于关门半关门状态。②

三、终身学习发展水平不平衡

由于经济社会发展不平衡等因素的影响，学习型社会发展水平不平衡的问题日益突出，尤其是地区间、群体间不平衡阻碍建设终身学习体系和学习型社会这一战略目标的实现。

（一）地区间的不平衡

终身学习发展地区间呈现显著差异，即使同一地区内也存在群体、行业企业、组织以及个人等之间的不平衡。各地政府和社会推动终身教育体系和学习型社会建设的程度差异非常大。一方面是由于各地经济教育发展的差异导致政府财政资源、学习者学习需求、社会动员方面因地而异，另一方面则是由于政府和相关组织的认识差异等

---

① 郝克明. 跨进学习型社会的重要支柱：中国终身学习的发展［M］. 北京：高等教育出版社，2011：658.
② 万舰航，李昆裕，魏芸. 农村基层学习型党组织建设：实践·问题·路径：以云南省玉溪市为例［J］. 中共云南省委党校学报，2017，18（2）：86.

导致的。① 再以社区教育为例，学习型社会建设和社区教育发展较好地区主要集中在东部沿海地区的经济发达城市，如北京、天津、上海、广州、济南等直辖市和省会城市；与东部地区相比，中西部大多数地区社区教育还较薄弱或刚起步。尤其是西部地区，在社区教育的建设方面较为落后。

根据国家教育发展研究中心"基本建成学习型社会的指标体系和实践途径研究"课题组在全国七个省市的实地调查结果（2012 年），经济社会发展较发达的东部省市的学习型社会建设整体水平显著好于中西部经济欠发达地区。在终身学习体系、设施、制度及治理体系等学习型社会基本条件建设方面，中西部地区仍处于起步阶段，距离学习型社会建设的要求还有较大距离。如前所述，本课题组对我国东中西部 7 个省市进行的学习型社会发展状况抽样调查结果也提供了佐证。比如，东中西部七个样本省市样本地区居民继续教育参与率整体平均为 46%，东部省市样本地区的参与率在50% ~60%，而西部地区只有 34%。

（二）群体间的不平衡

由于城镇化进程加剧，城市流入的各类人口大幅增加，流动人口、低收入人群及其他边缘人群的学习需求尚没有得到充分满足，他们的学习参与度有待提高。特别是失业者、低收入者、进城务工人员和贫困地区劳动者、残疾人的教育培训参与度较低。

如前所述，根据课题组的抽样调查结果，居民的继续教育参与率存在显著的"马太效应"：社区居民学历越高，继续教育参与率越高；在职人员、单位负责人、专业技术人员、管理人员继续教育参与率显著高于其他居民。

近年来，宁波市以终身学习理念为导向，推动学习型社区建设在总体上取得了较快发展。但是在发展中也出现了一些问题，其中终身学习发展水平存在群体之间、地区之间的不平衡值得关注。调查发现，宁波市民总体的终身学习理念较强，但终身学习意识和理念的群体差距明显，居民终身学习理念与居民文化程度、收入水平有显著相关关系。文化程度越高，居民的终身学习观念认同度越高；月收入越高，居民的终身学习认同感越强。然而落后和偏远地区学习意识滞后，社区教育的硬件和经费配置较差，部分文化程度低、月收入低的农民学习意识较差，终身学习理念的认同感较低。调查还显示，居民的社区教育参与度、满意度都与居民的居住情况显著相关。城镇临时居民、农村常住居民和农村临时居民已经成为学习型社区建设中的弱势群体。如何保障和提高这部分人群的学习积极性值得关注。②

---

① 郝克明，季明明. 建设学习型社会是全面小康的重大战略决策［N］. 中国教育报，2013 - 01 - 11（6）.
② 冯国红. 终身教育视域下学习型社区创建研究：基于宁波市的调查［J］. 河北大学成人教育学院学报，2016，18（4）：37 - 38.

总之，终身学习从总体上说仍是当前我国的薄弱环节，当前我国学习型社会与终身学习体系建设面临厘清观念认识、破除制度壁垒、创新制度设计、推进地区间和群体间均衡发展等诸多挑战，深刻认识研究上述问题是进一步推进学习型社会发展的前提和基础。

第二节 学习型社会建设的发展路径

随着我国经济社会的迅速发展和学校教育的普及，人们的学习需求不断增加而且日益多样化，教育和学习呈现出全民化和终身化的趋势，其范围、对象、内容、方法以及时间和空间上都发生了重大变化。传统教育模式已经难以适应全民终身学习的需要，实现人人皆学、处处能学、时时可学的学习型社会，必须加快构建终身学习体系。学习型社会建设的发展路径，实际上是构建世界最大规模、具有中国特色终身学习体系的过程。终身学习体系构建涉及我国十几亿民众，不仅包括社会各个领域的在职劳动者、专业技术人员、管理人员，尚未就业的人员和即将转入第二、第三产业的农业劳动者，已经进入老年的社会成员，还包括正在学校就读和已脱离了一定阶段学校教育的学龄青少年，同时终身学习的层次、类型、内容、方式、模式以及举办者正在呈现新的业态和特点，需要从理念到结构体系、从功能到体制、从内容到方法的系列深刻变革。不仅各级各类学校和社会各个行业、部门、组织和各个社区的学习功能要进一步拓展，而且终身学习的机制和制度要进一步优化和完善，现代信息技术在终身学习中的应用要进一步开拓和创新，从而最大限度地满足我国社会成员对终身学习的旺盛需求。这是一项极为艰巨、复杂的社会系统工程，不仅需要突破和超越传统的教育制度和体系，也需要社会制度、经济、机构、组织、技术等多方面的变革与支持，必须进一步调动各利益攸关方的积极性、主动性和创造性。

一、深化对学习型社会建设的认识

加快建设学习型社会既是我国面临新形势提升国家竞争力和实现社会主义现代化的重大战略任务，又是促进社会和谐发展以及在更高层面上满足人民日益增长的个性化、终身化的学习需求的重要依托，要以终身学习理念为指导，将建设学习型社会放在推进人力资源大国迈向人力资源强国、实现全面小康社会的重大战略选择的高度来认识，这是推进学习型社会建设的前提。

（一）学习型社会建设的重大战略意义

1. 提升我国国际竞争力的必然选择

今天的中国，已经进入新时代，面临国际激烈竞争的挑战。在这个时代，随着知识爆炸与科技发展加速，科学技术、生产方式及社会各个领域正在经历急剧变革，劳动者掌握、运用和创造知识的能力正在取代土地与资本等传统生产要素，成为经济和社会发展最重要的动力，成为各国在当代综合国力激烈竞争中形成核心竞争能力的第一资源。据世界银行的有关分析资料，经济发展与合作组织主要国家国内生产总值的一半归因于知识的创造与运用。特别是信息技术的高速发展和国际互联网的建立，使得那些在知识的传播、加工、创造和应用方面占优势的国家在竞争中居于最有利的地位。[1] 当今世界发展趋势表明，那些在知识的创造、学习和应用方面占优势的个人、地区、城市和国家，在激烈的世界竞争中必然居于最有利的地位，而那些不善于学习的个人、民族，那些教育和学习体系跟不上时代潮流的国家、地区和城市，在世界新的发展过程中，将会被抛在历史进程的后面，促进全民学习和终身学习的学习型社会建设必将成为国家提升国际竞争力的关键战略抉择。

2. 推动我国经济社会持续发展的关键路径

我国已经站在新的历史起点，这个新起点，是增加经济社会发展新动力的新起点，是适应经济发展新常态、转变经济发展方式的新起点。在新的历史起点上，推进我国经济社会可持续发展，必须大力提升人力资源开发水平，深入挖掘人口红利；必须全面提高国民素质，培养大批有文化修养、有人文关怀、有责任担当的人。历史经验表明，培养这样的人光靠传统的学校教育是不够的，必须通过发展各种形式的终身学习，把我们的社会建设成一个全民学习终身学习的学习型社会。唯此，才能源源不断地培养党和国家事业发展所需的各类人才，才能不断提高全体国民的素质以及学习、运用和创造新知识新技术的能力，使我国丰富的人力资源真正成为推动经济社会可持续发展的不竭动力。

3. 促进社会和谐的基本保障

实现国家富强、民族振兴，不仅需要良好的经济基础作为保障，还需要整个社会的和谐发展。当前，我国社会所面临的最突出的问题是地区之间、城乡之间发展的不平衡以及社会群体间的差距扩大。贫富差距、城乡差距和地区差距，其突出表现为"知识差距""教育差距"。农村和贫困地区、贫困人群最缺乏的是获得教育的机会，最稀缺的资源是知识资源。因此，通过构建学习型社会加大对终身学习的基础设施和不利群体、贫困地区的投资是对贫困地区和人群最重要、最有效率的投资，也是缩小城乡、地区、群体知识差距，建立和谐社会的重要保障。

4. 满足个人全面发展的迫切要求

随着经济发展和人民生活水平的提高，学习正在成为人们谋求生存和发展机会、提高生活质量、丰富精神生活的重要方式。1978 年以来，我国城乡居民家庭恩格尔系

---

① 郝克明. 让学习伴随终身［M］. 北京：高等教育出版社，2017：5.

数分别从57.5%和67.7%降低到2017年的28.6%和31.2%,①进入相对富裕阶段。人们在衣食需求得到基本满足后,对教育的需求和购买力也在迅速上升,相应地,人民日益增长的学习需求正呈现日趋多样化、个性化的趋势。建设学习型社会,为学习者一生发展提供更多更好更多元的终身学习机会,已经成为广大社会成员的迫切需求。

(二) 必须以终身学习理念为先导建设学习型社会

建设学习型社会必须以终身学习理念为指导,突破和超越传统教育理念,实现教育内容、方法、场所、培养模式等方面的革命性转型,如表8-1所示。终身学习(教育)所包含的不仅仅是学习(教育)在时间和空间上的拓展,它是一种全新的教育理念。在终身学习(教育)制度下,教育的概念被极大拓展和深耕。终身学习体系的构建是教育发展史上一场深刻的革命,是继奴隶社会的古代学校、工业革命的近代学校之后人类教育的第三次飞跃。有些学者甚至认为,它可以与哥白尼学说带来的革命相媲美,是教育史上最惊人的事件之一。这种变革的深刻性,表现在教育观念、教育性质、培养目标和学校以及各类教育机构的功能的变化上,表现在教育内容、方法和教学过程、人才培养模式的探索和创新上,表现在教育结构体系的包容性、丰富性、沟通性和教育制度的弹性化、个性化、多样化等方面。在这一前所未有的深刻变革中,不仅要求教育者和学习者自身观念的变革、思想方法的变革、教育与学习行为的变革,还要求改变教育的时空形态、教育内外的边界及一系列关系。学习型社会的构建,更需要社会制度、经济、机构、组织、技术等多方面的变革与支持,以及社会各类组织的教育需求和潜能的开发。这是历史赋予我们教育工作者的新的光荣使命,也是一个需要不断推进和发展的历史过程,我们必须不断学习、探索、实践和创新。

表8-1 传统教育理念与终身学习理念的比较

项目	传统教育理念	终身学习理念
范围	从初等到高等的正规教育。	正规、非正规、非正式学习。
对象	儿童、少年和青年人为主。	全体社会成员。
机会	封闭的。	开放的。
场所	正规学校。	学校及各种学习场所。
内容	已有知识的学习和重复。 课程导向、学科导向。 单一的知识来源。	知识的学习、更新与应用。 能力导向、需求导向。 多样的知识来源。
路径和方法	单一的路径和方法。 面授、课堂教学为主。	多样的路径和方法。 面授、自学和实践相结合。

---

① 恩格尔系数指食品支出总额占个人消费支出总额的比重,常用来衡量一个国家和地区人民生活水平.

（续表）

项目	传统教育理念	终身学习理念
特点	连续性的、一次性教育。 供给导向、教育者主导。	贯穿人一生的多次学习。 需求导向、学习者主导。
评价	偏重知识掌握程度的单一评价。	知识、能力与技能并重的多元评价。

二、学习型社会建设与学校教育变革

（一）学校教育体系是学习型社会建设的核心和基础

学校以其天然的优势在终身学习提供中正在发挥越来越大的作用，我国各级各类学校是大力发展终身学习的重要资源。因为培养具有高度的学习自觉性和学习能力的新一代学习者，是建成学习型社会最重要的因素，而学校教育在人的培养过程中起决定性作用。发挥各级各类学校在学习型社会建设中的阵地作用，已经成为时代命题。经济合作与发展组织成员国的许多研究表明，正规学校教育是终身学习的先决条件，那些缺乏必要的科学文化知识基础和学习能力的成人，几乎无法从工作中学习或从继续培训中受益，也无法抵御被以知识为基础的社会淘汰的风险。[①] 各国在制订终身学习和学习型社会的指标体系时，都把国民教育体系的水平（如平均受教育年限、义务教育普及率、高等教育毛入学率等）作为重要指标。"受教育程度越高，终身学习参与率越高"的立论，几乎受到所有国家实证调查结果的支撑。[②]

（二）以终身学习理念引领学校教育变革

传统学校教育是在工业革命之后出现的专业化培养适应工业生产的劳动力的系统，具有内在的封闭性。随着知识经济时代的到来，学校系统不适应终身学习的弊端也日益显露，尤其是当前我国学校教育中存在的"应试教育"，在相当程度上影响甚至扼杀了学习者对学习的兴趣、积极性与主动性，不利于形成有助于终身学习的学习态度和良好的学习能力、学习习惯。因此，以终身学习理念改革学校教育，对传统的教育观念、教学目标、教学内容、教学方法、教学组织形式、教育结构体系等方面进行根本性变革，已成为时不我待的紧迫任务。学校教育体系要在学习型社会建设中发挥基础性作用，不仅需要增强学校教育体系的开放性、灵活性，充分发挥各级各类学校在建立终身教育体系中的重要作用，面向广大社会成员创新教育教学内容和形式，提供职前和职后教育并举，学历与非学历教育并举，全日制与部分时间制并举的多样化的终身学习机会，而且需要以终身学习理念为指导，从教育思想、教育功能、教育内容、

---

① 郝克明. 跨进学习社会：建设终身学习体系和学习型社会的研究［M］. 北京：高等教育出版社，2006：134 – 135.

② 经济合作与发展组织教育研究与创新中心. 经济合作与发展组织教育要览1997［M］. 教育部发展规划司、北京教科院组，译. 北京：人民教育出版社，2000：159 – 161.

教育模式和方法、教学制度等方面进行深刻变革，特别是加强对学习者学习的主动性、积极性、自主学习能力、创造精神以及团队合作精神和能力等的培养，帮助学习者适应终身学习时代以及学习型社会建设的要求。在传统教育与终身教育的不同体系中，学校教育的某些区别如表 8 – 2 所示。

表 8 – 2　传统教育与终身教育体系中学校教育的某些区别

传统教育体系	终身教育体系
学校的主要任务是传授知识。	学校不仅传授知识，更重要的是培养学生对学习的兴趣，帮助学生学会学习。
学习者主要向教师学习知识。	学习者不仅向教师学习知识，还从各种途径学习知识。
教师是学生掌握知识的主要来源。	教师是学生学习的指导者。
用考试来评价学生并决定其继续学习的资格。	评价主要被用来调整学习者学习策略和继续学习的路径。
对学习者的要求和标准比较单一。	尊重不同学习者的个性、兴趣、爱好，充分发挥不同类型学习者的潜能。
只有学习成绩好的部分学生才能继续升学	所有愿意继续学习的人都有终身学习机会。

重视学校教育在终身学习体系中的基础性作用、加强终身学习能力培养是 21 世纪各国学校教育改革的共同趋势。世界各国在构建终身学习体系和学习型社会过程中都很重视发展、夯实和以终身教育理念改革学校教育，努力提高学校教育水平。一是鼓励和支持国民接受更完整的学校教育，努力提高各级教育的入学率，延长义务教育年限，采取积极措施防止青少年中途辍学，为那些过早离开学校的青少年提供补偿性的"第二次学习机会"；二是努力提高学校的教育教学质量，通过加强师资队伍建设，增加教育经费投入等，改善教育质量，促进教育公平，使每个学生都能更好地发展；三是以终身学习理念改革学校教育，加强学习者核心能力，特别是终身学习能力的培养，为学习者的终身学习和发展打下良好基础，同时，努力增强学校教育教学的开放性、灵活性、多样性和个性化，充分发挥学校教育在终身学习体系中的基础性作用。[①]

三、建立和完善终身学习治理体系

要办好终身学习，必须从构建科学规范、运行有效的国家制度体系入手，不断优化创新顶层制度设计。加快构建和完善终身学习的国家制度，不是制度的小修小补而是整体谋划，是从国家层面构建终身学习制度体系，目的在于站在国家高度为终身学

---

① 郝克明. 让学习伴随终身 ［M］. 北京：高等教育出版社，2017：49.

习发展提供更加有力和有效的管理、服务、投入体制以及法律、政策支持体系，以更好地满足人民个性化、多样化的终身学习需要，夯实加快建设全民学习、终身学习的学习型社会和大力提升国民素质的国家层面的制度基础。从构建和完善国家制度入手办好终身学习是我们正在面临的新挑战和新命题，需要着力深化供给侧结构性改革，扩大终身学习国家制度的有效供给，从组织领导体制、政策和法规、投入机制、终身学习立交桥、监测和评估制度等方面进行制度完善和创新。

（一）建立和完善终身学习治理体制

终身学习发展涉及社会各个部门、各个领域的广大社会成员，要改变当前终身学习管理方面存在的部门分割、资源分散、重复建设等浪费和低效现象，探索政府实现"良治"，加强终身学习的统筹规划和协调发展，形成政府统筹、部门分工、行业参与、分级分类管理，充满活力、富有效率的管理协调机制。在国家层面，应成立国家终身学习委员会，由国务院领导，教育部统筹，会同其他相关部委和机构联合组建，发挥从国家层面推进终身学习的作用，负责终身学习国家系列制度的设计与实施，协同推进终身学习事业发展。相应地，在地方层面，应成立政府统筹、各有关部门、各行业部门和社会团体共同参与的跨部门终身学习领导和协调机构，统筹规划和指导所辖地终身学习事业的发展，明确各部门职责分工，科学配置和整合各方面教育培训资源，提高资源使用效率，充分发挥其在终身学习中的作用。

（二）加强国家层面终身学习政策和法规建设

完善国家层面的终身学习政策，为地方层面的政策和法规建设提供基础和支撑。通过政策引导、协调、约束和激励全民终身学习。应明确把终身学习纳入各级政府规划，同时把终身学习发展状况作为各级领导政绩考核的重要内容；政府还应通过政策加强对行业、部门终身学习的规划、指导和管理，进一步调动全社会发展终身学习的积极性，要发挥行业协会的作用，完善终身学习证书制度，社会各个领域特别是关系国家经济命脉和人民生命安全的重要行业和部门实行规范的准入制度以及职业资格证书定期更新制度。在目前已有的相关制度的基础上，进一步加强对培训和终身学习市场的规范管理，建立健全职业培训机构的资质认证与质量评价机制，建立终身学习标准体系。

要加快国家终身学习立法进程。国内外的经验表明，终身学习立法可以为学习型社会建设提供有力的保障。如日本曾于1990年制定《关于完善振兴终身学习措施的推进体制等的法律》（2002年修订），对促进政府部门的统筹协调和鼓励民间参与提供终身学习等发挥了重要作用。法国于2004年颁布《终身职业培训和社会对话法》，以法律形式确认了个人接受培训的法定权利。韩国于1999年制定了《终身教育法》，此后还进行过5次修订，规定了推进终身教育方面中央和地方政府的职责与权限，以及包括资助和专业队伍建设等方面的对终身学习的扶持政策体系等。我国台湾地区也于2002年出台了《终身学习法》，明确了政府、社会及个人在终身学习方面的权利和责任。

随着我国终身学习不断发展，从立法层面推动终身学习发展成为进一步落实终身学习战略地位、实现终身学习法治化的客观要求。我国目前仅有福建、上海、太原、宁波等地在局部进行探索，颁布地方性终身教育促进条例。因此，急需国家层面颁布全国性终身学习法律法规，对以下方面予以明确：明确界定政府、学校、社会和个人在终身学习方面的权利和责任；明确政府对终身学习的统筹、协调、指导和质量评估职能；建立健全终身学习与经费保障机制；等等。

（三）完善终身学习经费投入机制

建立终身学习多元化经费保障机制与优化终身学习投入的分配机制和资助制度。建立政府财政投入与多渠道筹资相结合的多元化经费保障机制。加大政府财政资金的投入是学习型社会发展急需解决的问题，除国家财政不断增加投入以外，要完善社会各部门、企事业单位和学习者合理分担的经费筹措机制。通过税收等政策支持和激励行业企业加大对终身学习在人力、物力、财力等方面的投入，积极鼓励社会各界参与和支持终身学习。切实执行企事业单位按职工工资总额 1.5%～2.5% 的比例筹措职工培训经费的政策，落实相应企业税收优惠政策。对未落实上述规定的企事业单位，征收相应培训经费充作终身学习基金，主要用于无力组织培训的中小企业职工培训。对个人支付的终身学习学费可相应减免个人所得税。同时，推进和规范终身学习经费的市场化运作，鼓励开辟经费多元化融资渠道，筹办终身学习基金，由各级终身学习管理机构或行业协会统一管理，集中使用，使分散性的资金聚集起来发挥最大投资效益。此外，还需要通过科学设计的机制保障投入资金的使用效益最大化和最优化，这是保障学习型社会建设投入可持续发展的前提。

部分国家的终身学习经费保障

近年来，世界各国政府对终身学习的投入不断增加。美国联邦政府每年给州政府 2.4 亿美元，供州政府举办各种职业培训班。英国政府在 1999 年额外为 80 万终身学习者提供总额为 1 亿英镑的资金资助。韩国政府每年按国民生产总值递增 0.1% 的速度增加终身学习经费。[①]

不少国家还在积极探索终身学习成本分担机制。法国在 1971 年实施"税收免征计划"，即对企业的薪酬征取一定比例的税（最初为薪酬的 1.1%，现在为 1.5%），但当企业进行得到认可的培训时可以减免这部分税。1992 年，马来西亚政府的人力资源开发法案提出开征培训税，对拥有 10 人以上的公司征收相当于雇员基本月薪或固定福利总额 1% 的人力资源开发税。1990 年开始实施的《澳大利亚培训保障法》规定年收入 22.6 万澳元以上的雇主应将工资预算的 1.5% 用于对其员工的职业资格培训。此项法

---

① 郝克明. 跨进学习社会的重要支柱：中国继续教育的发展［M］. 北京：高等教育出版社，2011：664.

令颁布后执行情况良好，有效保障了员工职业技术培训经费的投入。①

在德国，除政府投入外，社会基金也提供了巨大的支持。在"地方学习项"项目中，公共基金和私人基金联合的资助力度进一步扩大。据统计，国家基金网络（National Foundation Network）中有至少46个基金会参与该项目。与此同时，有的基金会则并不通过国家基金网络，而单独对该项目进项资助。在这个过程中，公共基金与私人基金是联合进行运作的。但需要强调一点，地方层面的基金资助组合中，必定有一个代表国家基金网络的基金会作为主导。②

终身学习经费投入存在明显的地域、行业企业和人群等方面差距。研究表明，终身学习机会的获得存在"马太效应"，高学历者、高收人者、高技能者获得的终身学习机会和资源多，而低学历、低收入、低技能者获得的机会和资源少。因此，要逐步缩小城乡、区域、行业企业以及群体间差距，从建立和完善经费投入机制入手推动终身学习的协调发展。在我国各级财政尚不宽裕的情况下，要通过终身学习经费和资源的倾斜配置促进终身学习公平。要在经费方面加大对薄弱地区和不利群体等参与终身学习的倾斜支持力度，加大对中小微企业职工教育与培训的支持，建立学习者公平参与终身学习的资助制度。

（四）搭建终身学习"立交桥"

在终身学习理念指导下，构建通过多种学习渠道成才的"立交桥"的目的，就是要建立以人为本，充分尊重学习者的意愿，教育形式灵活多样，不同层次的教育能够衔接，不同类型学习能够沟通，规则明晰、制度灵活、管理有序的教育体系和制度，进一步调动社会成员通过各种渠道参与终身学习的积极性。终身学习"立交桥"的构建和完善不仅有利于各级各类教育之间的衔接和沟通，也为学习者提供了更多的终身学习机会，从而在制度构建层面为终身学习发展提供有力保障。《国家中长期教育改革和发展规划纲要（2010—2020年)》提出，搭建终身学习"立交桥"，促进各级各类教育纵向衔接、横向沟通，提供多次选择机会，满足个人多样化的学习和发展需要。终身学习"立交桥"的构建的要点在于：

第一，进一步促进普通教育和职业教育相互沟通和衔接，扩大学习者选择教育的机会。

第二，完善针对通过非正规、无定式学习途径获得的学习成果进行积累、认证和转换的制度，也就是通常人们所说的学分银行制度，打通学校教育与企业教育、社会教育、自主学习等的界限，促进不同类型教育间的学习成果认证和转换。

第三，在目前地区、局部、小范围实践探索的基础上，颁布统一、规范、可操作

---

① 陆建平. 终身教育理念背景下的澳大利亚职业与技术教育改革［J］. 职教论坛，2007（3)：39.
② 蒋亦璐. 学习型城市建设：理之源与行之路的探索［D］. 华东师范大学，2016：146–148.

的终身学习方面的国家层面的系列标准和指南，为各地区、各企业行业、各组织和各级各类学校参与终身学习提供国家层面的公认参照；为各类终身学习的学习成果的积累、认定和转换，为职业教育与普通教育、学历教育与非学历教育、职前教育与职后教育沟通衔接奠定基础。

第四，研究探索和建立知识、技能与能力并重，跨部门、跨行业的国家资格框架，将普通教育、高等教育、终身学习、职业教育与培训等相关学历学位证书、职业与技能资格证书等逐步统一纳入，促进各级各类教育纵向衔接和横向沟通。国家资格框架是认定、转换和积累终身学习成果的重要前提和依据，是对各种学习成果进行层次与类型划分的标准，有助于使学习成果的认定更加透明、易于理解，并促进各种学习成果的相互联系和转换。

部分国家的学习成果认证制度

在澳大利亚、英国、南非、爱尔兰等国，通过构建统一的国家资格框架，搭建了普通教育与职业教育、学历教育与非学历教育相互沟通衔接的"立交桥"。以英国构建终身学习"立交桥"的实践为例，自 20 世纪 80 年代以来，在学分积累与转换系统的基础上，历经多年实践，英国最终搭建了将各类职业资格和学历资格衔接与沟通的国家资格框架（NQF），并于 2009 年年初出台了以学分为核心的国家资格与学分框架。该框架不仅将各类资格（学历资格、职业资格等）纳入了统一的框架下，而且建立起了普通教育与职业教育证书的等值和互换机制，从而促进了学习者各类学习形式之间的沟通与衔接，更加适应终身学习的特点，对于完善终身学习的"立交桥"具有重大意义。为了进一步完善终身学习立交桥，英国再度于 2015 年正式启用了最新的资格框架——规范资格框架（RQF, Regulated Qualifications Framework）。这既是对国家资格框架（NQF）和资格与学分框架（QCF）的继承与发展，即保留主体结构，简化内容要素，坚持在线运行，引入全程动态监管，继承共享平台，提升共享质量，同时又注重柔性衔接和突出内部优化，强调持久发展的特点。[①]

（五）建立健全统计和监测评估制度

加强终身学习统计和数据库建设是构建有效监测评估制度的基础。目前我国终身学习相关统计基础薄弱，终身学习参与率、满意度等数据从常规统计中获得的难度较大，建立健全终身学习基本统计制度势在必行。应尽快改变有关统计数据不完整，统计主体分散、途径不一、口径不同的状况，教育系统的教育事业统计和教育经费统计要加强和改进对终身学习的相关统计工作，同时建议由国家科教领导小组协调国务院

---

① 郝克明. 跨进学习型社会的重要支柱：中国继续教育的发展 [M]. 北京：高等教育出版社，2011：600 – 603. 安立魁，王一定，白玲. RQF：英国资格证书的新框架及其启示 [J]. 职业教育研究，2017 (7)：86 – 91.

各有关部门，以国家统计局为责任机构对终身学习统计进行统筹规划，在常规统计中增加终身学习相关统计指标，统一统计口径，使不同部门的统计数据可对接、可比较。

建议开展制度化的、规范的终身学习监测评估工作，通过第三方监测评估全面掌握各地区终身学习和学习型社会建设状况，及时发现问题，通过监测评估引导地方终身学习发展。建立和完善我国学习型社会的评价标准（指标体系）是构建有效监测和评估制度的依托。如前所述，无论是国际还是国内建设学习型社会的实践都表明，科学的评估对学习型社会的建设与健康发展具有重要的促进作用。

建立学习型社会评价指标体系的根本目的是以评促建，通过评估了解学习型社会建设的进展状况，总结经验，发现问题，针对问题找到解决办法，从而推动学习型社会建设提高效能和创新活力，推动和引导学习型社会建设持续深入和健康发展。

四、充分发挥现代信息技术在终身学习领域的应用潜力

建设全民学习、终身学习的学习型社会，是一项前所未有的社会系统工程，加强现代信息技术手段在终身学习领域的应用是加快建设学习型社会的必由之路。现代信息技术的飞速发展及其在学习中的应用，使优质学习资源在更低成本、更广范围内让更多的学习者共享，使学习方式的灵活性、便捷性、选择性、开放性和交互性成为可能。在这个方面，我国既有乘势而上的机遇，也有被甩得更远的危险。在建设学习型社会的进程中，我们要充分认识和高度重视现代信息技术的高速发展为我国利用后发优势、构建终身学习体系所带来的前所未有的发展机遇，这也是我国在教育资源相对短缺的条件下建设学习型社会的重要手段。我们要紧紧抓住这个机遇，有效利用互联网、人工智能、大数据分析、区块链技术、虚拟现实技术等现代信息技术在学习型社会建设中的巨大潜力，推进学习型社会建设的跨越式发展。通过深度开发现代信息技术在终身学习领域应用的潜力，形成"互联网＋人工智能＋终身学习"的叠加效应、聚合效应、倍增效应，促进教育信息化从融合应用向创新发展的高阶演进，加强教育信息化从研究到应用的纵深推进，努力为全体社会成员提供不受时空限制、多元化、广覆盖的高质量的终身学习服务。

（一）改善教育信息化的基础设施

加快教育信息化基础设施建设，进一步改善和提升各级各类学校教育信息化基础设施设备水平，逐步实现信息化教与学应用覆盖各级各类学校、全体教师和学习者。加快推进"宽带网络校校通"，无线校园和智能设备应用逐步普及，具备条件的学校实现无线网络全覆盖，鼓励具备条件的学校配置师生用教学终端。关注和资助落后地区数字校园建设，推动城乡、地区间各级各类学校教育信息化基础设施建设的均衡化发展。

（二）优化数字化学习资源的开发、开放和共享制度

多来源、多层次、多类型的数字化终身学习资源是形成学习型社会的基本支持条

件。随着互联网普及和现代信息技术手段的创新，要打破制度壁垒，在国家层面和地区层面建立政府、学校、市场有机合作，有利于利用现有优质资源和促进数字化终身学习资源有效开发和充分应用的制度。制定在线教育和数字化学习资源质量标准，推动数字学习资源的准入和监管机制，完善学习资源知识产权保护机制，鼓励企业和其他社会力量开发数字学习资源，形成公平有序的市场环境，培育社会化的数字学习资源服务市场，形成优质数字化学习资源开放共享机制，推动高等学校、开放大学、行业企业和社会机构提供高质量开放共享的学习资源和学习服务，健全数据安全管理制度。

慕课的兴起与发展

2012 年由美国哈佛大学、斯坦福大学、麻省理工学院等世界顶尖大学发起至今，全球已有超过 45 个国家和地区 250 余所高水平大学通过大规模在线课程（MOOC，中文简称慕课）向全社会开放全部课程教学资源，世界顶尖大学课程资源的开放并与互联网、大数据、人工智能的结合，引起了社会的关注和震动，被称为教育领域的海啸，使世界学习资源特别是优质学习资源的共享变为现实，使广大学习者跨越地域，在任何地方通过在线学习自由选择适合自己需要、最向往的优质课程。2012 年年初，网易就在网上推出全球名校视频公开课，并配中文字幕。北大、清华等多所著名大学开设的中国大学视频公开课，通过爱课程网，已从 20 门发展到 2013 年的 266 门。2014 年，爱课程网又和网易云课堂合作，打造在线信息平台"中国大学慕课（MOOC）"，并构建在线学习和交流的网络环境。截至目前，爱课程网共有 192 所名校提供的免费开放的视频公开课 992 门。随着优质学习资源的汇聚，我们周围已出现了越来越多的"淘课族"，他们只要轻点鼠标，就可以根据需要，在线观看或下载学习海内外名校名师讲授的课程。网学热将来很可能赶上或超过网购热，而且由于点击量大所形成的规模效益，使在线教育的成本和学费比普通高水平大学便宜得多，这是一个新的发展趋势。面对这种大规模在线教育迅猛发展的进展和趋势，企业家比我们嗅觉更为灵敏，步子迈得更快。例如，得到、喜马拉雅 FM 等付费平台纷纷杀入知识付费战场，各显神通。知识传授已经成为产业，企业在寻求市场定位、适应社会和学习者对高质量课程需求方面的做法值得深思。[1]

（三）创建国家终身学习服务平台

《国家中长期教育改革和发展规划纲要（2010—2020 年）》中，在终身教育体制机制建设试点部分就已明确提出"建立终身学习网络和服务平台"。我国不少经济和教育发达的城市，如上海、北京、宁波、深圳等已经进行了建设终身学习服务平台的积极

---

[1] 郝克明. 在北京首届网络教育年会上的讲话.（郝克明提供的内部参考稿）

探索，同时对建设国家层面的终身学习平台有日益强烈的需求。设立在线、开放、共享的国家终身学习服务平台是一项以现代信息技术为杠杆撬动学习型社会建设的国家制度创新。平台的主要功能有以下七点：

（1）为终身学习资源的开发、筛选、整合、共享和优化提供服务。

（2）为终身学习提供机构的发布、认证、监测和评估等提供服务。

（3）为匹配终身学习供给和需求提供服务，为学习者和潜在学习者提供终身学习的学习咨询和学习规划等方面服务。

（4）为各类学习成果的在线认证提供服务。

（5）设立一站式登录的个人终身学习账号，为学习者各类终身学习成果的记录、积累、认定和转换学习者提供服务。

（6）为终身学习大数据收集、分析与应用等提供服务，为监测和评估全国终身学习事业发展情况提供服务。

（7）为各地、各部门、各行业企业等宣传和分享终身学习的成功实践提供服务，为缩小地区、群体、企业等在终身学习发展方面的差距服务。

我国学习型社会建设从理念到制度，从政策到实践，进行了积极探索，呈现全面推进的良好势头。展望未来，面向新时代的召唤，抓住历史机遇，从建设人力资源强国的战略全局出发，用国际的视野、创新的思维、扎实的行动推动我国全民学习、终身学习的学习型社会建设踏上新征程。

后　　记

　　本研究成果是以国家教育发展研究中心研究人员为骨干的科研团队共同完成的。本研究在进行过程中采取了集中讨论、分工落实的方法，研究思路、方法及成果很多是经过大家集体讨论、相互启发和碰撞的结果。可以说，如果没有良好的团队合作，这样一项综合性强、难度大的研究是很难完成的。

　　参加此项研究的原国家教育发展研究中心课题组人员主要有：

　　张力（课题组长，时任研究中心主任、研究员，主持了研究设计、调研和讨论，对研究报告及专著书稿进行了统稿和审稿）；

　　韩民（课题组副组长兼学习型社会理论研究子课题组组长，时任研究中心副主任、研究员，协助主持研究设计、调研和讨论，独自撰写第一章、第二章、第三章，参与撰写第七章、第八章，并对课题研究报告进行了统稿）；

　　高书国（学习型社会指标体系研究子课题组组长，时任教育战略研究室主任、研究员，参与课题设计和讨论，主持指标体系建构工作，牵头撰写第四章）；

　　安雪慧（课题组秘书兼学习型社会调研与指标测算子课题组组长，时任教育政策评估研究室研究员，主持学习型社会发展指数的测算工作，牵头撰写第五章和第六章）；

　　卢海弘（学习型社会建设实践路径研究子课题组组长，时任终身教育研究室副主任、副研究员，主持子课题研究，撰写第七章和第八章）；

　　王蕊（时任教育政策评估研究室主任、副研究员，参与综合研究、学习型社会调研与测算工作及撰写第五章）；

　　玉丽（时任教育战略研究室副研究员，参与综合研究、指标论证工作及撰写第四章）；

　　许海霞（时任比较教育研究室助理研究员，参与综合研究、调研讨论及撰写第四章）；

　　梁彦（时任终身教育研究室助理研究员，参与综合研究、调研、指标体系论证与测算及撰写第四章）；

　　马陆亭（时任高等教育研究室主任、研究员，参与综合研究、调研和讨论）；

　　刘承波（时任高等教育研究室副主任、副研究员，参与综合研究、调研和讨论）；

　　窦现金（时任终身教育研究室主任，参与部分综合研究和讨论）；

　　马凯（时任终身教育研究室助理研究员，参与综合研究、调研和讨论）。

　　此外，国家教育发展研究中心之外的一些专家学者也参加过这项研究，主要有杨进（时任教育部职业中心教育研究所所长、研究员）、张翠珠（时任北京市教科院副研究员）、杨晓明（时任北京科技大学高教研究所主任、教授）、王放（时任中央团校社会研究部教授）、刘亚荣（时任国家教育行政学院教育行政教研部副教授）、杨海燕（中国人民大学教育学院副教授）等。这些专家从不同角度对本研究的内容、方法，特别是对建构学习型社会评价指标体系的框架及内容等提出了重要的意见和建议。特别需要提及的是，时任中国教育发展战略学会会长的郝克明教授一直关注本研究，多次提出宝贵意见和建议。在本研究开题、中期评估和结题评审中，还有一些专家学者参与过评审等工作，并提出有参考价值的意见和建议，由于篇幅所限，恕不一一列举。

　　借此机会，谨向参与此项研究并做出重要贡献的研究伙伴和专家学者表示衷心感谢！同时，感谢广东教育出版社为本研究成果提供公开出版的机会，以及责任编辑们耐心和负责任的工作。